加藤陽子
Kato Yoko

新装版

模索する一九三〇年代

日米関係と陸軍中堅層

山川出版社

目次

第二部

模索する一九三〇年代

日米関係と陸軍中堅層

序章
課題と視角

一九三〇年代をどのようにしたらあたらしい視角で理論づけできるか。多くの近現代史研究者にとって、この問題は長らく主要な研究対象でありつづけている。(1)

日本の場合、一九三〇年代とは、慣習的二大政党制崩壊への序曲にはじまり、大政翼賛会成立への序曲でおわる時期にあたる。この時期、対外戦争は拡大の過程をたどったものの、政治運営の実質という点では変化は比較的緩慢であり、現実の歴史が結果的にえがいた軌跡以外の選択肢もいくつか存在した。

いっぽう、太平洋戦争開戦当日の知識人たちのつぎのような感慨に象徴されるように、一九三〇年代の日本には、もう一つの異なった特質もあったように思われる。——満州事変以来、日本が種々の理屈をつけてやってきたことは、しょせんは弱い中国をいじめていることだった。それがわかっているから、常にうしろめたさが消えなかった。しかし、今度の戦争は強いアメリカを相手に戦っている。だから、今度の戦争は明るい(2)——。彼らのなかで、一九三〇年代とは、形式論理的な適法性にこだわりながら、その実、横紙破りをつづけていた時代だったとイメージされているのである。

体制変化の過程にみる緩慢さ、および対外関係構築の過程にみる適法性へのこだわり、この二点は、一九三〇年代に生起したさまざまな事態のなかから共通して浮かびあがってくる、顕著な時代の様相だと考えてよいであろう。それは、どのような要因によってもたらされたのか。この問いにたいして、歴史の言葉で答えを書くこと、これが本書の課題である。そしてそのために、つぎのような二つの視角を設定したい。

カール・シュミットは同時代の政治学者として、当時の世界を「いかなる新しい秩序も創設せられない。新しい世界支配要求のみが高まった」と要約した。この時期、潜在的であれ世界支配要求をもちえた最大の国家は、アメリカであろう。アメリカは、大恐慌によって一時的に沈黙をよぎなくされるが、不況からの立ちなおりをめざしつつ、経済面での互恵主義・国防面での中立主義をかかげて、世界の動静の決定要因となっていった。三〇年代半ば、アメリカ外交はたしかに極東問題について沈黙する。しかし、この沈黙はアジアの動静を強く制約することができる種類のものであった。本書では、まずこの単純な事実に注目したい。

筆者は、アメリカのとっていた外交姿勢・法体系がかなりの度合いで日本の対外態度・戦争形態の形成に影響力をもったと考えている。ワシントン体制、あるいは連盟による集団安全保障体制を、アメリカは正面・側面から密接に援助したが、その機能不全をみると独自の法体系を模索するようになる。それが、経済外交の領域では互恵通商法であり、国防の領域では中立法であった。これらの法は、アメリカの意識としては当面の国内の不況を克服するためのものでもあった。よって、対日外交用にとくに考案されたのではない。しかし、E・H・ノーマンが今から五〇年もまえに正しく指摘したように、(3)勢力均衡の変化にたいする敏感さを日本外交の特質と考えれば、あたらしい勢力均衡の模索をアメリカにもたらすはずの二つの法に、日本側が安穏としているはずはなかったと思われる。

よって、第一の視角として、アメリカの二つの法が日本にどのような影響を与え、影響はどのようなかたちで発現したのかを日本側の事例から考えることにする。第一部の四つの章がこれに相当する。体制変化の過程にみる緩慢さと、対外関係構築の過程にみる適法性へのこだわりの二点が、これによってある程度まで説明されるはずである。

ただ、筆者の関心は、法制史の一領域にあるような、法の受容過程を厳密にあとづけることにはない。アプローチの具体例を一つだけ説明しておこう。

経済面での互恵主義と国防面での中立主義というアメリカ対外政策の二つの柱を支えていたのは、「戦争は違法化された」という理想主義的世界観であった。この世界観を文章化した不戦条約(一九二八年)には、日本もアメリカ・ドイツ・イギリス・フランス・イタリア・ベルギー・ポーランド・チェコスロヴァキアとともに、原調印国として加入していた。その後、世界のほとんどの国の加入をみた本条約は、国家政策の手段としての戦争の放棄（第一条）と、国家間の紛争解決手段としての武力行使の違法化（第二条）、の二点を定めていた。このことを前提にすると、戦争の概念として許されるのは、自衛戦争と、侵略国にたいする制裁行為の二つということになる。

もちろんいうまでもなく、本条約の拘束力はきわめて限定的であった。そこには、紛争の平和的解決を強制する具体的条項がふくまれていなかったのである。

しかし、そうした限界にもかかわらず、この世界観の支配力は大きかったと思われる。この時期、自衛戦争以外の戦争は世界から姿を消したといってよい。戦争自体がなくなったのではなく、当事国が戦争状態と認定されるのを嫌うようになったのである。宣戦布告と武力行使をともなった伝統的な戦争形態は稀にならざるをえない。日本は、「戦争違法化」の世界観のもとで、実質的な対外戦争を長期にわたって展開してゆくのであり、その歪みは、国家機構・制度にしめる軍事の役割にも当然のことながら変容をせまったであろう。

以上が第二章でとりあげた一例の一端である。ここからも知られるように、一九三〇年代の日本の特質を外側からかたちづくっていった最大の要因は、互恵通商法や中立法に代表されるアメリカの対外政策であった。同様に考えれば、内側からの特質形成に最も影響力をもった政治主体の一つは、陸軍中堅層であろう。陸軍省や参謀本部の課長クラスにあたる中堅層は、戦争違法化の世界観や総力戦思想といった、第一次世界大戦が生みだした思想によく通じていた。これらの思想は、軍事を政治化せずにはおかない種類のものだった。

戦争が違法化され、戦争の形態が変化すれば、軍隊の中にしめる政治の意味合いは大きくなる。たとえば、その証左として、現地軍の特務部への依存度の増大やその陸軍中央による直轄化などの事態をあげることができる。さらに、旧来のままでの統帥権の独立は、総力戦思想とは根本から発想が異なっていたため、二つのものの両立は困難になってゆくだろう。このことをさとった陸軍中堅層は、むしろ率先して政治と軍事の一体化をはかってゆく。

そのさい、後継首班に陸相推薦を拒絶することにより、自己の政治的主張をとおしてきた三長官会議方式と、統帥部と政府が機構上バラバラであった大本営、この二つが、当面の克服すべき対象とされた。軍事を政治から隔離するという意味での、統帥権の独立の限界を知りはじめた中堅層は、このような方法でみずから改革にとりかかるのである。

しかし、この政治改革路線は失敗におわる。この過程こそがおそらく、体制変化の緩慢さを内側からつくりだしていった最大の要因のはずである。しかしながら、この中堅層を、単なる政治の攪乱要因としてではなく、政策形成の一翼をになう政治主体としてとりあつかった研究は、実はほとんどない。

よって、第二の視角として、陸軍中堅層に注目し、みずからの、本来は限定的なちからを、明治憲法下に分散する諸機構におよぼすために、中堅層はどのようなプランをもち、どこまでそれを実現させたのか。この点を政治過程にあとづける。二・二六事件後と日中戦争初期に集中的になされた制度改革における中堅層の動き、具体的には、軍部大臣現役武官制の復活と大本営の成立という二つの過程をみながら、それぞれの政治史的意義をあきらかにしたい。第二部の二つの章がこれに相当する。これによって、体制変化の緩慢さがさらによく説明されるはずである。

いわば、外と内、二つの方向から日本の特質を規定したアメリカと陸軍中堅層、この二つをとおして、一九三〇年代の日本をみようという試みなのである。

（1）　一九三〇年代を世界史上にどう位置づけるかについてあたらしい視点をうちだしたものに、入江昭「総論――戦間期の歴史的意義」、入江編『戦間期の日本外交』（東京大学出版会、一九八四年）と、G・チブラ、三宅正樹訳『世界経済と世界政治』（みすず書房、一九八九年）をあげうる。両者に共通しているのは、宥和政策への積極的な位置づけにある。前者は、ファシスト国家も民主主義陣営もふくめて、あたらしい国際秩序、つまり、より妥当な国際経済体制を樹立しようという念願が宥和政策となったとする。後者は、戦間期の日＝米＝独の関係を、アメリカをちょうつがいとした密接な経済関係に注目してわかりやすくえがいている。大恐慌によって、このアメリカのちょうつがいの切れたことが、日独両国にどれほど大きな影響を与えたのかがよくわかる。

（2）　竹内好などを想定している。

（3）　「日本における近代国家の成立」、大窪愿二編訳『ハーバード・ノーマン全集』（岩波書店、一九七七年）第一巻、三八二頁。

第一部

第一章

アメリカ型世界不況克服プログラムと日本

互恵通商法の周辺

●関連年表●

1929(昭和 4)年	10月24日	世界恐慌はじまる
1930(5)年	10月 1日	枢密院，ロンドン海軍軍縮条約可決
1931(6)年	9月18日	満州事変勃発
1932(7)年	5月15日	犬養首相暗殺される。政党制崩壊
1933(8)年	3月 4日	ローズヴェルト大統領就任
	27日	日本，国際連盟脱退を通告
	29日	日本，外国為替管理法公布
	6月12日	ロンドン世界経済会議開催
1934(9)年	3月28日	日本，石油業法公布
	6月12日	アメリカ，互恵通商協定法成立
1935(10)年	8月31日	アメリカ，中立法成立
1936(11)年	1月15日	日本，ロンドン軍縮会議脱退通告
	11月25日	日独防共協定調印
1937(12)年	7月 7日	日中戦争勃発
	9月23日	中国，第二次国共合作
	10月 5日	ローズヴェルト隔離演説
	25日	日本，企画院官制公布
1938(13)年	4月 1日	国家総動員法公布
1939(14)年	7月26日	アメリカ，日米通商航海条約廃棄通告

はじめに

一九三〇年代の日本外交を要約すれば、連盟の枠組みのそとから、英米にたいし日本の満州・華北支配の既成事実化をはかったということになろう。しかし、そのさいの英米への態度は同一ではなかった。イギリスにたいしては、ソ連の脅威を強調し、中国での「すみわけ」を示すいっぽう、アメリカにたいしては、不均衡を覚悟のうえで、アメリカの対満・対日貿易関係を良好に維持するという路線をとった。

イギリスには旧来の帝国主義外交、アメリカには原則論ぬきの経済外交、というように日本側は使いわけをおこなった。具体的には、イギリスにたいしては、敵対から牽制、妥協、協調にいたる態度が時に応じて日本側の政治主体（陸軍から元老・宮中グループまで）によって選びとられた。いっぽう、アメリカにたいしては、一貫して経済的実績が強調され、協調の維持を希望する方向で、ほぼすべての政治主体が一致していた。

では、ことなる二つの態度はなにを根拠としてわけられていたのだろうか。それは、イギリスとアメリカがそれぞれ漠然とではあるがいだいていた、恐慌克服の世界経済プランの差異にあったのではないかと筆者は考えている。世界が恐慌克服期にあった一九三〇年代、経済データのうえからは日本の急速な回復が裏づけられている。しかし、昭和恐慌の爪痕は、日本のなかにずっとあとをひいたものと思われる。マルサスの人口論は悲観的な人口爆発の根拠とされ、為替の自然下落を利用した輸出増進策は各国の関税・非関税障壁に阻まれた。「国際経済は之に対応する様な国際政治機関を持って居らぬ。従て国際経済が如何に平和と協力を切望するものであっても、之を政治的に表現する手段がない」[(1)]という、日本側の当局者の慨嘆を、対外侵略を正当化するための論理とすぐさま弾劾するのはシニカルにすぎるだろう。では、どのような国際経済システムがありえたのだろうか。

アメリカ国務省の唱道していたアメリカのヘゲモニーによる「自由」貿易路線と、イギリス型の帝国特恵ブロック路線は、ともに一九三三年の世界経済会議のころからあきらかにされはじめた。とくにアメリカの「自由」貿易路線が、最終的にはイギリスの特恵関税圏突破をめざしていることをみぬいていた〔事実、第二次世界大戦中、アメリカはイギリスへの武器貸与の代償として、イギリス型ブロックそのものの吸収をはかってゆく〕日本は、前者の路線に迎合することに活路をみいだしていた。

このようなアメリカの国際経済政策は、単発的なものではなく、産業復興法・農業調整法・互恵通商協定法・中立法を基軸にした新外交の一環でもあった。よって本章では、互恵通商協定法の成立が、日本にどのような反応を喚起していったのか、この点について考察したい。

(1) 外務省調査部『日本固有の外交指導原理綱領』(外務省、一九三六年)一二三頁。

第一節　経済の戦略的使用

長期にわたる不況の体験（一九二九年にはじまり、三三～三四年に底入れ）は、アメリカに経済を戦略的に使用すること（軍事的手段をもちいずに、経済的圧力によって目的を達しようとすること）の死活的な重要性について開眼させるところとなったと思われる。輸出への依存割合がGNP比五・二パーセント（二九年）という低さであったアメリカにとって、大恐慌というような特殊な事態がなければ、このような発想はでてこなかったであろう。ベルサイユ・ワシントン体制が不況克服と軍縮という二側面でその限界を露呈すると、アメリカはまさにその二側面にむかって経済の戦略的使用を検討しはじめる。

まず、不況克服の点では、コーデル・ハル（Cordell Hull, 1933～1944, 国務長官）のプログラムがその例としてあげられよう。南部の低関税論者で、ウィルソン（T. Woodrow Wilson）流のディモクラットであったハルは、互恵通商協定（Reciprocal Trade Treaty Act）を多数の国と締結することによって世界貿易拡大を期した。(1) これは、ハルの主観によればアメリカの国益を増進しつつ世界不況の回復にも益するという不況克服プログラムであった。締結相手国は中南米をはじめとして南北アメリカ大陸に広がり、最終的にはベルギー・オランダ・フランス・イギリスなどヨーロッパ諸国にも及んだ。(2) 世界各国が、経済国家主義に傾いている時にあって、本協定により獲得された種々のメリットが、締結国以外にも均霑《きんてん》される（最恵国条款《じょうかん》の適用）というプランは、たしかにハルの理想主義的側面をいかんなく発揮するものであった。本協定は二国間協定の形式をとっていたにもかかわらず、バーターや求償による二国間だけでの貿易バランスをめざすものではなく、反対に多角的な世界貿易拡大に論理上資するものであった。

しかし、このプログラムが経済戦略的に使用されたことを理解するには、もう一点についての解説が不可欠であろう。それは、アメリカ品にたいして差別待遇をなしていると国務省が認定した国家はブラックリストにのせられ、不況克服プログラムの環から除外されたことであった。(3) たとえば、ドイツとオーストラリア(4)はアメリカから均霑を拒否されていた（一九三八年現在）し、それ以前にはソ連・フランスもそうであった。除外された国家は、プログラムへの参加を拒否されるだけではなく、「ダンピング」課税など保護主義的な制裁措置をアメリカからいつ受けるとも知れない状態におかれるのである。アメリカの商品輸入額は一九二九年を一〇〇とすると、三二年には三〇・一に激減していた。アメリカとそれまで密接な通商関係にあった国家にとって、「七割減」という現状と、それを改善すべき回復プログラムの将来は、一様に注視にあたいするものであったろう。ブラックリストに載るかどうかという問題が〈ダモクレスの剣〉のごとく、特定国家の頭上にぶらさげられたのである。

軍縮というもう一つの側面ではどうだったのであろうか。アメリカの主張する日米補助艦比率、五対三、が崩れたロンドン軍縮会議（一九三〇年）を期として、アメリカでは太平洋作戦計画の再検討がおこなわれた。浜口（雄幸《おさち》）内閣が軍縮会議をまとめたものの、海軍部内に不満を蓄積させたように、アメリカ海軍部内でも渡洋攻撃の再検討を強いられた。その結果、太平洋上の遠距離作戦を補完するため、対日禁輸が作戦と不可分のものとして想定されるようになった。

アメリカは公式の場では、世界平和維持のための軍縮キャンペーンを相変わらずつづけていた。しかし、ローズヴェルト（Franklin D. Roosevelt）自身、ヨーロッパ情勢全般を顧みて、軍縮政策への悲観を私信で述懐していたことからもわかるように、軍縮姿勢は多分に国内政治向きのものにすぎなかった。(5) そして、ローズヴェルトは大統領に就任すると、緊急救済補充資金二億三八〇〇万ドルを艦艇三二隻建造経費にわりあてるという離れ業をやってのけた。(6) 翌年の第一次ヴィンソン案によって、現有総トン数を倍増するだけの建艦支出も、議会の承認をとりつけた。イギリス外務省はこの所作にたいして、日本を刺激するような海軍増強はなすべきではないとアメリカに申しいれているが、国務省は「千二百万人の失業者を雇用するために、ロンドン条約のもとに増強することはかまわないではないか」と答えている。(7)

アメリカは、大恐慌への応急資金から海軍費を捻出し、海軍増強がいかに失業対策として有効であるかを国民に強調しながら、軍拡をすすめる方式へスライドしていった。それは、日本を刺激しないためというよりは、もっぱら国内的要因に左右されていたと考えられる。軍備増強にはいかなる理由があろうとも反対する「孤立」主義者が、上院を中心としてかなりの勢力を占めていた。いうまでもなく上院は、政府の選択する対外政策に強い拘束力をもつ機関である。よって、政府当局者はアメリカが軍縮方針を捨てたり、日本との建艦競争に乗りだしたという、少しの疑いも「孤立」主義者にいだかれてはならなかったのである。(8)

「産業復興」の旗印のもとの軍拡という方針は堅持するいっぽうで、軍縮方式にかわる平和維持のための代替案として、アメリカが独自の中立政策を形成してゆくのも、このような文脈においてであった。

伝統的な中立概念は、交戦国がどのようなものであれ、中立国は自由に貿易をする権利を有するという点にあった。しかし、それはこの時代、侵略国と認定された国にたいして手を貸してはならないというものに変化する（第二章第一節参照）。カンザス選出の上院議員カッパー（Arthur Capper）がおこなった、パリ不戦条約違反国にたいする武器禁輸権限を大統領に付与する提案（一九二九年）はその早い例である（成立せず）。(9) スティムソン

(Henry L. Stimson, 1929～1933, 国務長官)が満州事変にたいして対日経済制裁を考慮するのも以上の文脈に属する。アメリカは軍縮方針からたしかに後退した。しかし、その後退を公然と論議されてはならなかった。さらに、ヨーロッパ戦線でのドイツの圧勝を前に「孤立」主義者が沈黙させられ、政府が公然と対英援助へとつきすすむ段階にはいまだ間があった。その中間期に、互恵通商協定法や、海軍作戦を補完すべき経済封鎖や、中立政策による禁輸という、経済の戦略的使用が発案されたといえる。

三〇年代アメリカの不況回復と軍縮への対応が以上のように要約できるならば、日本側のそれはどのようなものだったのだろうか。まず、軍縮方針については、ワシントン・ロンドン海軍軍縮条約からの脱退へむけた合意がかなり早くからみられた。それは、若槻(礼次郎)全権がロンドン海軍軍縮条約に署名した時(一九三〇年四月)からはじまっていたといっても過言ではない。

第一に、本条約が巡洋艦の対米七割という日本側要求を、実質的には僅差でありながらも満たしていなかったという点の重みである。そもそも、ワシントン会議後の海軍が、全権加藤(友三郎)と海軍側主席随員加藤(寛治)とのあいだで分裂することなくまとまりを保てたのは、実は一九二〇年代を通じて、巡洋艦にまとをしぼった、対米七割確保のための軍拡をスタートさせていたからであった。(10)そのような意味をもたされてきた巡洋艦を制限することは、本来は条約派とみなされる部分にも反対勢力を拡大することになった。

第二に、ロンドン会議へむけ日本政府が最終的におこなった訓令は、「此際日本が本案に同意を表示するは予め千九百三十五年の会議に於ける我国の主張又は立場を何等拘束するものに非ず」(11)といい、この点に関して各国の了解をとることを要求したものだった。この条件づけによって、条約文の末尾に、三五年以降のことは責任をもたない、といわんばかりの、つぎのような「文言」をとどめることになった。「新条約を作成する為千九百三十五年に会議を開催すべし。但し本条約の何れの規定も右会議に於ける何れの締約国の態度をも妨ぐることなかるべきものとす」[12]。

海軍側はワシントン海軍軍縮条約廃棄の政府決定（一九三四年一二月三日）をかちとるまで、「文言」を最大限に利用した。海軍次官（長谷川清）が講演の席上、「条約は、暫定的協定であります故昭和十一年（一九三六年）末には自然に解消せらるることになって居るのであります」[13]（傍線は引用者）と述べたのは、その一つの例であろう。たしかに、この言葉に虚偽はふくまれていない。しかし、ロンドン条約の規定にしたがって三五年に開催されるはずの会議が、補助艦に関するつぎの新条約を合意する可能性に全く言及していない点で、この発言は「文言」の拡大解釈とみなされる。

このように、海軍のワシントン・ロンドン両条約廃棄方針は強固なものであった。また、大蔵省・外務省・元老・穏健派など、他の政治主体がこれに有効な反対を唱えた形跡はない[14]。政府内の対立の少なさという点では、満州育成・華北分離問題とくらべて対照的である。日本側の態度一致は、ひとえに、アメリカ側の軍縮方針の内実、いいかえれば、アメリカにとっての軍縮政策の政策順位の低さをかなり忠実に把握した結果だと考えられる。

三〇年のロンドン会議当時、条約締結へ日本を拘束した要因の一つは、フーバー（Herbert C. Hoover, 1929. 3～1933. 3, 大統領）政権の真に堅固な軍縮方針（フーバーはすでに議会が支出を承認した駆逐艦六隻の建造もとりやめた）であった。そして一九三三・三四年のアメリカの建艦計画（第一次ヴィンソン案）は、条約廃棄へむけて日本の行動を加速した。中立政策による禁輸措置、失業対策事業の表装をまとった軍縮離脱、これら一連の所作をながめ、日本側は、アメリカ側が、軍縮実現の熱意をもはやもっていないとの判断を下していったのであろう。

事実、アメリカの側も、「日本はこれによってロンドン軍縮会議への参加意欲を失うだろう」との予測[15]をおこなったうえで、三三・三四年の軍備案を選択していた。軍縮会議をまとめる方向にはもはやアメリカは意をもちいていないし、むしろ軍縮問題を制約ととらえはじめ、日本の廃棄を止める論理をもとうとはしていないようにみえる。以上のように、日本の軍縮方針をまとめるとすると、不況克服についてはどうだったのか。

低コストの原材料を獲得するために、満州・華北・日本を一つのアウタルキーとして経済的発展をはかる道と、同時に通商自由の原則を高唱して生産の合理化による低価格品の輸出増進をはかる道、の二方策を選択した。三〇年代をつうじて前者の割合が増大するが、後者が完全に消えるわけではない。

両国の、不況克服と軍縮についての方策を概観したが、アメリカのなかでは、どちらにプライオリティをおいていたのだろうか。

アメリカの当局者のなかでは、不況対策をめぐっては、経済ナショナリストとインターナショナリストが対立していた。そのなかで極東のアウタルキー化については、前者ではなく後者が激しく反発する。前者にとっては国内経済の保護主義的施策が第一義的であったから、たかだか数パーセントの対中国貿易のために、日本と対立するのは無駄であると考えられた。しかし、ニューディールの進行とともに、当局者のなかで、前者から後者へ実勢力が推移し、日本によるアウタルキー化はがぜん問題とされてくる。

また、軍縮政策をめぐっては、「孤立」主義者とインターナショナリストの対立があり、日本の海軍軍縮条約廃棄に関しては、後者ではなく前者が激しく反発する。後者は、ヨーロッパ情勢を第一に考え、軍縮方式に実のところ懐疑をいだいているので、基本的には日本の廃棄を意にかいさない。経済ナショナリストは、ニューディール初期に力をふるうが、三五年以降は力をうしなう。「孤立」主義者は三〇年代を通じて無視できない勢力であるが、その中核が上院であるために、大統領の行政命令権の比重が拡大してゆく時代の趨勢では比重を低くせざるをえなかった。不況克服と軍縮をめぐる政策対立のなかでインターナショナリストは、三〇年代後半にむけて、アメリカ政治の中核となってゆく。そのインターナショナリストの問題とするものは軍縮ではなく、不況克服の原理であった。

当時の国家間のパワー・ポリティックスにおいて、日米関係はとうてい対等ではなく、非対称的であった。日本にとって一義的に重要なものであった。さらにそこに、序章でひいたノーマンのいう「日本の敏感性」もくわわる。よって、日本からいえば、軍縮問題ではなく、アメリカの不況克服プログラムを貫く経済のダモクレスの剣を不断に気づかう過程がはじまる。日本において、アメリカによる経済の戦略的使用をさけるための親米策が長くゆるやかに継続するのは、通商自由の原則が比較的長く温存されうる基盤があり、そこにハルの主唱する「自由」貿易主義と共鳴する部分があった点に求められる。

三〇年代終わりの日米関係を刻した、日米通商航海条約廃棄通告は、前述したところの日米の位置づけの終わりを告げるものにほかならなかった。アメリカの主唱する「自由」貿易路線とそれに向けての日本側の楽観的な自己投影の共通項がまったくなくなる時に、日米関係は新段階に移り、日本側の内政と外交も転機を迎える。よって、具体的に、世界経済会議（一九三三年）、互恵通商協定法（三四年）、外務省機構改革（三六年）などを縦軸としながら、アメリカの経済プログラムに日本が反応するさまをみてゆこう。

（1）　ハルについては、Cordell Hull, *The Memoirs of Cordell Hull* (New York: The Macmillan Company, 1948), Wayne S. Cole, *Roosevelt & The Isolationists, 1932-1945* (University of Nebraska Press, 1983), Jonathan G. Utley, *Going to War with Japan, 1937-1941* (University of Tennessee Press, 1985). 最後のものには、邦訳がある。ジョナサン・G・アトリー『アメリカの対日戦略』五味俊樹訳（朝日出版、一九八九年）。
（2）　「昭和十三年三月八日　米国ノ締結セル互恵通商協定　通商局第二課」、『日米通商航海条約関係一件』（外務省外交史料館所蔵、B200J/U1）所収。
（3）　『外国貿易政策関係雑件　米国ノ部』第三巻（外務省外交史料館所蔵、E31112-1）。
（4）　外務省通商局編『昭和十三年版　各国通商の動向と日本』（日本国際協会、一九三八年）三六一頁。
（5）　Cole, *op. cit.*, p. 67.

（6）Hull, *op. cit.*, p. 288.

（7）ウォルドゥ・ハインリクス「アメリカ海軍と対日戦略」（細谷千博ほか編『日米関係史』第二巻、東京大学出版会、一九七一年）一五五・一七二頁。

（8）Hull, *op. cit.*, p. 287.

（9）Cole, *op. cit.*, p. 70.

（10）小池聖一「ワシントン海軍軍縮会議前後の海軍部内状況」（『日本歴史』四八〇号、一九八八年八月）七二～七五頁。

（11）外務省編『日本外交年表竝主要文書　下』（原書房、一九六六年）一五五頁。

（12）同前、一六一頁。

（13）「一九三四年六月三〇日　貴族院研究会に於ける海軍次官講演案」（土井章監修『昭和社会経済史料集成』第一巻、お茶の水書房、一九七八年）四九頁。

（14）先行研究としては、酒井哲哉「『大正デモクラシー体制』崩壊期の内政と外交」（一、二）（『国家学会雑誌』百巻九・一〇号、一九八七年九月、百一巻三・四号、一九八八年四月）。のちに、酒井『大正デモクラシー体制の崩壊　内政と外交』（東京大学出版会、一九九二年）に所収。酒井は、政府が条約廃棄にまとまった背景として、対米関係修復見通しと財政論上の説得性をあげている。

（15）Hull, *op. cit.*, p. 287.

第二節　互恵通商協定法の内容とその意義

1　世界経済会議

アメリカ政府の枢要な地位を占めるインターナショナリストは、非承認国にたいする満州国の門戸閉鎖・冀東密貿易・日満支ブロック化など、それがなんであれ、「開かれた世界を閉ざされた世界に置き換えようとする世界的企ての一環」(1)とみなされうる場合、するどく反発する。たとえ数字のうえで実質的な門戸開放がなされていようとも、原則が問題とされた。たとえば、満州国の対米貿易は、表1のようであり、アメリカからの輸入は激増していたのだが、アメリカの問題としたのは満州での石油専売法の適用（一九三四年一一月）という、原則からの逸脱についてであった。また、アメリカの対日輸出額に比較して対中国輸出額の現状が五対一（表2参照）であろうとも、そのような現状は、「貿易価額は貿易を行ふ権利に関する原則にくらべればたいして重要ではない」(2)とみなされた。

原則論拘泥の背景には、当然、中国市場のシェア獲得競争への目配りがあったと考えられる。しかし、いっぽうで独善的ではあるが、経済自由主義への理想というべきものがアメリカ政府当局のなかに根強く存在していたことをみのがしてはならないだろう。

経済ナショナリズムとアウタルキーの形成こそが、恐慌克服期の世界にとって、最もさけなければならないものであるという一つの経済国際主義の信念が、三〇年代には一種の世界観にまで上昇しつつあった。近年、ハル外交の再検討をおこなったアトリーは、政策決定者の価値観の摘出こそ、外交史の前提作業とすべきであると説き、二期めのローズヴェルト政権の価値観をつぎのようにまとめている。(3)

表1　満州国の対米貿易　　単位：千国幣円

	輸出	輸入	バランス
1935年	15,590	24,936	△9,346
1936年	16,353	25,735	△9,382
1937年	18,674	57,523	△38,849

出典：東京大学法学部付属近代日本法政史料センター現資料部所蔵『阿部信行文書』1-10「極秘 条約廃棄通告ノ背景·意義·影響概要」より作成

表2

①米国の商品輸出市場としての中国・日本

	輸出総額(A)（百万ドル）	対中輸出(B)（千ドル）	中国の比重（B/A）	日本の比重
1934年	2,133	68,667	3.2%	9.9%
1935年	2,283	38,153	1.7	8.9
1936年	2,456	46,812	1.9	8.3
1937年	3,345	49,697	1.5	8.6

②米国の原料資源獲得市場としての中国・日本

	輸入総額(A)（百万ドル）	対中輸入(B)（千ドル）	中国の比重（B/A）	日本の比重
1934年	1,655	43,933	2.7%	7.2%
1935年	2,047	64,200	3.1	7.5
1936年	2,423	74,232	3.1	7.0
1937年	3,084	103,616	3.4	6.6

③米国の投資市場としての中国・日本　　単位：百万ドル

	対外投資	中国への投資	日本への投資
1930年	15,675	130	445
1933年	14,529	132	418
1935年	13,605	132	387

出典：外務省外交史料館所蔵『支那事変関係一件 各国ノ態度 日米関係打開工作関係』A11030-3-2所収，「昭和十四，一，九　亜一，二 支那問題ヲ中心トスル日米関係ト対米工作ニ関スル意見」より作成

世界の将来は、商品やサーヴィスを自由に交易できる体制が確保できるかどうかにかかっていた。もしこの自由貿易体制がいくつかの自給自足経済圏に分割された世界に取って替られたら、世界中の国々、そして少なからずアメリカは被害を受けることになろう。

このような価値観がアメリカ側にいだかれている場合、極東のアウタルキー化を日本が図ることを阻止する方策は、二つ考えられる。第一は、日本が極東のアウタルキー化を図る必要のなくなるような通商自由の原則を世界的に整備する方策。第二は、軍事的支配などの既成事実をある程度黙認するいっぽうで、門戸開放・機会均等は資本輸出から通商までさまざまなレベルで要求しつづけ、満州・中国市場に参入しつづける方策。三〇年代前半から中盤にかけては、第一の路線がとられ、日中戦争開始後は、第二の路線がとられた。

しかし、このような経済国際主義の考えかたは、一期めのローズヴェルト政権にとって、いまだ自明のものではなかった。当選(一九三二年一一月)から大統領就任(三三年三月)にいたる政治的空白期に、政府当局者を悩ませたのは、ロンドン世界経済会議(三三年六〜七月)にどう対処するかという問題だった。イギリスは第一次大戦時の戦債問題の処理・金本位復帰への条件整備・軍縮問題をこの会議の第一の課題ととらえていた(4)。前政権のフーバーやスティムソンは、ヨーロッパ諸国のアメリカへの債務帳消しを認めていたため、イギリスと共同歩調がとりえた。

しかし、大恐慌の最低ラインに立っていた国内経済は、経済ナショナリストの立場を強めずにはおかない。ローズヴェルトやそのブレインの一人であったモーリー(Raymond Moley, 1933. 3〜1933. 9, 国務次官補)は、戦債・軍縮問題は議題から除くべきだと主張した。戦債問題を議題とすれば、それはヨーロッパ諸国へのアメリカの債権帳消しという方向での決着になってしまうだろうし、軍縮問題は軍縮へのアメリカ当局者の消極姿勢をさらしかねない。ローズヴェルトは元来低関税に賛成であったし、貿易拡大にも熱心であったが、大統領就任直後にあっては保護貿易論者・経済ナショナリストとの妥協が必要であった。

このようなアメリカの国内情勢は、経済会議主席代表であったハルの方針を強く制限することとなった。大統領は代表団にたいし、戦債・軍縮を議題にしてはならない、為替安定策についての合意を協議してはならないと示唆した。(5) さらに、本来は、アメリカ国内で互恵通商協定法のようなものの法律化をはかったうえで、ハルは会議に臨むつもりだったが、開会中の特別議会への本法案の提出を大統領が断念したために、計画は狂いはじめた。大統領決定がハルに伝えられた時、ハルは衝撃を受け、一時は首席代表の辞任も考えるほどであった。

会議は、金本位諸国（仏・伊・蘭・スイス・ベルギーなど）によって準備された、通貨安定に関する共同声明（六月三〇日）を、アメリカ大統領が真っ向から批判したために（七月三日）、分裂した。――僅か二、三ケ月間、二、三の大国の通貨を人為的に安定させることは、会議の目的を無視するものであって、むしろ、アメリカは今後一〇年間、同一の購買力・借金返済力を有する「ドル」を創造するのが有益であろうと考える。また、通商の回復も為替安定によるのではなく、通商障害を緩和する方向でおこなうべきである――。この声明は、金本位国の感情を害し、会議に致命的な打撃を与えた。(6) 六四ケ国を集めた会議は、通貨問題をめぐり頓挫し、不況克服の共通プランを呈示することはできず、自然休会となった。ハルは後年、会議失敗の影響を、①全世界の理論的経済復興を遅らせた、②ドイツ・日本・イタリアなどの独裁国の利益になったとまとめているが、(7) むしろ、世界経済会議失敗の原因について、戦債と軍縮をめぐる英米対立、通貨安定をめぐる金本位国との対立こそ注目されるところである。

会議の全過程をながめれば、実は日米が類似した主張を展開していたことがわかる。英米対立の渦中にあって日本は明確にアメリカ側に与していた。休会をまえにハルは、国内経済とのかねあいで、後に互恵通商協定法として結実する世界貿易復活のプラン――「会議休会中及び休会後に於て通商政策に関するプログラムの発展を期せる米国の提議」――を提案し、失敗した会議に少しでも意義を付与しようとした。

国内経済問題をひきずり、イギリスとの会議方針決裂のなかで、不器用に呈示されたこの世界貿易復活プランにたいして、日本はカナダ・スウェーデン代表とともに熱心な支持を送ったのである。(8) プランの骨子は、①参加諸国は、世界貿易を阻害するような新障壁を導入しないこと、②関税率引き下げのために二国間商議を開始すること、そこで締結された協定は最恵国条款の精神を具体化すべきことという二点であった。(9)

日本がアメリカ提案に積極的に賛成した理由として、つぎのようなことが考えられる。綿製品のめざましい輸出に代表されるように、日本の国民総生産に占める貿易依存度は高かった。しかし、会議当時すでに英帝国植民地むけの綿製品・雑貨廉売が日英対立を引き起こしていた。(10) このような事態の続発が予想されるなかで、新関税障壁撤廃と最恵国条款の尊重は、日本にとって望ましい選択肢であったことは想像にかたくない。ここには、イギリス帝国植民地市場に、アメリカを盾として侵入する目算があった。

第二に、貿易拡大を第一義的に重視し、為替安定にふれないアメリカの態度は、日本の利害に完全に一致していた。英米は戦債問題のほかに、為替相場安定策についても対立していた。(11) アメリカはこの頃、農村を中心とした負債軽減と景気回復のために国内物価を十分上昇させることに熱中していたので、ドル価を約四割切り下げ、金一トロイオンス＝三五ドルとし、管理通貨制へ移行した（三四年、金準備法）。この所作は、金に固定価格を設定し、無制限に固定価格で金買入れをおこなうことによってドル相場を引き下げ、それを通じてポンドに対抗してドルを基軸通貨化するという意図をも秘めていた。(12) 国内物価安定を為替相場安定に優先させたこの所作は、イギリスの反発をまねくところとなる。日本も自由放任による為替の自然下落を利用しての輸出伸長をはかっていたのであるから、アメリカ同様、為替安定の束縛を受けたくなかったのである。(13)

日本全権石井（菊次郎）がハルのプログラムを支持し、会議の最終演説にあたって「若しこの提案が実質化すれば会議の威信は高まり、且つ、その目的の大部分が成功裡に達せられるであろう。予は全代表が、この時宜に適したる提案を利用し、米国代表部の指示したところに従ってその研究を進めんことを切望する」と述べたのは、[14]以上のような実質的な利害を反映したものであった。

2 互恵通商協定法

そこで、つぎに、世界経済会議においては十分に本領を発揮できなかった、ハルの自由貿易の精神がどのようなものであって、それは日米の通商関係にどのようなかたちで影響を及ぼしたのか、その点を互恵通商協定法成立（三四年六月）にそくしてあきらかにしたい。[15]また、本法にたいする日本側の対応の過程も同時にみてゆこう。

ハルのプログラムの骨子は、おおよそ九本の柱としてまとめられるだろう。ハルやその片腕であったセイヤー（Francis B. Sayre, 1933. 11 ~ 1939. 8, 国務次官補）の演説や論文からエッセンスを拾うとつぎのようになる。

①国際貿易改善の必要——世界貿易が回復してはじめて、アメリカは外国市場の回復をのぞみうる。国家の産業復興は通商増大によるほかはなく、通商増大はいわゆる三角貿易または互恵関税協定及び最恵国条款の無条件適用によるべきである。

②米国輸入増大の必要——諸外国がアメリカに売り込むことができないと、アメリカから輸入することができないのは道理である。諸外国は、アメリカからこれ以上クレジットをえることができない。諸外国は、自国の全通貨機構を脅かすことなしに、アメリカにこれ以上の金を積出すことができない。諸外国にとって残される唯一の道は、二国間貿易、もしくは三国間貿易を通じて商品を以って商品の支払いをなしてゆくことである。もし、アメリカが外国市場を救おうとするならば、輸出増大以上の輸入増大が、貿易協定プログラムの主要目的の一つとならなければならない。

③関税障壁引き下げの必要——一九三〇年の関税法（ホーレー・スムート法）により、空を摩するほどの高関税を諸外国製品にかした結果、諸国はアメリカの綿花・小麦・自動車・機械類の購買に際して迅速な反撃にでた。この経験をアメリカは反省し、諸国相互に有利な貿易回復のための実際的プログラムを遂行すべきである。

④清算制度の排撃——二国間貿易均衡の通商プログラムは、アメリカにとって最も有害なものである。二国間貿易均衡主義が、清算協定の形態・求償協定の形態［同額の輸出に応じて輸入を許可］、自国商品の購入が一定割合を超えない場合は相手国商品にたいして差別的税率を定める形態、いずれをとるにしろ、アメリカはこの主義と闘わねばならない。

⑤経済的国家主義の排撃——現在、多数の国において自国と他の国との二国間バランスをえることによって、自国の国際貸借を均衡させようとする動きがある。しかし、このような経済的国家主義は、平和への道ではない。平和の安定は、今日の世界的傾向である経済ナショナリズムが今阻止されなければ破壊される。この点が、政治家・闘士のヴィジョンにかかっているのである。

⑥国際協力の必要——経済的国家主義に変わるべきものは、一九世紀の自由放任主義ではない。国際貿易の将来は国際協力の緊密化にかかっている。中央銀行間の一層密接な提携がのぞまれ、強力な国際銀行を通じての国際的貨幣制度の結合が将来的にのぞまれる。

⑦モンテヴィデオ決議——三三年一二月にモンテヴィデオに会合した南北アメリカのうち、二一ケ国が署名したものは、国際協力のための原則のモデルとして尊重されるべきものである。

⑧最恵国条款（原則）——通商条約実施のさいには、二つの可能な道がある。第一は、最恵国待遇に基礎をおく政策であって、アメリカとの貿易に差別待遇をしない、すべての国にたいして、関税の均霑と、待遇・通商上の特権の均霑を与えようとするものである。第二は、双務的基礎のもとにおいて、個々の国との間で別個に、

特権にたいするに特権をもってする政策であって、個々の国にたいして特恵的であったり、差別的であったりするものである。アメリカは第二の道はとらない。

⑨最恵国条款（原則の制限）——アメリカにたいしてその税率を互恵的に均霑している諸国にたいしては、税率を均霑する用意がある。しかし、アメリカにたいして関税の均霑をおこなわず、若くはアメリカ貿易に差別待遇をしている諸国にたいしては、均霑はおこなわれない。

一九三四年六月一二日に大統領の署名をえた互恵通商協定法は、その条文自体はわずか一ケ条で、一九三〇年関税法にたいする追加条項にすぎなかったが、その背景には以上のようなプログラムがあった。大統領は最大限五〇％まで現行税率を増減し、諸外国と三ケ年に期間を限った協定を締結できる特殊権限をえた。本法制定は、その後五〇年間にしだいに進行した議会から国務省エリートなどへの、貿易政策決定の権限移行という事態の画期をなした重要な一歩であった。(16)

「経済的に良好な関係を築けないところでは、政治的に良好な関係を築くことは事実上不可能である」(17)というハルの信念は、三〇年代の日米関係を十分に暗示していた。いっぽうには、強固なる貿易自由のプログラムがあり、他方はそれを受容、あるいは反発するのみの関係である。ところで、互恵通商協定法の登場にあたって、日本側は、すぐさまその内容を正確に把握したわけではなかった。三四年六月二一日の斎藤（博、駐米大使）とハルの会談記録(18)がそれを裏づける。

記録を吟味するまえに、斎藤のプロフィールにふれておこう。結局、五年間駐米大使の地位にいた斎藤のアメリカ派遣には、連盟脱退・両軍縮条約廃棄後をにらんだ日米関係修復という課題があった。(19)この時期の対米工作の基本は、具体的には、東郷《とうごう》（茂徳《しげのり》、欧米局長）の執筆になる「帝国の対欧米外交方針」におかれていた。東郷は、当時の日米関係を「疎隔」し「緊張」したものと正確にとらえており、どうにかしてアメリカにその極東政策を「再考」させられないか検討していた。斎藤は、東郷の方針にしたがい、数字をあげて満州国の経済的な発展を強調するいっぽうで、排日移民法問題ではアメリカ側の譲歩をひきだし、フィリピン独立許与問題では日本としての譲歩をしめすなど、熱心な外交をくりひろげていた。

(1) Cole, *op. cit.*, p. 17.
(2) 太平洋問題調査部『最近の米国極東政策』(日本国際協会、一九三九年)二二頁。
(3) 前掲『アメリカの対日戦略』九頁。
(4) Cole, *op. cit.*, p. 81. フーバーについては、尾上一雄『フーヴァー大統領の不況対策』(千倉書房、一九八五年)を参照。
(5) Cole, *op. cit.*, p. 56.
(6) 「国際会議ノ経過」、『大蔵省昭和財政史室資料』(国立国会図書館特別資料室所蔵、リール NO. 114 検索 NO. 5)所収。
(7) Hull, *op. cit.*, p. 268.
(8) *Ibid.*, p. 265.
(9) 国際連盟事務局東京支局編『通貨経済会議報告』(新日本社、一九三四年)二五九〜二六四頁。
(10) イギリスが日英の綿製品当業者会談を申し入れてきたのは一九三三年四月であり、インドが日本綿布関税の二割五分増徴を発表したのは同年六月であった。参照、前掲『日本外交年表竝主要文書 下』。
(11) 秋元英一『ニューディールとアメリカ資本主義』(東京大学出版会、一九八九年)一三五頁。
(12) 伊藤正直『日本の対外金融と金融政策』(名古屋大学出版会、一九八九年)二六七、三三二頁。また、伊藤「一九三三年ロンドン国際経済会議と日本」(『名古屋大学経済科学』三四巻四号、一九八七年四月)も参照。
(13) ロンドン経済会議で日米が共同歩調をとったことについては、来栖三郎(当時の外務省通商局長)『泡沫の三十五年』(中公文庫版、一九八六年)二二二頁、川島信太郎執筆、外務省監修『日本外交文書 別冊 通商条約と通商政策の変遷』(世界経済調査会、一九五一年)七一〇頁。また、最近の研究に、木村昌人「ロンドン国際経済会議(一九三三年)と日米協調」(『国際政治』第九七号、一九九一年五月)がある。
(14) 前掲『通貨経済会議報告』二一〇頁。

(15) 以下の記述は特にことわらない限り、前掲『各国貿易政策関係雑件 米国ノ部』第二・第三巻を参照している。本史料は、アメリカがその貿易政策に関しておこなった種々の言明を、原本・要約ともに収録してあるものである。

(16) G. John Ikenberry, "Conclution: An Institutional Approach To American Foreign Economic Policy", in Ikenberry ed., *The State And American Foreign Economic Policy* (Ithaca: Cornell University Press, 1988), p. 232.

(17) Hull, *op. cit.*, p. 355.

(18) 『帝国貿易政策関係雑件 対米国』(外務省外交史料館所蔵、E3114)。本史料には、一九二八年から一九四〇年までの日米貿易関係史料が多数収録されている。一巻のみ。

(19) 東郷茂徳『東郷茂徳手記 時代の一面』(原書房、一九八九年版)所収。

第三節 プログラムへの自己投影過程

互恵通商協定について斎藤がハルと会談したのは、協定が議会を通過してまだ間がないころだった(三四年六月)。斎藤は互恵(reciprocal)の意味について、語義的には「相互」という意味があるが、それは二国間の貿易額のバランスを意味しないことを確認している。斎藤が外務省に送った会談録とハル側の記録によれば、つぎのような問答があった。(1)(2)

ハル—恐慌以前には世界の貿易の四割及至四割五分は皆三角貿易にて遣り居たり。自分は右が最も自然的なりと思ふ。

斎藤―今日欧州等にて頻りに努め居れる一国と一国との間の貿易額を「バランス」すと云ふことには、必ずしも御賛成にはあらざるや。三角貿易に付、実は日本側にても通商局長が同趣旨のことを述べたることあり。同様の考を有すと思はれ、右が常識的且自然的と認めらるるも、現在欧州諸国は斯る方針を採り居らざるが如し。

ハル―自分は二国間の貿易を「バランス」させることは無理にして之を試み居る欧州諸国は愈困難の状況に向ひつゝあるにあらずやと判断す。

斎藤―互恵とは二国間の貿易を根本とするにあらずや。

ハル―互恵とは二国間に於て或種目を協定して其の関税を御互に下ぐることとし、他の国も最恵国条款に依り之に均霑せしめ、右に依り漸次一般的に関税率の低下を齎さんとする趣旨なり。

斎藤―最近欧州諸国の所謂互恵とは「ブロック」経済を意味し、最恵国条款の適用には反対なりと思ふが如何《いかん》。

ハル―米国としては無条件にて最恵国条款に依り他国に均霑せしめ、之に依り世界の貿易を平常状態に復せしめんと企図し居るものなり。従て、NIRA・AAA の如き非常時に対する臨時措置に付ても、右根本方針に副ふ部分は之を維持すべきも、単に不況切抜の為の応急措置として遺り居る部分は漸次廃止し、平常貿易に努むる要あり。

ヨーロッパとアメリカにおける「互恵」の違いをきわだたせ、NIRA（National Industrial Recovery Act 全国産業復興法）・AAA（Agricultural Adjustment Act 農業調整法）への否定的評価をハルから引きだした斎藤のこの問答は、広田（弘毅《こうき》、1933. 9 ~ 1936. 3, 外相）からの要請でおこなわれたものだった。外務省側は、①日米貿易は日本の大幅な入超がつづいている、しかし、日米は競争的立場にはない、互いに輸入を促進すべきではないか。②日本は輸出自主規制をおこなってアメリカの希望にそってきた、現在、問題となっている陶磁器・鮪缶詰などに関してアメリカの諒解をえたい、という二点をアメリカに伝えようとしていた。

①②をめぐる洗練されたかたちでの会話が、引用部分であろう。ハルは、二月二一日と三月三日に広田・ハル間で交換されたノートが、日米二国間の経済・平和やその他についての望ましい友好関係をつくりあげるための広範で完全な基礎となりうるのだということを確認し、斎藤を安心させた。また、ハルは、アメリカの輸入拡大プログラムを阻害しつつあった、保護主義的な産業復興法（三三年六月制定、三五年五月最高裁違憲判決）・農業調整法（三三年五月制定、三六年一月最高裁違憲判決）のアンフェアーさを自覚している発言をのこしている。このようなハルの発言を、アメリカに有利な日米貿易にたいして、日本側からのバランスという見地からする批判への煙幕ととることはあたっていない。

斎藤がこの会談でなんらかの収穫をあげたとすれば、それはこの産業復興法に関する点をおいてない。日本が世界経済会議の席上、ハルの互恵通商プログラムを支持した理由は前述した。しかし、三四年の時点で日本側がこのプログラムに注目するのは、前年に制定された「産業復興法のがれ」、いいかえれば保護主義的発想からくる、日本品への特別課税をさけるため、というあたらしい理由からであった。

産業復興法のどこが日本にとって破壊的な威力をもっていたのであろうか。ニューディール初期、農民も労働者も、賃金・農産物価格・製品価格を人為的に上昇させることが恐慌克服への一番近い道であると考えていた。ローズヴェルト政権初期のアドバイザーもこのような経済学を支持した。産業復興法は、このようなニューディールの保護主義的な計画経済的理念が最高潮に達した時の産物であった(3)。産業復興法の要求するところにしたがって、アメリカ国内の生産費・価格の標準が人為的にコード・システムによって高められれば、そこには当然、外国製品の輸入防遏処置が同時に必要になってくる。

特に低賃金・為替低落国からの競争的輸入にたいし、アメリカの製造業者を保護する必要が叫ばれ、事実この点についての共和党上院議員提出の修正案が可決されていた。修正案は、産業復興法第三条E項として結実したが、その主旨は、不正競争と認められる外国品の輸入には、特別関税・「クォータ」及び輸入制限をかすことができるというものだった。(4) この第三条E項は、日本品の輸入防遏策の最たるものとして日本側当局者を深く恐れさせた。

これまで、アメリカにあったその種の規制策としては、つぎの三つの方法があった。第一は、一九三〇年関税法の伸縮条項(三三六条)によるものであった。三三六条はさらに二項にわかれ、①輸入外国品の生産費がアメリカより安い時、税率の五割以内で増税する権限を大統領に賦与できるとするA項と、②課税基準として同一米国品の卸売価格を採用できるB項があった。一九三三年以降、A項によって関税引き上げをみた日本品には、鮪缶詰・綿布・ファスナーなど五品目、B項によるものはゴム靴・羊毛製手袋など三品目があった。

第二は、不当廉売防止法(一九二一年制定)である。しかし、本法の日本品適用の例はなく、ローズヴェルト政権も適用に熱心ではなかった。第三は、一九三〇年関税法の税番変更申請条項(五一六条B項)によるもので、米国製造業者が日本品の税番号変更申請をなすと審査の間輸入が差し止めになった。本法による輸入差し止めの例として、羊毛製「フックラッグ」がある。

これらにくらべて、第三条E項は広範な輸入防遏措置であり、前記三方法との併用も憂慮された。(5) 特に問題となったのは、雑貨・鮪缶詰・陶磁器・絹織物であり、輸入防遏を求めるアメリカ製造業者の運動もおきつつあった。日本側は、このような事態の渦中で、議会審議中であった互恵通商協定法に注目した。(6) なぜなら、互恵協定ができれば前述の報復的課税は協定国には適用されないことになっていたからである。日米間の大局的な合意づくりがあらためてめざされてゆく。

このように、日本側にとって互恵通商協定はこの時点では輸入防遏阻止策として注目され、日米貿易の不均衡の是正は二のつぎであった。三井物産も、外務省にたいする情報提供文書のなかで、「日本と米国との間にReciprocal Trade Treaty を結び、日本が米国より買越になり居る間は米国をして日本商品の輸入を阻止する如き方策を建てしめざる様するに在り」[7]というニューヨーク支店長の報告を紹介していた。

互恵通商協定への締結意欲を示して報復課税適用をさけるいっぽうで、駐米大使斎藤は日本品が不正競争によるものではない点につき、アメリカ側の啓蒙に努めた。斎藤のアメリカ在任中の演説の一部（一九三五年四月分まで）は、『日本の政策と使命』（英文）[8]として現在確認できる。ニューヨークの外国報道通信員協会でおこなった（三五年三月一二日）演説[9]ではその種の非難をとりあげ、アメリカ人が公正であると信じるにたる文献（国際労働機関やイギリス側作成資料）によってアメリカの製造業者からなされた批判について、反駁をくわえている。

従来からの日本非難には、①為替ダンピング、②ソシアルダンピング、③政府輸出奨励金という三つのパターンがあった。①については、輸出における為替安の強みは、日本のような原材料輸入国にとっては両刃の剣なのであると反論し、為替の下落は人為的操作によるものではない点を明確にした。この点は現在の学説でも、日本の当該期の為替管理が貿易管理をふくまない放任ゆえであったことが裏づけられていることである。

②については、ジュネーブの国際労働機関次長（M. F. Maurette）による報告書から「ソシアル・ダンピングという言葉を、製品輸出の機会を大きくするため、製造に従事する者の労働条件を低くおさえることによって生産費をきりつめたり、低い状態を改善しないで低生産費を維持することである、と定義するならば、私が訪問した日本の輸出産業には、それはあてはまらない」[10]という部分を引証している。

③については、たしかに海運業界への政府援助は多いが、政府の補助金ということであれば、日本のそれは二八〇〇万ドルであるにかかわらず、イギリスは四〇〇〇万ドル、フランスは一九〇〇〇万ドル、イタリアは二一〇〇〇万

ドルである。アメリカは二八三〇万ドルで、日本の一〇倍にあたるではないか、と反論していた。結論として、駐日イギリス大使館通商関係顧問（G. B. Sansom）の執筆にかかる、イギリス海外貿易省編纂の雑誌（Economic Conditions in Japan）[11]の言葉を引用し、「通商における日本の成功をその不公正な手段によると考えることはよいことではないし、有害である」と反論を展開している。

斎藤は、実にさまざまな演説をのこしており、そのなかには満州国・軍縮条約脱退についての外交官らしい現実追認の姿勢もみえるが、この日本の通商方針についての論点はアメリカ側にとおりがよかったようである。というのは、斎藤の著書のブック・レビューが、太平洋問題調査会系の『パシフィック・アフェアーズ』[12]にのせられており、そのなかで評者は、満州侵略を斎藤が弁護する部分に不満を述べながらも、本書で一番評価するのは、日本の通商が世界的規模で拡大することについての斎藤のコメント部分であるとして、つぎのように論じている。――日本の、広範囲にわたるめざましい成功は、日本の競争者がいまだ到達していない経済水準で消費者市場を開発していくことによる。エネルギッシュで熟練していて企業心に富み、世界を舞台にできる日本の通商にとって、政治的保護下での経済成長という側面は重要ではないかもしれないのである――。この論点は、国際労働機関やイギリス海外貿易省の評価と相通ずる部分があり、斎藤の主張と懸隔がない。実際にこの時期、アメリカ国務省も、日本の輸出が成功した要因はダンピングや輸出奨励金ではなく、円切り下げ、効率のよいマーケティングと生産の合理化によるものだと結論づけていた[13]。

斎藤演説の効果を正確におしはかるすべはないが、保護主義からくる日本品輸入防遏運動は三五年ころからしだいに下火になっていったことは事実である。不当廉売防止法違反の嫌疑で二、三の日本製品が調査されたが、いずれも事実無根としてダンピング課税はかせられなかった。背景として、NIRA・AAAへの違憲判決[14]にみるように、ローズヴェルト政権が、初期の一国経済主義路線からしだいに「国民所得の計画的な再分配」路線へスタンスを変えつつあったことがあげられる。

これは、ハルの年来の主張にとって十分ではないが、評価すべき方向であった。しかも、ハルのプログラムによる互恵通商協定法は着々とその締結相手国を増やしていた（表3参照）。

日本がつぎに注目したのは、中南米諸国との通商関係に鑑みた時のアメリカの存在であった。日本は南米諸国にたいし基本的には輸出超過であった。これにたいし輸入超過国からは輸出入の均衡を要求することしきりであり、報復関税をかすために修好通商条約を廃棄する（条約があるかぎり報復関税をかすことができなかったため）国が続出した（表4参照）。貿易のバランスを要求され、修好通商条約を廃棄される日本は、その対策として互恵通商協定をもちいて、日・米・中南米間に、なんらかの三角貿易をつくることはできないかと考えた(15)。

ここに、アメリカ製造業者による輸入防遏への阻止策として互恵通商協定法に注目する視点から、中南米貿易打開策として互恵通商協定法の拡張的側面に注目する視点へと移っていることがわかる。この発想のうらには、アメリカが獲得した低い協定関税を日本との貿易に均霑させようという読みがあった。

表3　米国互恵通商協定法締結相手国

締結相手国	調印の年月
キューバ	1934.8
ブラジル	1935.2
ベルギー	1935.2
ハイチ	1935.3
スウェーデン	1935.5
コロンビア	1935.9
カナダ	1935.11
ホンジュラス	1935.12
オランダ	1935.12
スイス	1936.1
ニカラグア	1936.3
グァテマラ	1936.4
フランス	1936.5
フィンランド	1936.5
コスタリカ	1936.11
サルバドル	1937.12
チェコスロバキア	1938.3
エクアドル	1938.8
イギリス	1938.11

出典：『各国通商の動向と日本』360ページより作成

表4　修好通商条約廃棄通告国

廃棄通告国	通告年月
ポルトガル	1934.8
ペルー	1934.10
コロンビア	1934.10
キューバ	1935.1
エクアドル	1935.5
エジプト	1935.7

出典：『日本外交年表竝主要文書』下,65-94ページより作成

ところで、ハル自身、日本にたいし互恵プログラムの宣伝に協力してほしい旨を斎藤に伝えているのは注目される。(16) ハルは、「米国としては列国特に其の中、優越の地位にある英・仏・独・日等の諸国が米国政府の根本思想に同意せられ、其の方針にて進まると同時に、其の思想を世界に宣布することに協力せられんこと切望に堪へず。日本側に於ても米国政府の根本思想の宣伝に御協力せられんことを希望す」(17)と述べた。三五年二月以降、斎藤がハルの互恵プログラムを賛辞をもって（heroic effort といっている）演説中にとりこんでいるのは、このような背景があった。

日本側が互恵プログラムに注目する第三の契機になったのは、いわゆる「ダニューブ」関税同盟諸国（特恵的通商協定を締結したオーストリー・ハンガリー・チェコスロバキア諸国をさす）にたいするアメリカの態度であった。「ダニューブ」関税同盟がなげかけていた問題は、地域的な特恵的経済関係をアメリカが承認するかどうかということであった。すでにイギリスは、地域的ブロックを批判する態度にでており、この関税同盟諸国にたいしては、最恵国条款を与えない方針であると報道された。

ところが、アメリカは本関税同盟が合理的な取り決めであるかぎり、純然たる地方的特恵関税には反対しない旨を発表し、アメリカ通商政策の融通性を印象づけたのである(18)（一九三七年五月）。日本側は、地域的ブロックと互恵プログラムははたして両立するかという観点から、熱心に本問題を観察していた。その理由は、予想されるように、日本・満州・華北を地域的ブロックとして、アメリカに認めさせることができるかどうかについてのテスト・ケースとして、「ダニューブ」問題をとらえていたからである。満州・華北の分離に最も激しく反発するインターナショナリスト、しかし同時に互恵プログラムの推進に最も熱心であったインターナショナリスト、彼らの反応を予測しうる事例が是非とも必要だった。

こうして、日本・満州・華北のアウタルキーを完成させようとする方向と、根本原則として通商自由を主張するという方向を同時にすすめてきた当時の日本の政策のままで、アメリカの互恵プログラムにのれるのではないかという期待がうまれてくる。なかでも、一九三六年後半から三七年前半の一年間は、日本側が最も真剣に互恵通商協定を検討した時期であった。

この時期、切実に協定がのぞまれた背景には、綿布をめぐる日米交渉があったからである。フィリピン向け日本綿布輸出に関する日米紳士協定成立（三五年一〇月一一日）、アメリカ側による綿布の輸入税率四割二分引き上げ発表（三六年五月二一日）、日米綿業会談対米綿布輸出交渉妥結（三七年一月二二日、アメリカ本土にたいし、二年間で二億五千五百万平方碼を輸出しうるという取り決め。これは日本にとって比較的満足のいく数量であった）という、一連の交渉をへた結果、日本による輸出自主規制という路線が確定した。

その結果、アメリカ側の対日感情も改善にむかった。今まで国内の製造業者の反対のため日本との協定に消極的であった国務省も、互恵通商協定法による日米通商協定実現への積極的意向を示すようになった。[19]

斎藤は、日米双方の官吏による定期会合を構想し、このプランは、日米官吏定期懇談会として実現する（一九三七年一月一八日）[20]。同年三月一五日の会談には、国務省からドゥーマン（Eugen H. Dooman）・関税委員会から調査部長フォックス（A. M. Fox）、日本側から井上（豊次、商務書記官）・岡崎（勝男、二等書記官）が参加し、国務省側はつぎのような意見を述べた。[21]

①アメリカは現在、好景気であり、当業者間の日米綿業協定も成立したので、対日感情は改善された。よって、互恵通商協定法による日米協定実現は不可能ではない。

②日本側も、米国政府として国民にたいし対日輸出増進をジャスティファイするものとして示しうるような互恵、たとえばある商品の減税、または関税据え置きないし通商障壁の撤廃などを考慮されたい。

③米国当局においても、日米間の輸出入品全部を検討して右目的に適する論拠をみいだすことに努力するつも

りである。

日本側に有利な状況があったとすれば、それは以下の点であろう。第一に、アメリカは一九三七年初頭は好景気といってもよいほどの状況を示していた。同年四月の生産指数と賃金指数はそれぞれ、一二二、一〇六・四を記録していた（一九二三〜二五年平均を一〇〇とする）。第二に、諸外国との通商関係事務が、国務次官補セイヤーを議長とする通商審議会におかれていたことである。これは、互恵通商協定法の権限にもとづく、通商問題に関する国務省権限の拡張強化のあらわれであったのだが、アメリカ国内の保護主義的な輸入拡大反対勢力と、もっともよく闘っている国務省を、主要な交渉相手にできたわけである。

また、第三に、二国間協定の形式をとらざるをえない互恵通商協定法は、日本にとってその形式自体が重要な意味をもっていた。形式自体というのは、連盟脱退・軍縮条約廃棄後の日本が、つねになんらかのかたちで、アメリカとの間に二国間協定をほっし（たとえば日米仲裁裁判条約・日米不可侵協定など）、それにたいしアメリカが九カ国条約をひきあいにだし、どのようなかたちでも日米の二国間協定をさけようとしていた経緯を考えれば、二国間協定をつみかさねてゆく互恵通商協定法の形式（たとえば米・スイス互恵、米・カナダ互恵というように）は、日本にとってありうべきひとつの抜け道であった。しかも、互恵プログラムは、ハルやセイヤーが国務省をあげて取り組んでいたものであり、締結希望国からの申し出を原理的に拒絶しにくいものであったことはこれまでの記述であきらかにしたと思う。

いっぽうで、日本側にとって不利な状況も同時に存在した。国務省は、アメリカ国内へむけてアピールするためのあらたな好条件の呈示を求めていたが、この要求は日本側を困惑させた。がんらい、日本の関税は原料品輸入については無税であった。アメリカからの輸入の大部分をしめる実棉・繰棉は無税であったし、日中戦争勃発後輸入のふえつつあった原油も百ガロンあたり二・二九円（一九三二年六月、従量税率法）という低率であった。(22)

また、アメリカの関税システムは税番が細かく、協定税率の設定に便利であったが、日本の場合、協定税目の範囲はきわめてせまいものだった。具体的には、日本は中国との間の互恵関税協定のほか、フランス・イタリア間に、缶詰・瓶詰の果実・ブドウ酒・自動車・化粧品など、相手国の特産品について関税協定をもっていたにすぎなかった。よって、諸外国が日本との間に最恵国条款つきの通商関係にはいるメリットは、少なかった。互恵協定を結ぼうにも、アメリカに与えるべき利益がほとんどないことになってしまう。また、通商障壁ということでいえば、石油業法や自動車事業法という統制法の変更をアメリカが要求してくることも、日本側にとっては憂慮すべき問題とされた。

互恵通商法締結に向けた密月時代の終わりは、日本側の要因では革新指向の強い近衛内閣が成立したことと、華北分離工作のあらたな段階である日中戦争が勃発したことで刻された。アメリカ側の要因としては、三七年九月からはじまり翌年五月に底入れした一九三七年恐慌があげられる。これは、恐慌の直前の工業生産を一〇〇とすると、底入れ時のそれが六七にまで減少するほどのはげしい恐慌であった。[23]

こうして、日米間に互恵協定の成立する客観的可能性はほとんどなくなった。しかし、はじめて本格的になされた日米互恵プログラム交渉の頓挫という経験は、すくなくとも互恵プログラムに熱中していた日本側の政治主体に、それほどの方向転換を強いなかったようである。というのは、第一に、景気が好転した三八年後半には、アメリカがイタリア・スペインとの互恵通商協定交渉をすすめている旨が日本側に伝えられていた。[24] 親独的な両国へのアメリカのあゆみよりは、依然として日本に期待をいだかせた。

この期待がいかなるものであったかを知るには、英米互恵通商協定（三八年一一月締結）への日本側の評価を検討すればよい。外務省通商局史料は、[25] つぎのような判断をのこしている。イギリス側にとってみれば、ハルの互恵プログラムにのることは、従来からのイギリスの方針であったオタワ主義（イギリス帝国内の特恵関税によるブロック主義）の修正にほかならない。もしそれをおして締結されるとすれば、それはイギリスにとって政治的観点からの決着に違いないと――。この判断は問題ない。通商局の判断で注目されるのは、もし協定が成立すれば、それは世界貿易の発展上きわめて歓迎すべきものであるとの点である。

イギリス側の英米互恵協定締結反対者が、「協定による関税引下の利益は最恵国条款により、日独諸国が自動的に之に均霑すべきことを記憶せざるべからず」と苦々しく指摘したように、外務省の判断の背景には、日中戦争開始後年々日本との貿易関係を深くしている英属領の種々の品目に、本協定の均霑によって低関税が適用され、また報復的高関税を将来にわたりさけることができるという読みがあった。

英米共同の経済制裁をこそ憂慮すべき時期であったことを考えれば、英米のいっそうの緊密な提携を生みだす本協定の成立を日本側が歓迎する余地はなかったはずである。しかし、このような判断は通商局のみにみられるものではなかった。たとえば、陸軍の五ケ年計画的発想を代表していた日満財政経済研究会作成の文書[26]には「要するに米国の互恵通商協定主義に順応し、以て両国間貿易を促進すべし」ときわめて楽観的なみとおしが述べられていた。このように、英米共同での対日経済制裁の可能性がさらに増大したとの観点よりも、アメリカの互恵プログラムがイギリスのブロック主義を解体させてゆくという観点から、日本側は本協定を評価していたのである。このような、イギリス帝国植民地・属領をアメリカの互恵プログラムにのって切り崩してゆくという意図は、日本が世界経済会議ではじめてハルのプログラムに接した時から保持していたものであった。

これは、ハルの互恵構想を帝国主義的角逐のレベルで理解しようとする態度にちかい。このようなみかたは、現代の経済学者にもみられるものである。ジョアン・ウィルソン氏は、ハルの互恵主義を、自由貿易主義と混同してはならず、結局は合衆国の商品にたいする外国市場の拡大をねらうものであると厳しく評価する[27]。山本和人氏も、列強同士の市場争奪戦にさいして、アメリカも同様の手段をもって対抗し、西半球をブロック化したとい

う評価をアメリカ輸出政策にくだしている。(28)

帝国主義国同士の角逐から英米をながめるという、当時の観点はどこから生じてきたものだろうか。おそらく、それは、中国における英米の経済施策・資本動向をつぶさにみてきた日本側のひとつの習性からとみられる。中国を舞台としては、英米協調の図式よりは英米対立の図式のほうがはっきりしていた。たとえば、陸軍の広報雑誌のひとつ、『偕行社記事』の「経済時事」というコラムには、「最近支那に於ける列強経済勢力の抗争」(一九三六年一二月)(29)という記事がある。その内容は、つぎのようなものだった。

アメリカの綿麦借款・銀買上げ策は、米国の輸出貿易のための中国市場確保をそのねらいとしていた。イギリスはアメリカに対抗するとともに、中国西南台地地方の共産党の活動に警戒を深め、四川鉄道借款・経済顧問リース・ロスの幣制改革をおこない、アメリカの銀政策の強行で恐慌におちいっていた中国を救済し、自国との貿易を伸長させようとした(一九三五年一一月)。すると、今度はアメリカが米支金融協定を結び(一九三六年二月、同五月)、国民政府の改革への援助姿勢に変わった。しかし、このアメリカによる新幣制改革も、米国資本の立場からいえば、中国銀行所有の銀を買収することを通じて、中国の貨幣権掌握をねらったものにすぎない。リース・ロスの幣制改革は元をポンドにリンクさせたが、アメリカによる新幣制改革は、それをさらにドルにリンクさせようとするものにほかならない——。

このような陸軍の公式解釈は、「だから日本が元を円にリンクさせることに何の問題があるのか」という、それ自体は書かれることのない結論を除けば、容易には反論できない。事実、陸軍の解釈は、当時にあっては格段に優れた中国経済分析をおこなっていた尾崎秀実《ほつみ》の論文「列強角逐中におけるアメリカの対支政策」(30)と本筋で一致するものであった。英米対立という議論の生まれてくる構造的な背景には、世界経済の回復を自由貿易の復活に求めるアメリカの互恵通商主義への飽くことなき日本側の期待と、中国における英米資本の角逐という点への日本側の醒めた判断と、この二点があったように思われる。

（1）前掲『帝国貿易政策関係雑件　対米国』。以上の記述でとくにことわらないかぎり本史料によっている。
（2）Memorandum by the Secretary of State, June. 20, Department of State, *Foreign Relations of the United States*, 1934. Vol. 3 (Washington, 1950), pp. 807-808. 以下、本書をFRUSと略称する。
（3）前掲『ニューディールとアメリカ資本主義』一四〇、三五八頁。
（4）一九三三年六月一〇日付出淵大使→内田外相宛電報、『外国産業政策関係雑件　米国ノ部』第一巻（外務省外交史料館所蔵、E41015）所収。
（5）一九三三年一二月二一日付武富臨時代理大使→広田外相宛電報、同前所収。
（6）一九三四年三月一四日付重光次官→黒田大蔵次官・石黒農林次官・吉野商工次官・大橋逓信次官宛書類、同前第二巻所収。
（7）一九三五年一月一四日付三井物産株式会社本店業務課次長→外務省通商局第三課長宛書類、前掲『帝国貿易政策関係雑件　対米国』所収。
（8）Saito Hiroshi, *Japan's Policies and Purposes* (Boston: Marshall Jones Company, 1935). なお、斎藤についての以下の記述は、一九八七年に東京都立大学で御厨貴氏の日本政治史ゼミで斎藤の著書を輪読したことによってえられたものである。御厨氏はじめ、河野康子、栗田直樹、佐道明広、植田恵美、大池真左、神田裕子、佐藤仁、当間裕二、中田篤志ら諸兄姉の学恩に感謝したい。
（9）"Japan's International Trade", *op. cit.*, pp. 94-102.
（10）F. Maurette, *Social Aspects of Industrial Development in Japan* (London: P. S. King & Son, 1934), p. 58.
（11）Department of Overseas Trade, *Economic Conditions in Japan* (London, 1933), p. 38.
（12）"Book Review", *Pacific Affairs*, 1936, 6.
（13）Japan's position in International trade, with special reference to United States-Japanese Trade Relation, Sep. 1935（アメリカ国立公文書館所蔵、611. 9431/96）.
（14）Henry A. Wallace, *American Must Choose* (New York: Foreign Policy Association, 1934).

(15) 一九三五年一月二五日付広田外相→斎藤大使宛電報、前掲『帝国貿易政策関係雑件　対米国』所収。

(16) Memorandum by the Secretary of State, Feb. 19., FRUS, 1935, Vol. 3, pp. 942-945.

(17) 一九三五年二月一九日付斎藤大使→広田外相宛電報、同前所収。

(18) 一九三七年五月二八日付斎藤大使→佐藤（尚武）外相宛電報、前掲『外国貿易政策関係雑件　米国ノ部』第三巻所収。

(19) 一九三七年三月二〇日付井上（豊次）ニューヨーク商務書記官領事→佐藤外相宛電報、同前所収。

(20) 一九三六年七月一三日付斎藤大使→有田外相宛電報、前掲『帝国貿易政策関係雑件　対米国』所収。

(21) 一九三七年三月一六日付斎藤大使→佐藤外相宛電報、同前所収。

(22) 大蔵省税関部編刊『日本関税・税関史資料』（一九六〇年）。

(23) 土生芳人『大恐慌とニューディール財政』（東京大学出版会、一九八九年）一二一頁。

(24) 前掲『各国通商の動向と日本』三六〇頁。

(25) 一九三八年二月外務省通商局（第二課）作成「英米互恵通商協定に関する考察」、『日米通商航海条約関係一件』（外務省外交史料館所蔵、B200J/U1）所収。

(26) 日満財政経済研究会作成「昭和十三年十月　極秘　輸出入貿易五年計画要綱」、『石原莞爾関係資料』（鶴岡市郷土資料館蔵）所収。なお、資料の閲覧にあたっては、堀司朗先生のお世話になりました。記して感謝の意を表します。

(27) Joan Hoff Wilson, *American Business and Foreign Policy, 1920-1933* (Lexington: University Press of Kentacky, 1971), p. 99.

(28) 山本和人「一九三〇年代のアメリカ貿易政策（二）――輸出政策を中心として――」（『福岡大学商学論叢』第三〇巻一号、一九八五年六月）二一一頁。

(29) 『偕行社記事』（一九三六年一二月号）一五一～一五五頁。

(30) 橋川文三解説『尾崎秀実著作集』第一巻（勁草書房、一九七七年）四〇～四七頁。

第四節　イギリス・特恵・複関税

互恵通商方針［互恵主義・多角的貿易］への期待感をになった層が、外務省でいえば通商局であることは、これまで述べてきた経緯を示す資料が、ほとんど通商局作成のものであることからもわかろう。そして、その論理がアメリカによる経済の戦略的使用をさけるという点で、一貫していたこともすでに述べてきた。

しかし、日本が二つの不況克服の道を同時に選択したことから判断されるように、互恵通商プランへの通商局の肯定的評価とは裏腹の、一貫した否定的評価も外務省内に同時に存在した。このような立場は、経済外交一般への否定的評価とかさなる場合が多い。おりから、経済外交をかかげる広田内閣が通商局拡大予算を通過させ、①現状の三課にくわえた総務課［通商政策の大局的見地からの考察を担当］新設（一九三六年八月）、②海外通商網を強化するための海外商務官一五名の増員がはかられていた（同年一一月）。見解の対立は増幅されざるをえないだろう。

たとえば、つぎのような評価となる。――外務省は本来対外政策遂行機関であって、その業務は広範であり、経済・通商のみを重視する理由はない。さらに、現在の貿易政策は事実上、資本家による営利第一主義によって支配されているから、経済外交を過重することは堕落につながる(1)――。

表5　アメリカの互恵通商協定税率に均霑していた品目　　Ⓐは数量，Ⓑは金額

品目	米国税番	備考	輸出状況（1937年度）
豆類			Ⓐ 6,757千斤　Ⓑ1,069千円
豌豆類	769	米白互恵，米蘭互恵	
魚類			Ⓐ15,685千斤　Ⓑ3,971千円
生魚	717	米加互恵	
塩魚	719	米加互恵・米蘭互恵	
干魚	720	米加互恵	
蟹其他	721	米加互恵	
魚油・鯨油			Ⓐ 3,386千斤　Ⓑ1,486千円
粗製抹香鯨油	52	米加互恵	
人絹織物	1306	米仏互恵	Ⓐ 4,838千方碼Ⓑ1,512千円
メリヤス肌着	917	米瑞互恵	＊Ⓑ9,930千円
ガラス容器	218	米仏互恵	＊Ⓑ　70千円
ガラス鏡	230	米白互恵	＊Ⓑ　320千円
制帽子真田	1504(a)	米瑞互恵	Ⓐ 1,502万束　Ⓑ4,779千円
			合計　23,137千円

注：＊は1936年度の金額

出典：外務省外交史料館所蔵『支那事変関係一件 各国ノ態度 日米関係打開工作関係』,「十月六日申入ニ対スル対米回答ノ反応ニ関スル件 通商局第五課」より作成

そして、互恵通商協定法については、つぎのような評価をくだす。

・「ホーレー・スムート」関税法の極度の保護主義の欠点を修補せんとする一時の彌縫策に過ぎざる憾あり(2)［外務省調査部］。

・ハル互恵関税主義によれば日本等に対し無条件最恵国待遇の適用により有利なる均霑を許したりと云ふも、事実米国は各国との互恵協定の下に相手国の特産品を選択して関税軽減を行ふが為め、第三国に採り均霑の余地は甚だ少ないものであった(3)［川島信太郎（1922.9～1923.3, 通商局総務課長）］。

たしかに、川島のいうとおり、アメリカの互恵協定によって日本の受ける恩恵は二三〇〇万円程度、対米輸出の三・六パーセントほどにすぎなかった（表5参照）。

では、互恵を否定する彼らはどのような不

況克服策を理想としていたのであろうか。栗原正（1934. 7. 13〜1937. 1. 9, 調査部長）とその下僚は、『日本固有の外交指導原理綱領』（一九三六年）を著した。ただ、日本固有という題名や、「西洋式帝国主義を捨てて、日本古来の道義主義を基礎とした外交」(4)ということばに拘泥すると、本書の真意を誤解することになる。本書は、日中、日満関係において、あるていどの経済合理性が必要であるとの認識が軍部・財界・外務省にあらわれたころ書かれた。つまり、通商局拡大予算が通過したころということになる。執筆者は、経済外交を現実的利益追求策であると批判しているものの、では日本独自の理想的国際経済秩序とはなにか、と問われたとき、そこに示されるのは、結局、イギリス帝国のモデルでしかないのは興味ぶかい。(5)

之を実例を以て言へば英帝国は政治的にも、文化教育の点から言つても、幾多の独立国を以て構成されてゐるが、軍事的には英国陸海軍の下に殆んど単一の国家をなし、又経済的にも英帝国経済ブロックを構成してゐる。……概してアングロサクソン系諸国は聯邦制度に依り政治的及び文化的領域は之を細分する代りに、軍事的及び経済的領域は超国家的に拡大する主義を取つて居り、之は非常に合理的であると共に世界史的にも進歩的である。

収支という点からすれば、経済外交の立場からの批判をまぬがれにくい日満支のアウタルキー化を、イギリスの特恵関税を例として合理化しているのである。ハルの説くような解放的な互恵関係とは異なる考えかたがここにはある。

いっぽう、関税問題にくわしい川島は、その著『通商条約と通商政策の変遷』のなかで、一九三〇年代に是非とも考慮されるべきだったのは、求償方針にもとづく複関税制度の採用だったとする。(6)一律に固定税率に頼らずに、日本の輸出増進に益する国にたいしては、特恵的な双務的関税を設定し、きめの細かい対応をすべきであったという。批判者の側の論理は、求償主義・複関税という管理貿易を理想としていた。このような考えかたは、一九三六年からみられるようになった、商工省・陸軍・全日本貿易連盟会による貿易省設置要求の理由とかさなる。たとえば、つぎのような案を商工省はとなえていた。商工省は国内産業政策と対外通商政策が無縁のところでは貿易振興はおぼつかないと主張し、①自省の貿易局を拡大するほか、②在外貿易事務所を設置し、③商務官を外相の監督から分離して商相の指揮命令下におく案をたてていた。

しかし、貿易省設置問題が、商工省との権限争いにまで切迫すると、外務省内で通商局をたたく論理は当然ながら影をひそめるようになる。商工省の貿易共管案提出理由にたいし、外務省は一致してつぎのような反論を展開した。

——現在のように世界各国が輸入防遏措置をとり、その打開に外交交渉が不可欠とあっては、交渉には十分な国際知識をもった専門家があたるべきである。経済外交が困難な情況におかれればおかれるだけ、それは政治外交と密接不可分とならざるをえない。国内での貿易行政機構の一元化はおおいに結構だが、そのために海外での施策が二元化しては困る(7)——。

この論理は、阿部(信行)内閣下で再燃した貿易省問題でもそのままみられ、外務省として一貫していた(8)。

さてここで、以上の貿易管理をめぐる問題から二つの興味ぶかい点を指摘できると思う。第一に、外務省は商工省・内閣調査局のすすめる貿易共管案をけるさいに、イギリスとアメリカの事例を比較して反対論を構成していたことである。

——共管制度はイギリスの現行制度から発想したのだろうが、これはむしろ時代おくれの遺物である。世界の大勢は、たとえばアメリカが最近経済外交と政治外交は一体であるとの見地から商務職員を商務省ではなく、外交官から採用する傾向となっているように、外務省のすすめている方向にこそ合致している(9)——。

外務省は、国務省の貿易行政関与の組織的実態を調査のうえ、以上のような論陣をはっていた。本省に呼応して、駐米大使斎藤も、国務省の通商事務について数度にわたり詳細な報告をおこなっている。[10] 報告は、アメリカの場合、互恵通商協定法を契機に国務省が貿易行政機構を整備・他省庁をリードしているという認識を骨子としていた。斎藤の報告によって、アメリカ側の機構を左にかかげておこう。

国務長官―国務次官補〔通商協定計画の一般監督〕――通商審議会〔国務・農務・商務・関税委員会・農業救済局の代表者で構成〕

経済顧問部〔一般経済政策に関する進言・勧告〕

通商協定部〔互恵通商協定交渉の事務処理のため、一九三四年設置〕

領事商務部〔海外経済情報獲得のため、国務・商務・農務などの政府機関との密接な連絡〕

国務省が貿易行政機構の中枢となり、商務官のいっさいのコミニュケーションも国務省を通じてなされるようになったというアメリカからの報告は、貿易省設置をめぐる権限あらそいにおいて外務省の論理を補強するものとなった。さらに、他省庁間の調停に国務省が努力している点は、各産業間の対立を緩和し、調停・斡旋の労をとってきたという、外務省ならではの存在意義の重要性を示すことになるので、[11] 引援すべき材料として適合的だった。互恵通商法締結可能性がなくなってからも、外務省がハルのプランに注目し続ける基本的な要因はここにあった。危機の時代にあって外務省官僚がちからをふるえるプログラムを示したという点でも、ハルのプランは日本側の自己投影を許す広がりをもっていたのであった。[12]

また、商工省・内閣調査局のおす共管案を、第一次大戦で斜陽化したイギリスの現行制度にほかならないとした反論は、効果的なものだったと考えられる。なぜなら、共管案を支持する側は「庶政一新」を標榜する立場にたっていたからである。

第二に、外務省の他省にたいしての相対的力量の問題がでてくる。これは、全省をあげての貿易省設置反対のさいに示した外務省のちから（一九三九年）の源泉はなにかという問題につながる。台湾・朝鮮・満州・中国にたいする外務省のちからの低下は、一九三〇年代まで着々と進行するが、それは四〇年代にかけて同じ弧をえがいたわけではない。

軍部の政治的進出は、統帥権の拡大解釈もさることながら、軍事予算の増大・生産力拡充など、時々の膨張主義的国策の要請によってもたらされる、経済と国防の関係強化によるところが大きかったと考えられる。このことは、三〇年代の陸軍中堅層の構想の変化をおってゆく時、かれらの構想のなかで最も劇的に変化をとげたものこそが、経済構想であったことからも察することができる。一九三三年ころには銀行の国家管理をうたっていた中堅層が、一九三六年ころには、満州へ効果的に資本を投入するために、財閥との提携にのりだすというところまで変化するのである。

こうしたなかで、内政と外交の結節点であった、対外経済政策の重要性もまたいやおうなく増大していった。そのさい、対外経済政策の実際場面としての通商交渉・経済紛争処理は、いまだ外務省に優位があったといわざるをえない。なぜなら、当時の通商交渉は、アジア太平洋植民地との通商をめぐって、その本国政府とおこなわれることが圧倒的に多かった。とすれば、それは対欧米関係となり、大陸問題におけるようなかたちでは軍部から圧力のかかりにくい土俵であった。さらに、対外情勢が緊迫すればするほど、「政治工作と経済工作とが統一的方針の下に運営せらるることの必要」(13)をといて、政治経済の両方をあわせて一元的に考察できる外務省をうたい文句にすることもできた。つまり、外務省はここで、経済外交を主唱することで、一度は失ないつつあった権威を再度ゆっくりと包含する論理を手にしたことになる。この場合の経済外交とは、政治交渉が困難だから経済交渉でその代わりとするという、消極的な位置づけではなかった。この論理は太平洋戦争の開始という、現実の要請による戦時体制の深化によってのみ否定されることができたのである。

(1) 「昭和十一年五月　外務省機構改正案説明書（未定稿）大通商局案反対理由」、『外務省官制及内規関係雑件　外務省機構改正委員会』（外務省外交史料館所蔵、M12027）第一巻所収。
(2) 外務省調査部編刊『欧洲以外ノ諸国ニ於ケル関税制度』（一九三六年）三五頁。
(3) 前掲『日本外交文書別冊　通商条約と通商政策の変遷』六四一頁。
(4) 前掲『日本固有の外交指導原理綱領』一一頁。
(5) 同前、一三八頁。
(6) 前掲『日本外交文書別冊　通商条約と通商政策の変遷』七一一、七一六、七四三頁。
(7) 「東京朝日新聞」一九三六年九月一四日付日刊。
(8) 「極秘　昭和十四年八月　通商貿易機構改正問題に関する外務省意見　通商局第一課」、『貿易省設置問題一件』（外務省外交史料館所蔵、M1104）所収。
(9) 「東京朝日新聞」一九三六年九月一四日付日刊。
(10) 一九三六年八月二四日・同九月一〇日・同九月一一日・同九月一七日付斎藤大使→有田外相宛電報、前掲『外国貿易政策雑件　米国ノ部』第三巻所収。
(11) 「東京朝日新聞」一九三六年九月九日付日刊。
(12) Stephan Haggard, "The Institutional Foundations of Hegemony: Explaining the Reciprocal Trade Agreements Act of 1934", in G. John Ikenberry ed., *op. cit.*, pp. 91-119.
(13) 前掲「極秘　昭和十四年八月　通商貿易行政機構改正問題に関する外務省意見　通商局第一課」。

おわりに

　このように、ハルの互恵プランに忠実であろうとする外務省通商局の姿勢は、かなり強固に保持されるべき基盤をもっていたものとみられる。また、通商局をはなれてみても、互恵プランに日本側が自己投影できる部分があるかぎり、日米の政治的配置は、「疎隔」し「緊張」していても、緊密に結びつきつつ推移しえたのである。

　このような関係を日本が選びとった理由の大半は、アメリカ側の〈経済の戦略的使用〉の脅威に帰せられよう。それはたとえば、貿易省設置反対に関して在外公使が本省にあてた電報のつぎのような一節(1)にもあらわれている。全面的な貿易管理に踏みきることは、日本にとって完全に補完的な貿易関係にあったアメリカ市場をうしなう以上の損失を覚悟することだった。

　従来中南米に於ける独伊の勢力駆逐の為、米国の挙げ来りたる「スローガン」が全体主義排撃なること、及帝国が常に独伊と共に右攻撃の槍玉に挙げられたること、将又之を通商貿易の分野に極限せんに米国が独逸の遺口を以て、貿易国営なりとし之を「ダンピング」に結付けて、独逸品閉出の口実と為し来れること、御承知の通りなり。然るに、今貿易省の設置を見んか、さなきだに猜疑心強き米国は必ずや右を以て貿易国営乃至は「ダンピング」に通ずるものとして百方巧妙に我方の活動を攻撃妨害すべきこと独逸の場合と同様なるべし。

しかし、アメリカのダモクレスの剣の威力も減少するときがやってくる。従来のハルの立場からいえば、二国間で貿易の環が閉じられてしまうバーター協定は、互恵協定への重大な挑戦といえた。一九三三年一二月から一九三五年一一月まで、ハルはバーター協定をふくむ特定国との双務的協定をよしとする強敵とたたかってきたはずである。たとえば、大統領の寵児であったピーク（George N. Peek, 大統領対外貿易アドバイザー、輸出入銀行総裁）によって計画されたバーター協定を、ハルが全霊を傾けてほうむったときのように。(2) ところが四年後、サウスカロライナ選出の民主党上院議員（Byrnes）が、アメリカの綿花・小麦をイギリス・ベルギー・オランダのゴム・錫とバーターで交換する案をだしたところ、ローズヴェルトはこれを全面的に支持し、ハルも互恵協定の精神に反せずと言明した。(3) これは、互恵プログラムの修正の第一段階にほかならなかった。事実、英米間のバーター貿易（綿花・ゴム）は、一九三九年半ばに発表されることになる。

ドイツにイギリスを対抗させるため、当時ローズヴェルトは中立法の改正にとりくんでいたが、議会の「孤立」主義的警戒心が強く思うにまかせなかった。そこで、アメリカは経済原則へ重大な修正をくわえることを犠牲にして、イギリスへの援助姿勢を誇示したといえる。アメリカの政治指導者のなかで、国防の面での中立主義が「孤立」から「制裁」へ決定的にその意味内容を変えたとき、経済の面での互恵主義も変容をせまられた。日本側に楽観的な自己投影をゆるす余地は、この政治的決断によって、もはやなくなったのである。

(1) 一九三九年一〇月一〇日付蓑田（不二夫）公使→野村（吉三郎）宛電報、外務省百年史編纂委員会編『外務省の百年』下（原書房、一九六九年）一三六頁所収。
(2) Cole, *op. cit.*, p. 95, 104.
(3) 一九三九年四月一三日付堀内（謙介）大使→有田外相宛電報、前掲『外国貿易政策関係雑件 米国ノ部』第三巻所収。

第二章

アメリカ中立法と日中戦争

戦争違法化のもとでの戦争の形態

●関連年表●

1935(昭和10)年	8月31日	アメリカ，中立法成立
	10月9日	イタリア・エチオピア戦争について，連盟はイタリアを侵略国と認定，経済制裁決定
1936(11)年	2月29日	アメリカ，中立法を改訂
1937(12)年	5月1日	アメリカ，永続性のある中立法を成立させる
	7月7日	日中戦争勃発
	9月末日	北支派遣軍特務部「北支政権樹立ニ関スル一研究」
	11月14日	北支派遣軍特務部「北支政務指導計画案」
	25日	内閣第四委員会，宣戦布告をおこなわないことに決定
1939(14)年	11月3日	アメリカ，中立法を改訂，兵器類の禁輸条項を廃止

はじめに

三〇年代アメリカの外交・国防方針の中心には、中立法があった。国際法にいう伝統的中立概念[1]は、かならずしも強力ではない中立諸国の「通商の自由」を戦時に保障するために生まれた。だが、アメリカ中立法は、二つの要因によって、やや特殊な展開をとげた。一つは、モンロー主義・孤立主義などと呼ばれる、アメリカ独特の歴史的背景を有する欧州不介入原則であろう。もう一つは、不戦条約（一九二八年）以後の世界観——戦争は違法化されるべきであり、平和維持を保障するのは侵略国への集団的経済制裁であるとの観念——の影響である。

よってアメリカの場合、敵対する陣営のはざまで「通商の自由」を享受するというよりは、欧州の紛争に巻き込まれないままで、どうしたら侵略国を黙らせることができるかという方向で中立概念の特殊化[2]がすすんだ。三〇年代において、連盟やアメリカが侵略国として念頭においていた国の一つが、日本であったのは当然である。だとすれば、その日本による日中戦争拡大化の過程に、アメリカ中立法はどのような影響を与えることができたのか、また影響の結果はどのようなかたちであらわれたのか、これを日本側からみることが本章のねらいである。

(1) 伝統的中立については、石本泰雄『中立制度の史的研究』（有斐閣、一九五七年）を参照のこと。

（2）アメリカ中立法の特殊性については、Edwin Montefiore Borchard, *Neutrality for the United States* (New Haven: Yale University Press, 1940) を参照のこと。

第一節　中立概念とアメリカ中立法の変遷

1　古典的中立概念

古典的概念による中立は、戦争に介入せずに中立国の権利を享受できる状態をさす。地中海貿易商人の慣習のなかに中立法の萌芽がみられ、一七世紀の半ばには中立商業の自由を原則的に承認する条約がすでに存在していた。[(1)] しかし、いっぽうで自由の享受のためには、中立にともなう義務を[(2)]遵守《じゅんしゅ》しなければならなかった。義務には、①容認義務（obligation of toleration）、②回避義務（obligation of abstention）、③防止義務（obligation of prevention）の三種があった。たとえば①では、中立国の海上交通を交戦国が封鎖したり、船舶を海上捕獲した場合、中立国はそれを容認しなければならないとしている。②では、中立国は交戦国に軍事援助を与えてはならず、軍需品を売却してはならず、交戦国の公債に保証を与えてはならないとしている。③では、交戦国が中立国の領域を軍事的に利用するのを、中立国は実力をもって防止しなければならないと規定している。また、以上の規定の前提には双方の交戦国にたいする「公平」の原則が絶対的に要請されていた。

2 アメリカ中立の歴史的背景と、不戦条約以後の世界観

独立革命後、なぜアメリカは独立を保つことができたか。その功績の大部分は、欧州大国間の勢力均衡を、本能的な細心さと世界第一の海軍力でつくりだしていたイギリスの存在に帰せられよう。しかしながら、ヨーロッパ問題に介入すべきでないという、ジョージ・ワシントン、ジョン・アダムズらの見識によるところも大きい。(3) 一七九三年、英仏戦争への帰趨《きすう》を問われた大統領ワシントンは、合衆国が両交戦国にたいして公平であることを要求するという趣旨の中立宣言をおこなっている。つまり、アメリカの中立は、はじめから、通商自由というよりは独立アメリカの脆弱性をカバーするため是非とも必要とされたのである。

アメリカが十分強大になったあとでも、対英不信感と、ニューディールのなかにめばえた強制的同質化傾向への憂慮から「孤立」を主張する人々もいた。一九三四年四月、上院は、ノース・ダコタ選出の上院議員ナイ(G. P. Nye)を委員長とする軍需産業調査委員会を発足させた。ナイの動機はつぎのようなものだった。(4) ナイはアメリカを欧州に起こるすべての戦争から隔離しておきたかった。予想される英仏対独の戦争も、共同防衛国と侵略国の戦争ではなく、しょせん帝国主義国家間の戦いにすぎない——。ナイは、一九一七年にアメリカが第一次世界大戦に参戦し欧州問題に介入してしまった背景には、兵器産業と銀行資本の策略があったのではないかと考え、その調査過程を自説のアピールに使おうとしたのである。このように、欧州問題不介入という孤立主義的性格は、アメリカの中立に顕著なものであった。

「はじめに」でふれたように、アメリカ中立法のもう一つの特性は、国際連盟規約の制裁条項と不戦条約に起因している。国際連盟はある種の集団安全保障を理想として成立した。集団安全保障の究極的な理念型とは、お

よそつぎのようなものだろう。「厳格な意義における集団安全保障は、団体内の一国が侵略をうけたときは、それを全構成国に対する侵略とみなして、全構成国が侵略国に対して武力制裁を加うるものでなければならない」[5]。つまり、一般軍事同盟の様相まで帯びる強固な連帯が要請される。集団安全保障は中立とは対局の概念なのである。連盟はここまで強固な組織ではなかったことは周知の事実であったが、規約第一一条には、「戦争の脅威は聯盟國の何れかに直接の影響あると否とを問はす總て聯盟全躰の利害關係事項たることを茲《ここ》に聲明す」[6]との文言がある。

連盟は武力制裁の機関をもたなかったので、侵略国と認定された国とはいっさいの通商上、金融上の関係を断絶するという、経済制裁の条項をもっていた（規約第一六条）[7]。

当時の戦争はすでに総力戦であった。戦略物資の封鎖は戦闘の継続を不可能にするだろうし、医薬品と食糧を例外とはするものの、戦略物資以外の商品の封鎖は非戦闘員たる国民一般の生活を困窮に追い込み、侵略国の戦争継続・拡大の意欲をそぐことができるだろう――。連盟の制裁の論理はこのような前提のもとになりたっていた。アメリカは連盟の経済制裁方針を援護する立場にあったが、連盟加盟国ではなかったので、中立法の運用にあたって連盟の方針と呼応するようにした。たとえば、イタリアとエチオピアの紛争にたいして連盟はイタリアを侵略国であると認定した（一九三五年一〇月九日）。その際アメリカは中立法（一九三五年八月三一日法として発効）を発動させ、制裁に参加している。

米国務長官ケロッグが最終的にとりまとめた不戦条約は侵略戦争を全面的に禁止した。自衛戦争と制裁行為以外の戦争が禁止されたわけである（戦争の違法化）。それとともに、両交戦国に公平であるという古典的中立の一要素は、道義的立場から批判されるようになった。侵略国に対しては禁輸、被侵略国に対しては援助という差別的発想が生まれてくるのである。

3　中立法の変遷

アメリカ中立法は一八世紀末以来の歴史をもち、ひとくちに中立法といっても一七九四年の法、一八一七年の法、一八一八年四月の法、一九一五年三月の法、一九一七年六月の法など多様である。ここでは、第二次世界大戦に関係をもつ一九三三年一月のボラー決議案から一九三九年一一月の中立法の特質をみてゆくことにしよう。(8) 法案上程の背景、審議状況、内容、意義をまとめるとつぎのようになる。

(1)　**一九三三年一月　ボラー決議案**

フーバー政権(共和党)末期、満州事変を契機にボラー上院議員が提案。全会一致で外交委員会を通過するが、決議案に含まれる非中立的要素に気づいた議員が再審議動議を提出。この再審議動議が審議未了となったため、決議案も成立しなかった。①大統領が指定する国家にたいする兵器類の禁輸、②国際連盟との協力を前提、をその主な内容とする。中立法を差別的に運用することによって制裁を前面におしだした案であった。

(2)　**一九三三年四月　マクレーノルヅ決議案**

ローズヴェルト(民主党)就任直後、下院議員マクレーノルヅがローズヴェルトの示唆のもとにボラー決議案と全く同文のものを下院に提出。下院では通過するが、上院では紛争の当事者にたいして公平にふるまう趣旨の修正案を全会一致で可決(一九三三年五月二七日)。この修正案成立にちからのあったのが、共和党員ジョンスン(Hiram Johnson)であった。上院は下院に同意を求めるが、政府は下院の同意を阻止するように動き、ローズヴェルトは禁輸についての立法を断念した(一九三四年二月)。

(3)　**一九三五年八月三一日　両院合同決議**

合同決議とは、大統領の署名を要し、成立後は法律と同等の効力を有するものである。本法は、ローズヴェルト政権のとき、イタリア・エチオピア戦争に発動された。主な内容は、①紛争国双方への兵器類の禁輸、②アメリカ船舶による兵器類の輸送の禁止、③交戦国船舶によるアメリカ国民の旅行の制限、である。特筆されるべきことは、中立法が実際の対象国をもって発動されたこと、また国際連盟がイタリアを侵略国と認定し、経済制裁を採用したのにともなって実施されたことである。この中立法は、(1)(2)の決議案と異なり双方の当事者に法文上「公平」なものであったが、運用の実際ではイタリア側に差別的に作用したであろうと推察できる。兵器類・石油などの戦略物資を買うことができたのはイタリアだったからである。また、ローズヴェルトは合同決議にサインする段になっても禁輸条項の硬直性を批判し、むしろ平和促進のために平和的国家と協調するような自由裁量を大統領に与えるべきだと主張した。(9) ここから察することができるように、孤立と制裁との相反する要素の妥協点にこの法はたっていた。公平という点に孤立を、連盟との実質的協同という点に制裁を読みとることが可能である。この決議は六カ月の時限立法であった。

(4)　**一九三六年二月二九日　両院合同決議**

これは、一九三五年の中立法を基本にいくつかの重要な点を追加したものである。ある側面ではアメリカの孤立が助長され、ある側面では中立を制裁に使うという特殊化が助長されている。①金融上の取り引きの制限——大統領が戦争の存在の布告を発したときには、交戦国の公債・有価証券・その他の債券証書を売買し、又は交換すること、交戦国に資金又は信用を与えることは不法とされる、②兵器生産に関係のある物資・原材料の輸出制限又は禁止権限を大統領に付与する、の二点は、上述の両側面を体現したものである。同時代人として中立法の特殊化を憂慮したイェール大学のボーチャード教授にいわせれば、それはつぎのように手厳しく非難されるべきものだった。(10)

食糧品と医薬品についての例外を設けたということは、禁輸されるべき日用品の項目の範囲がいかに広いかということを意味しているにすぎない。外国の戦争を短期的に終わらせるのに禁輸をもちいるという道義的な目的は、あたらしい概念を生みだした。それは、戦争を防止しなかったという理由でその国民を餓死させるのが中立の機能であるという概念である。

(5) 一九三七年五月一日　両院合同決議

従来の中立法に比べて永続性をもち、法律としての体裁が整っている。①兵器・弾薬・軍用機材の禁輸、戦争状態の存在については大統領の裁量権が認められた。②兵器・弾薬・軍用機材以外の物資・原材料の輸出制限。これらの物品については輸入を欲する当事国の責任において、「現金・自国船輸送」でなければならない。②は一般にCash and Carry原則と呼ばれるもので、この中立法ではじめて登場し、本規定のみ一九三九年五月一日を有効期限としていた。現金・自国船主義を以前から主張していたナイらの運動がみのったことになる。注目されるのは、戦争状態の存在が大統領によって決められるということである。

(6) 一九三九年一一月三日　両院合同決議

内容の点で、①従来、中立法の核であった兵器類の禁輸条項を廃棄して、兵器類についてもCash and Carry原則が貫かれたことである。②戦闘区域を定め、アメリカの国民又は船舶がそのうちに入ることを禁止した。③戦争状態の認定を大統領ばかりでなく、議会もなしうることとした。この中立法改訂の過程でローズヴェルトと革新派［二〇年代東部金融資本に挑戦して勇名をはせたグループ。それまでニューディーラーと政治的共闘を組むことが多かった。英仏と独逸の戦争を帝国主義国家間の戦争とみなすために、政府の英仏援助姿勢に反対したため、孤立主義者とよばれることも多い］の信頼関係に決定的に亀裂が生じた。(11)

(1) 石本泰雄「中立制度の発達」（日本国際問題研究所編刊『中立主義の研究』下巻、一九六一年）二四六、二四八頁。

（2）前原光雄「中立国の義務」（国際法学会編『国際法講座』第三巻、有斐閣、一九五四年）。

（3）Borchard, *op. cit.*, p. 21.

（4）*Ibid.*, p. 314.

（5）神川彦松「中立主義概観」（前掲『中立主義の研究』上巻所収）一〇頁。

（6）「国際連盟規約」（外務省編『日本外交年表竝主要文書』上巻、原書房、一九六九年）四九五頁。

（7）同右、四九八頁。

（8）中立法の内容については、横田喜三郎「アメリカ中立法の研究――特にその実際的機能について――」（『時局関係国際法外交論文集』、巌松堂、一九四〇年）、Borchard, *op. cit.*, 立作太郎「亜米利加合衆国新中立法の研究」（『支那事変国際法論』、松華堂、一九三八年）、Wayne S. Cole, *Roosevelt & the Isolationists, 1932-45* (University of Nebraska Press, 1983) を参照。中立法の法文自体は、Neutlarity laws（国立国会図書館法令議会資料室所蔵、CU/631/1）を参照。中立法制定過程、孤立主義の分類についての意欲的な研究に、山澄亨「中立法制定における『孤立主義』とローズヴェルト政権の対応」（『史林』第七五巻第三号、一九九二年五月）がある。

（9）Borchard, *op. cit.*, p. 315.

（10）*Ibid.* p. 325.

（11）中野博文「第二次大戦期孤立主義論争における戦時体制設立問題」（『学習院大学大学院　政治学論集』第四号、一九九一年）。革新派についての優れた研究である。

第二節　日本の対応

成立することのなかった二つの決議案の時点（一九三三年）での日本の対応が、広田（弘毅《こうき》、外相）——東郷（茂徳《しげのり》、欧米局長）——斎藤（博、駐米大使）というラインでおこなわれ、それが互恵通商協定法を中心とした日米関係修復の試みであったことについては第一章でふれた。ここでは、東郷がマクレーノルヅ決議案の審議過程を横目にみながら、かれの有名な「聯盟脱退後ニ於ケル帝国ノ対欧米外交方針」（一九三三年四月）を執筆していた事実にふれるにとどめる。(1)

最近米国議会に於ては他国政府の協力を得て、武器軍需品の禁輸を為すの権限を大統領に付与せむとするの決議案上程せられ、右は政府に於て之を希望し居るを以て結局通過を見るに至るべしと一般に観測せられ居る事態等に照し、若し例へば北支に於て日米両国軍隊の間に不慮の衝突勃発するが如きことあらば、之に由りても戦争勃発の危険あるは明瞭なり。

東郷がマクレーノルヅ決議案成立の可能性をたかく見積もり、戦争勃発の危険に言及していたことがわかる。決議案に反対していたアメリカ議会の上院が「日本などはこの法案をみて、自分の国を想定しているとして、戦争に訴えるのではないか」(2)との論調でローズヴェルトを牽制しているのと一致する。極論をあえてのべることによって政府内の対米／対日強硬派をおさえているという構図である。

永続性をもつ中立法の発効（一九三七年五月）まもなく、日中戦争がはじまる。戦争を拡大した当事者の日本において、この戦争をどのようなものとして位置づけるか明確ではなかった。勢力均衡を決定的な瞬間に回復するための短期の部分的戦争か、あるいは自国の信奉する原則を相手がふみにじったことにたいする憤怒にかられた全面戦争か、ジョージ・F・ケナンに学べば、当面二つのタイプの戦争観が導かれる。(3) しかし、日本の場合そのどちらでもなかった。華北を制圧し占領地行政を早期にはじめるいっぽうで、南京・武漢《ぶかん》という政治的首都陥落作戦というオーソドックスな作戦も展開する。このような戦争の形態——長期消耗戦——の形成にあずかるところ大きかったのは、①宣戦布告と中立法との関係と、②陸軍中央と北支方面軍との関係、であると思われる。

1　中国大陸からの情況判断

寺内（寿一《ひさいち》、北支那方面軍司令官）は、一九三七年九月の時点で「速やかに宣戦して、南京を攻略し、徹底的に膺懲《ようちょう》する」(4) べきだと考えていた。このような考えかたは、南（次郎、朝鮮総督）、小磯（国昭《くにあき》、朝鮮軍司令官）らの現地勢に共通するものだった。寺内は杉山陸相よりも上位であったために、寺内は自己の考えを強く杉山に具申した（一〇月一五日）。陸軍中央の田中（新一、陸軍省軍事課長）の記録はこれを詳細に書きとめている。

現地勢として、宣戦布告のなされない場合の問題点は、占領地行政実行上の不便に代表される。宣戦布告がなければ、海関接収・金融上の処理など、通常の戦争法規で認められている軍政が日本側の手によってなされえない。「姑息の手段でこの事態を乗り切れると思うのは誤りなり。必要に応じて断乎宣戦布告によって帝国の大義名分を明にする決意を要す」と寺内は陸軍中央にせまっている。(5)

寺内が戦線拡大派で陸軍中央が不拡大派であったというのではない。寺内の論理が、不戦条約によって戦争が違法視されるまえの伝統的な戦争観にもとづいていることを示したにすぎない。寺内の意見の主旨は、①宣戦布告、②南京制圧、③賠償請求、④華北に傀儡《かいらい》的中央政権を作らず、の四点にまとめられる。ほぼ同時期に、宇垣一成《かずしげ》はその日記に、「北支に主力を傾注して南方は極めて手薄の現状であると。夫れでは長期消耗戦にお誂向の手口である」(6)、「現軍当局の進めつゝある遣り方は南方では徹底を欠き、北方では河北、山西、綏遠《すいえん》辺に手を延して北支五省位の自治工作でも行はんとして居る様に見へる。夫れでは我より進んで支那に対して持久戦を求むるもの」(7)と記したが、寺内と同様、宇垣の目にも、首都攻略をおこなわない日中戦争初期の作戦が「異様」に映っていることがわかる。

2　陸軍中央の判断と内閣第四委員会の決定

陸軍中央は宣戦布告をおこなわない方針をはやくから決意していた。八月三〇日、天津《てんしん》に赴任する前に、杉山に面会した岡部(直三郎、北支那方面軍参謀長)は、杉山から「占領地行政又は軍政を行うは不可、地方のものをしてその思う所により自治をなさしむるものとす」(8)との方針を聞かされていた。軍政をおこなわず、ということは宣戦布告せず、というのに等しい。

畑(俊六《しゅんろく》、教育総監・軍事参議官)は、一一月一八日「宣戦布告は我が侵略者なりとの印象を与え不利なりとし、陸軍省側より反対あり(大臣次官のみが反対なりと伝へられたり)」、一一月二五日「宣戦布告は利害を比較して害は利より大なるを以て之を行はざる如く決定し(陸軍・海軍・外務の間の研究にて)」と、その結果だけを日記に書いた(9)。実際、日中戦争は、宣戦布告なし→軍政しかず→中華民国臨時政府成立、という経過を三七年末までにたどることになる。宣戦布告をおこなわないという決定は、畑は三省間でなされたと書いているが、実際のところ、企画院次長、外務・大蔵・陸軍・海軍・商工五省の次官をメンバーとし、宣戦布告の利害を研究するための、

図1　内閣第四委員会

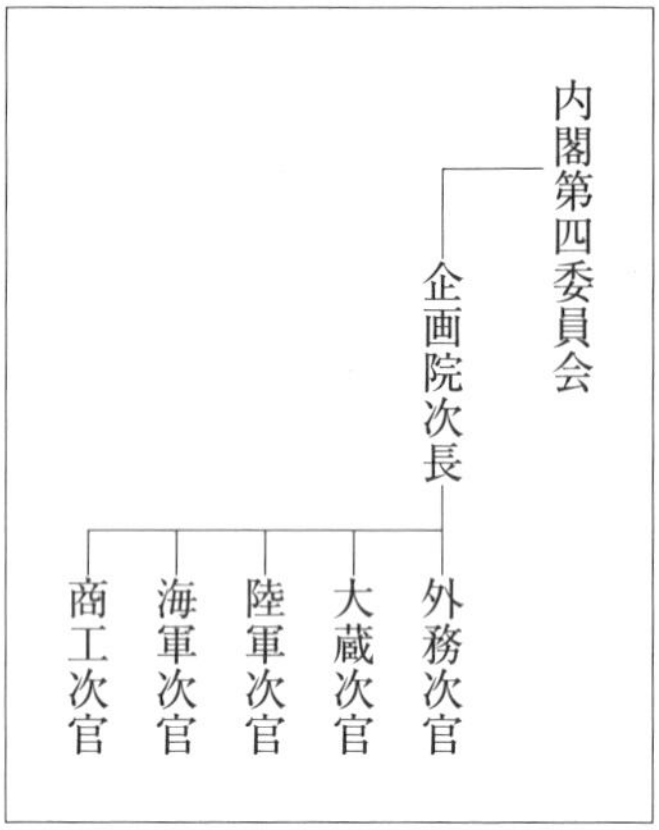

内閣第四委員会（図1参照）によって最終的な判断が下された。[10] この委員会に陸・海・外三省が提出した資料が残っているので、これによって宣戦布告の可否が当時どのように考えられていたかをおさえたい。

三省の判断[11]をまとめるとつぎのようになる。

［宣戦布告する場合の利益］

・我艦隊による中立国船の臨検・戦時禁制品の輸送防遏・戦時封鎖が可能となるので、載貨押収等により中国の戦闘力を減殺できる

・アメリカ中立法が発動されても、Cash and Carry 条項は、外貨をもたず船舶の乏しい中国にこそむしろ不利である

・軍事占領、軍政施行等交戦権の行使ができる

・賠償を適法に請求できる

［宣戦布告する場合の不利益］

・アメリカ中立法の発動により貿易・金融・海運・保険に及ぼす影響甚大

・中国に有する治外法権・租界・団匪賠償金その他の条約上の権利を喪失する

・宣戦を布告すると国交が断絶し、直接交渉の端緒をつかめず、時局収拾が遅延する

・中国全国民を敵とすることになり、帝国声明と矛盾

・不戦条約、九カ国条約違反

三省の判断は奇妙なほど一致しており、不利益に関して、アメリカ中立法発動を最も憂慮していたことがわかる。金融上の決済をロンドンのシティ、ニューヨークのウォール街に依存していた日本にとって、一九三六年二月の中立法から導入された金融上の取り引き制限という条項はきわめて大きな問題として日本にのしかかっていたのである。本問題については、政府として完全に一致して、宣戦布告をおこなわないことに決した。

(1) 東郷茂徳『東郷茂徳手記　時代の一面』(原書房、一九八九年版)所収、三七八頁。
(2) Cole, *op. cit.*, p. 72.
(3) ジョージ・F・ケナン、近藤晋一・飯田藤次訳『アメリカ外交50年』(岩波書店、一九五二年。なお、筆者の参照したのは一九九一年の「同時代ライブラリー版」である)。
(4) 岡部直三郎『岡部直三郎大将の日記』(芙蓉書房、一九八二年)七二頁。岡部は当時北支那方面軍参謀長だった。
(5) 「支那事変記録」三(防衛庁防衛研究所図書館蔵)、一九三七年一〇月二二日・二四日の記述。
(6) 角田順校訂『宇垣一成日記』第二巻(みすず書房、一九七〇年)一九三七年九月四日の条。
(7) 同右、一九三七年九月一〇日の条。
(8) 前掲『岡部直三郎大将の日記』六八〜六九頁。一九三七年八月三〇日の条。
(9) 伊藤隆・照沼康孝校訂『続　現代史資料　畑俊六日記』(みすず書房、一九八三年)一一四頁。
(10) 管見のかぎり内閣第四委員会の記録は、木戸日記研究会編『木戸幸一関係文書』(東京大学出版会、一九六六年)に所収されているもののみである。
(11) 「極秘　昭和十二年十一月六日　宣戦布告ノ我経済上ニ及ボスベキ影響　外務省」、「極秘　対支宣戦布告ノ得失　昭和十二年十一月八日　外務省」、「極秘　対支宣戦布告ノ利害得失ニ関スル件　昭和十二年十一月七日　海軍省」、「極秘　宣戦布告ノ可否ニ関スル意見　昭和十二年十一月八日　陸軍省」から作成。すべて『木戸幸一関係文書』所収。

第三節　戦争の形態

宣戦布告をしないことによって、戦争の形態はどのように左右されたのであろうか。本節ではこの点について考えたい。

1　宣戦布告なき戦争

同時代の欧米ジャーナリズムは日中戦争を、宣戦布告なき戦争（Undeclared War）と呼んだ。戦後の感覚では不道義しか意味しないこのような事態は、当時にあっては異なる文脈で問題とされた。日中両国政府、英米政府、消息通は、なぜ日本ばかりか中国も宣戦布告をしないのか十分に理解していた。国際法は戦争を、対手国にたいする宣戦、または条件付き宣戦をふくむ最後通牒の送付によって開始されたものとみなす。とすれば、日中の双方か片方が宣戦布告をした場合、アメリカは中立法を発動しなければならなくなる。

アメリカの同情はまぎれもなく中国にあったが、中立法の条項のなかには、むしろ日本に有利に作用するものもあった。外貨を保有し、世界第三位の船舶量をもつ日本にとって、Cash and Carry は有利に作用する。ある米国人ジャーナリストはつぎのように問題を正視していた。(1)

世界の同情は支那に在る。世界が支那に与え得る最も実際的な援助は、彼等が武器を執って支那の援助に赴く意志がない限り、現在の戦争を「戦争」と認めまいとする支那の決意を援助することである。彼等が武器を執って支那を援助する意志のないことは明らかである。多数の人員が極東に於ける「戦争」をルーズヴェルトに認めさせようと努力してゐる現在、彼等は如何なる国もかかる立場は採らず、又世界各国の戦争不認定は単なる偶然の出来事ではなく、合法的・論理的根底を持ってゐるものであることを認識すべきである。

イギリスはこの事態を正確に把握していた。一九三七年九月七日外務次官カドガンは駐英中国大使と会談し、つぎのように中国大使に説いた(2)。中国が連盟理事会や総会に日本の侵略の事実認定を求めると、かえって中国の不利になる。日本の侵略の事実が認められれば、アメリカ中立法の発動を招き中国には不利である。よって、連盟の極東諮問委員会へ問題を委ねるべきである――。この事例からもアメリカの中立法が日中間の戦闘形態を大枠で規定するものだったことがわかる。

日本の軍事指導者の意識にたてば、軍政を施行できないならば、親日的な中国人を表にたてて傀儡政権を早期

図2

に樹立し、この政権をつうじて占領地工作をやらざるをえなくなる。日中戦争の早い段階で、閣議でさしたる議論もないままに現地政権（華北の臨時政府、華中の維新政府）形成が動きだす必然性はここにあった。

2　北支那方面軍特務部と陸軍中央の連動

内閣第四委員会の決定をうけて陸軍中央（以下、中央と略称）（図2参照）は、ほぼ軍事的制圧下においた華北の治安をどのように維持するか、決定を迫られていた。軍事課長の田中は、戦闘開始後三ケ月したころ、「来年の春までは何とかして維持しうべきも、その後が問題なり。その意味からしても政権問題を早くきめる必要がある」(3)と記している。通常の作戦指導であれば、中央と北支那方面軍司令部・参謀部との密接な情報交換のもとに、政策が遂行されるはずであった。しかし、事実はそうはならず、北支那方面軍参謀部の管轄下にあった特務部（以下、特務部と略称）と中央が、不自然なまでに密着して傀儡政権樹立工作を推進することになった。

なぜこのような変態が生じたのか。それは、まず北支那方面軍司令官寺内の存在に起因していた。寺内の伝統的な戦争観については前述したが、その戦争観は現地の将軍たちのそれから孤立したものではなかった。関東軍・朝鮮軍のトップの強い支持があった。首都攻撃については、朝鮮の南と小磯が「山東方面より作戦せざる件、南京攻撃を企図せざる件」に関し中央の方針に酷評を加えていたし(4)、満州の植田（謙吉《けんきち》、関東軍司令官）も同様に、北支に作戦を集中し南京を討たない、中央の作戦を批判していた(5)。

日中戦争初期にあって、内地の三ケ師団派兵決定（七月二七日）のずっと以前から、朝鮮軍・関東軍は華北に派兵されていた（七月一一日）。例えば、八月二四日に、万里の長城の八達嶺《はったつれい》を激戦の末占領したのは、関東軍から派兵された第十一独立混成旅団だった。このような既成事実が前提としてあり、さらに、伝統的戦争観（宣戦布告、軍政施行、政権樹立せず）という点で三つの現地軍が結束していた場合、陸軍中央が、その統率に困難を感じても不思議ではない。軍事課長は「政治工作に関する方面軍の関心少なく指導不徹底なり」（一〇月二二日）[6]と寺内への不満を表し、その対策として、特務部の強化拡大で対応した。

中央が特務部に注目するのには理由があった。特務部の喜多《きた》（誠一《せいいち》）、根本《ねもと》（博《ひろし》）らは、一九三七年九月末には早くも、「北支政権樹立ニ関スル一研究」[7]をまとめており、中央が最も重視する治安維持の具体策をもっていたのである。喜多は、一連の特務関係書類をもって陸軍次官との打合せに上京するが、そのさいの携行書類はつぎのように広範なものだった[8]。

①北支処理要綱に就いて　②北支政権の樹立に就いて　③北支政権樹立に関する一研究　④満蒙《まんもう》処理に関する件　⑤天津海関の処理に就いて　⑥殷汝耕《いんじょこう》の処理に関する件　⑦電々問題　⑧満鉄問題　⑨文化事業（学校）問題

内閣第四委員会で宣戦布告の可否が論じられ、布告せずとの路線が確認されると、中央はいっそう大胆な方向をうちだした。軍事課長は、「特務部は政治指導の中枢として強化拡充し、中央直轄とする。右の措置と共に方面軍司令部は之を撤退せしむ」（一一月一四日）[9]との判断をおこない、この方針を方面軍に伝えた。特務部中央直轄化の構想に、現地司令部・参謀部が反発するのは当然である。岡部（方面軍参謀長）は中央にたいし、一一月一〇日、「特務部を軍司令部より離すことは絶対反対[10]」であると明言し、特務部の中央直轄化はこの時点では見送られた。

北支の特務部と陸軍中央が直結する経緯は以上のようなものである。ここで、さらに、中華民国臨時政府樹立（一九三七年一二月一四日）と、華北における鉄道経営問題（一九三七年一二月一六日）をめぐる具体例をみておきたい。

寺内（方面軍司令官）の考えは、「政権樹立は必要なるも、結局は占領地域における治安行政の執行機関としてこれを認むべく、これに過大なる政治的企図を託することは無意味」[11]というように、傀儡政権樹立にまったく消極的なものだった。

傀儡政権樹立の過程では一貫して特務部がリードした。特務部はかなり早い時点から、樹立すべき政権を、治安維持会のような一地方政権ではなく、抗日政権・共産政権に対抗できるような中央政権にすべきであると考えていた（「北支政務指導計画案　軍特務部　昭和一二年一一月一四日」）[12]。前述したように中央は特務部を支持していたので、該方針に同意を与え、新政権工作の機密費四〇〇万、特務部経常費六〇万（半年分）を認めている[13]。ただ中央は、政権の名称に「中央政府的臭味を与えざること」を方面軍に注意していたにとどまった[14]。こうして、南京陥落の翌日、行政委員長を王克敏《おうこくびん》として、臨時政府が北平に成立するのである。

鉄道経営問題でも、方面軍のなかで特務部と参謀部は対立した。前者に中央の意向が、後者に寺内をはじめ、朝鮮軍・関東軍の意向が投影されてゆく。特務部は、臨時政府の権威をつけるために、北支鉄道を、日本法人の投資会社の子会社として支那法人の会社組織でおこなおうとした[15]。参謀部は、作戦本位として満支を通じる国策鉄道会社をして一貫経営させようと主張した。寺内はさらに明確に、満支一貫経営を満鉄にまかせ、将来的には朝鮮鉄道とも合わせて大陸鉄道会社を設立すべきであると主張していた[16]。

しかし、この寺内や参謀部の意見は敗れさる。一九三七年一二月一六日の内閣第三委員会決定（北支経済開発方針）が閣議決定として追認された。第三委員会は一九三七年一〇月、企画院創設とともに内閣に設置された、中国経済関係の実質的な決定機関であった[17]。委員長に企画院次長、委員に対満事務局長、外務省東亜局長、大蔵省理財局長、陸海軍軍務局長という顔ぶれである。閣議決定には、交通と通信に関しては、満支一貫の一元経営は認めないこと、北支政権の財政強化に努めること、などの諒解事項が付されていた。満鉄による満支一貫経営は認められなかったのである[18]。これを知った岡部はつぎのように書いた[19]。

参謀次長より、本問題に関し第三委員会案が閣議に承認せられ、近く内奏の運びとなる旨、の来電ありて、万事窮する。

（1）ポーク・カーター、海軍調査課訳『現代アメリカ批判』（一九三八年）、土井章監修『昭和社会経済史料集成』第七巻（巌南堂、一九八四年）所収。
（2）Great Britain Foreign Office, *Documents on British Foreign Policy, 1919-1939*, 2nd Series, Vol. 21, no. 241, 242, 246.
（3）前掲「支那事変記録」第三、一九三七年一〇月二二日の記事。以下、本史料を「記録」と略称する。
（4）前掲『岡部直三郎大将の日記』七〇～七一頁。一九三七年九月一日の記事。以下、本史料を『岡部日記』と略称する。
（5）「関東軍司令官ヨリ総長・大臣宛意見具申　昭和一二年八月一三日」、『現代史資料　九　日中戦争　二』（みすず書房、一九六四年）二七～二八頁所収。
（6）註(3)に同じ。
（7）「支那事変初期ニ於ケル北支那作戦史要」第三巻（防衛庁防衛研究所図書館蔵）所収。以下、本史料を「史要」と略称する。
（8）前掲『岡部日記』九二頁。
（9）前掲「記録」第三、一九三七年一一月一四日の記事。
（10）前掲『岡部日記』一三四頁。
（11）前掲「記録」第三、一九三七年一〇月二四日の記事。
（12）前掲「史要」第三巻所収。
（13）「一一月四日　特別機密費配当アリ度件申請」、同右所収。
（14）前掲『岡部日記』一三七頁、一九三七年一二月一五日の記事。
（15）同右一四二頁、一九三七年一二月二五日の記事。
（16）同右一三九頁、一九三七年一二月二一日の記事。
（17）中村隆英『戦時日本の華北経済支配』（山川出版社、一九八三年）第二章。本書はこの分野の研究として最も優れたものである。政治についても教えられるところ大であった。

(18) しかし、中村氏によれば(同右一七七頁)、成立した華北交通会社に満鉄は資本金の三分の一を支出し、実質的に参加していたという。
(19) 前掲『岡部日記』一四二頁、一九三七年一二月二五日の記事。

おわりに

アメリカ中立法の存在は、日本の政治指導に意外にも大きな影響を及ぼした。違法化された戦争の当事者であることを十分自覚していた政府は、中立法の発動を受けないような戦争形態を維持することで、かろうじて国家の体面を保ち、アメリカを刺激しなくてすむと考えた。宣戦布告をおこなわず、軍政をしかず、傀儡政権を樹立する、というやり方は、このような心理が生みだしたものである。政府はこれらの決定をおこなうにあたって、各省次官からなる内閣直属の各種委員会(第三委員会・第四委員会など)を設置して、この委員会での決定を閣議で追認するようにした。

このようなルートで決定がなされるのであれば、現地の司令官・参謀長との密接な連絡は望むべくもない。よって、陸軍中央は、北支・中支のそれぞれの軍の特務機関を重視し、その中央直轄化を図るようになる。事実、北支で特務機関長を務めていた喜多は、興亜院ができると華北連絡部長に就任する。これも一つの中央直轄化の実態であろう。いっぽう、伝統的な戦争観をもつ現地軍の将軍たちは、傀儡政権による治安工作は戦争を長期化させるだけであると考える。彼らは、中国に宣戦布告をおこない、首都を攻撃し、南北作戦を連絡することによって、決定的なダメージを南京の国民政府に与えようとする。南京攻撃・徐州《じょしゅう》作戦などが寺内・小磯らの発想であったことは、それを裏づける。(1)

二つの戦争の概念、二つの政策が混在して現れたのが、実際の日中戦争の全過程にほかならない。新しい戦争観は、同時に、伝統的な戦争観に支配されていた種々の方式の政治化をもたらす。「国民政府ヲ対手トセズ」という発想は、寺内や小磯の伝統的な戦争観からは出てこないはずのものである。

(1)　「河邊虎四郎小将回想応答録」(昭和一五年　参謀本部作成)、『現代史資料　一二　日中戦争　四』(みすず書房、一九六五年)四五四頁。

第三章

中立アメリカをめぐる攻防

防共協定強化交渉

●関連年表●

1936(昭和11)年	11月25日	日独防共協定調印
1937(12)年	11月 6日	日独伊防共協定調印
1938(13)年	7月19日	防共協定強化方針 陸軍はソ連を目標とした日独軍事同盟，海軍は英国牽制のための日伊中立条約をめざす
	8月26日	防共協定強化問題についての第１回五相会議決定 三国同盟路線
	9月29日	ミュンヘン協定
	11月11日	第２回五相会議決定 三国同盟路線と二条約並行路線の折衷
1939(14)年	1月 4日	ローズヴェルト年次教書で中立法改訂を示唆
	5日	平沼内閣成立
	19日	第１回五相会議決定 三国同盟路線＋２つの留保
	2月 7日	イタリア・ソ連，新通商条約調印
	末日	日本側回答をドイツへ伝達するための伊藤述史特使ら，ベルリン到着
	27日	英仏，フランコ政権承認
	3月29日	平沼，記者会見で「日本はデモクラシーの陣営にもファシズムの陣営にも属そうと思わない」と発言
	4月 1日	米国，フランコ政権承認
	14日	英ソ交渉開始
	21日	米議会，グアム防備案否決
	27日	イギリス，英ソ交渉を断念し日本に譲歩
	5月 3日	ソ連外務人民委員更迭（リトヴィノフ→モロトフ）
	4日	平沼，ヒトラー・ムッソリーニ宛メッセージ発出，これをもって交渉から後退
	22日	独伊二国で軍事同盟成立
	8月23日	独ソ不可侵条約調印
	28日	平沼内閣総辞職

はじめに

防共協定とは、一九三七年すえまでに日独伊の三国間に締結されていた、コミンテルンに対抗するという、緩やかな反ソを目標としたイデオロギー的協定であった。三国軍事同盟は、一九四〇年九月、上述の三国間でアメリカの参戦抑止のため締結された。しかし、この二つの協定のあいだに位置する防共協定強化交渉（一九三八年七月～一九三九年八月）については未解明な点が多い。

七〇数回の五相会議の経過をなぞり、外相・海相の穏健路線と、首相・陸相の強硬路線の対立が、条約文のささいな語句の対立を生み、交渉の停滞を招いたというのでは、歴史的解釈として不十分のように思われる。穏健派と強硬派との対立の根本には、当然のことながらその情況下の国際情勢をどう分析するかという観点の対立があり、その国際情勢の変容に応じた各政治主体の対応から交渉過程を説明することがぜひとも必要となる。よって、本章では、日本側がドイツにのませようとした協定内容の変遷によって交渉過程を三つの段階にわけ、その時々の日本側決定の背景にあった要因、および日本側提案にたいするドイツの反応に注目する。さらに、日本側の政治主体のいだいていたアメリカ観・三国同盟観と、ドイツの政治主体のなかで最も同盟推進に努めたリッベントロップ（Joachim von Ribbentrop, 外相）にとっての三国同盟観とを同時に検討する。

日本とドイツのあいだの根本のところには、中立アメリカをめぐる観点の相違があった。それが現象的には海軍と陸軍の対立となってあらわれる。参戦・中立・非交戦状態という用語の解釈をめぐる論争は、実は瑣末なものではなく、ヨーロッパ情勢の鍵をにぎる唯一の法であったアメリカ中立法の存在を強く意識してなされたものだったのである。中立法の影響力を、日独の交渉のうちに、いわば裏側から浮かびあがらせようというのが、本章のねらいである。

（凡例）本章では頻出資料の引用についてつぎのような略称をもちいる。

史料A→「経過日誌」（角田順解説『現代史資料 一〇 日中戦争 三』、みすず書房、一九六三年）。

史料B→土井章監修『昭和社会経済史料集成 七』（巌南堂、一九八四年）。

史料C→『日独貿易協定締結一件』（外務省外交史料館所蔵、B200JG2）。

史料D→『欧米政情一般報告関係雑纂』（同前所蔵、A200X10）。

史料E→『米国内政関係雑纂 議会関係』（同前所蔵、A63013）。

なお、本章で言及すべき研究はつぎのとおり。

①大畑篤四郎「日独伊防共協定 同強化問題」（『太平洋戦争への道』第五巻、朝日新聞社、一九六三年）外務省有田八郎記録、『西園寺公と政局』など同盟反対派史料に依拠、きわめてクロノロジカルな分析。

②三宅正樹『日独伊三国同盟の研究』（南窓社、一九七五年）ドイツ外務省史料を使い、リッベントロープとヒトラーとの路線の差に注目。日本の交渉過程は大畑論文におう。

③野村實「防共協定強化交渉と独ソ不可侵条約」（近代日本研究会編『昭和期の軍部』、山川出版社、一九七九年）

海軍事務レベルの史料を発掘し、現地・内閣・軍部という政治主体が独ソ不可侵をどのような態度で迎えたかを分析。

④福田茂夫「ナチスドイツの対日政策」（同『アメリカの対日参戦』、ミネルヴァ書房、一九六七年）日中戦争開始期から太平洋戦争開始期までのドイツの対日政策の検討。ドイツにとっての日本の価値は軍事的なものよりは政治的なものであったとあとづける。

⑤義井博『日独伊三国同盟と日米関係』（南窓社、一九七七年）アメリカの対日参戦決意の根本的理由は三国同盟ではなく独ソ開戦にあることを解明。

⑥Malcom Murfett, *Fool-Proof Relations: The Search for Anglo-American Naval Cooperation during the Chamberlain Years 1937-1940* (Singapore University Press, 1984) イギリス外交史料を駆使し、宥和政策の破綻した後、極東防衛のためにイギリスの採用したものが英米海軍協調であり、その協調の成否が日本の出方に左右されたことを解明。

⑦テオ・ゾンマー『ナチス・ドイツと軍国日本』（時事通信社、一九六四年）ドイツ・イタリア外務省史料を駆使し、日独協調の虚構性をえがく。日本については極東国際軍事裁判証言を使用。日本の政治主体への目配りもよいが、やや海軍の穏健性を強調しすぎ。

⑧ゲルハルト・クレープス「日本版〝ナチス〟か？」（『日本歴史』四三一号、一九八四年四月）日独協調の実質的効果をあげられずに苦慮するドイツ大使オットの日本分析をドイツ外務省史料によって解明。

⑨Mario Toscano, *The Origins of the Pact of Steel* (The Johns Hopkins Press, 1967) 対米関係への配慮から、三国同盟に日本をくわえたくないイタリア側の内実と、反英を明確にした独伊同盟締結後も日本をくわえた三国路線をすてないドイツ側とのずれが明確にえがかれる。

⑩ヴァルド・フェレッテイ「海軍を通じてみた日伊関係」（『日本歴史』四七二号、一九八七年九月）イタリアが

対英宥和をいまだすてていない一九三八年中、日伊海軍間にはイギリスを牽制するための二国間協定交渉がすすめられていたことを解明。実証の密度がたかく、あたらしい視角を提示した。

⑪酒井哲哉「日本外交におけるソ連観の変遷（一九二三〜三七）」（『国家学会雑誌』九七巻三・四合併号、一九八四年四月）。

⑫田嶋信雄「日独防共協定像の再構成」（『成城法学』二四、二五号、一九八七年三月、同七月）⑪⑫は防共協定についての優れた研究である。

第一節　第一セッション（一九三八年七月〜一九三九年一月）

1　位置づけ

第一セッションは、時間的には交渉開始（一九三八年七月）から平沼内閣成立（一九三九年一月）まででくぎられ、①陸軍がドイツとの対ソ軍事同盟を計画するいっぽうで海軍がイタリアとの対英中立協定を構想するという、対象と目的とを異にした二つの二国間条約を並行的に締結する路線と、②リッベントロープの主張であった三国共通の一つの条約を締結するという三国同盟路線がせめぎあっていた期間と位置づけられる。

二つの路線が対立した理由は、日独間の防共協定をイタリアに拡大した時点（一九三七年一一月）までさかのぼって説明されなければならない。ソ連に敵対する理由をもたないイタリアをいかにして、ソ連からの攻撃を受けた場合の協議を明示した秘密協定をふくむ防共協定に参加させられるかという点がそのさい問題になった。[1] そのジレンマへの日本側解決策は、防共協定ではなく対英牽制のための中立条約を日伊間に締結するというもので、[2] この方法にイタリア側も賛成していた。しかし、すでにドイツ外交をリードしていたリッベントロープ（当時は駐英大使）は、防共協定のうち秘密協定を除いた公開協定の部分のみにイタリアを参加させる方式を主張し、この線で日独伊間に防共協定が締結されたのであった。こうして、三国にこだわるリッベントロープの方式でこのときは決着がついた。

一九三八年夏、日中戦争長期化を背景として独伊との関係強化を改めて考慮したとき、日本側としては前年のケースで日伊間で合意をみた方式、つまりドイツとは防共協定の秘密協定部分を拡張した、自動的参戦条項をふくむ対ソ軍事同盟を、イタリアとは対英牽制を目的とした中立と協議のための秘密条約とをべつに結ぶという構想で外務・陸軍・海軍ともに一致していた。[3] 二つの二国間条約に濃淡をつけることによって、三国内の対ソ認識・対英認識の差をのりきるという二条約並行路線の優位に変化があらわれたのは、再び、三国を一つの条約で結ぶというリッベントロープ案が日本の軍部にもたらされたことによる。[4]

リッベントロープ案の主要なポイントは三点。

①締約国の一つが第三国と外交上の困難を生じた場合の評議
②締約国の一つが第三国から脅威を受けた場合の政治的外交的支援義務
③締約国の一つが第三国から攻撃を受けた場合の武力援助

国家間の正式交渉まえに軍部の意向をさぐりたいとのリッベントロープの発案により、上記の案が参謀本部経由で日本に伝えられたため、二条約並行路線にかつては同意していた陸軍は、これ以降三国同盟路線に急速に傾斜していった。ここで重要なのは、日本側の政治主体が、三国間の対ソ認識、対英認識の差に十分自覚的であったことである。そうでなければ、二条約並行路線か三国同盟一本かという二つの選択肢のあいだをいきつもどりつするはずはなかった。

しかし海軍が対英牽制のための中立条約（日伊海軍協定）交渉を良好に展開していたこともあって(5)、二条約並行路線という選択肢は近衛内閣下の最後の五相会議決定（一一月一一日）まで維持されていた(6)。この選択肢が説得力をもたなくなるのは、フランスへの緊張感を強めたイタリアが従来難色を示していたリッベントロープ案の受けいれを一九三九年初頭に決意、日本との中立条約交渉を放棄したからである(7)。三国同盟路線に懐疑的であった海軍は、オールタナティブを提示できなくなったことになる。このオールタナティブの消失を第一セッションの終局としよう。

このイタリアの方向転換は、当然ながらドイツ側に歓迎された。リッベントロープは大島（浩、駐独大使）との交渉の席上、締結予定日までも議論にのぼらせている。小島（秀雄、駐独日本大使館付海軍武官）の日記は、大島の苦境を伝えている(8)。

大使は昨夕 Ribbentrop の希望に依り会見せしところ、Ribben より、Ciano より電話ありて伊太利は協定強化に直に調印し得ることとなりたりとのことなりと告げ、Führer は之に対し大なる満足の意を表すると共に Nazi の施政六周年記念日たる本月三十日に之が発表をなすことを得ば効果的なりと述べたる由を語り日本の態度をきけりと、大使は日本よりは何等明なる訓電を受領せざる為回答をなし得ざりし。

2　日本側提案

それでは、この第一セッションにおいてドイツ側に伝えられた日本側決定はどのようなものであったのだろうか。おびただしい数の回訓のなかから政府レベルの日本側提案を分別すると、二回の五相会議決定[9]が浮上してくる。第一回決定（八月二六日）は三国同盟路線にそったもの、第二回決定（一一月一一日）は二条約並行路線と三国同盟路線とを折衷したものになっていた。第一回決定については従来、回訓の文章の不明確さにくわえ、軍部側電報と外務側電報の用語の差異、大島に代表される現地側の読みこみなどの要因によって、条約文中の「第三国」の解釈に関する「重大な誤解」が生みだされ、しかもその「重大な誤解」が交渉開始後四ケ月間、外務・陸軍・海軍三者に自覚されなかったとされてきた。

しかし、政治主体の方針や力関係の変化したさい、従来の政治的責任やゆきがかりの免罪のため「誤解」という言葉がもちいられる慣習に鑑みれば、この「史実」には検討の余地があろう。では、どのように考えればよいであろうか。軍部へ内示してその反応をみたいとするリッベントロップの意向にしたがって、軍部の事務レベル主導ではじめられたこの交渉は、リッベントロップ案の「『趣旨に同意』し、『第三国』にはソ連だけでなく英仏をも含む[10]」と主張する陸軍省・参謀本部・軍令部の全レベルに、海軍省・外務省両省の事務レベルが賛意を示す。

八月二六日の決定は、この同盟推進派の同意のもとに成立したと考えられよう。とすれば、同盟推進派がその思いいれゆえに五相会議決定を「誤解した」のではなく、決定自体が同盟推進派の意向にそうものであったとみなくてはなるまい。それはたとえば、陸軍側回訓にくらべて決定をより正確に伝えていたとみられる宇垣（一成、外相）電報[11]においてすら、ソ連とコミンテルンとを主たる目標とするとは述べつつも「英米等を正面の敵とするものに非る趣旨（米に付ては特に地域的制限を加ふることに依り明とす）」と表現し、アメリカについては一〇〇パーセント除外を明確にしたものの、英仏を「第三国」にふくむことを否定はしなかった。また、防共協定の延長であることを示すためつけられた「前文」にも、「共産主義的破壊に対する防衛」のためという協定目的と並列させて「三国に共通なる利益の擁護を確保」という文言をいれ、コミンテルン以外への適用可能性にもふくみをもたせていた。この文言に込められた意味の大きさは、外務省がのちに（九月九日）この文言の削除を求めたが、陸海軍に拒絶されたというエピソードでも知られよう。(12)

このように、条約文上の「第三国」に英仏をもふくむという事務レベルの主張でまとめられた八月二六日の五相会議決定を、英仏は対象としないと解釈しなおしていったのが、宇垣にかわって外相に就任した有田（八郎）である。有田にとって有利であったのは、リッベントロープ案が外交ルートを通じた正式のドイツ案ではなく、まずは日本軍部の意向をたたくためのものにすぎなかったことである。大臣級レベルで討議すべき正式のドイツ側提案は今後の外交ルートによってもたらされることになっていた。交渉の重心が事務レベルから大臣レベルへ移る瞬間を有田はとらえる。一一月一一日の五相会議において有田が、協定はソ連を主とし英仏等を含意していない主旨の確約を五相に求め、交渉が迅速にすすまない場合は二条約並行路線でゆくこととし、(13)リッベントロープ案以来、分のわるかったこの路線を五相会議決定というかたちで再浮上させた。大島が三八年一一月の政府方針に「八月下旬五相会議の決議と大なる相違」を感じたのは、(14)有田による交渉の意識的方向転換をその嗅覚《きゆうかく》で正しくとらえた結果なのであった。

3 情勢認識

さて、この方向転換を支えた情勢認識(15)について考えてみよう。有田がリッベントロープ案の一方的優位を覆した理由の一端には、日独貿易協定交渉過程で生じた、ある亀裂が関係している。日独貿易交渉は一九三七年秋から開始され、第一セッション全体を通じて継続された。防共協定の政治的拡大期と表裏をなすように進行していたのである。

一九三八年後半、国際収支を改善しつつ生産力拡充を図ることが最重要課題となったことをうけて、外国為替によらない日独間の特別貿易関係樹立をめざす本交渉は重みをくわえていった。交渉の日本側中心は外務省のほか、バックに、生産力拡充を担当する大蔵・商工・陸軍・海軍各省の代表者がいた。初交渉以来一年をへながら仮協定さえできなかった原因は、①日中戦争による対中貿易上の損失を対日貿易によってうめる、②日本の軍事的制圧のすすむ中国での優遇措置を要求する、という二つの原則をドイツ側が固執したせいである。さらに、双方の主張のこまかな相異点としては、日本側の要求項目のなかで最も重要性のたかかった特別貿易枠による工作機械輸入が、外国為替獲得につながらないことを表むきの理由としてドイツ側に拒絶されたことがあげられよう。(16)

交渉を通じて日本側のドイツ観はしだいに険悪化していった。必然的に、対日接近を図るドイツの提唱した三国同盟案にたいしても日本側は慎重にならざるをえなかったであろう。

・独逸側をして日独貿易と対支問題とを判然区別し、之を関聯せしめざる様篤《とく》と御説明相成……最近に於ける独逸の出方に対しては少からず失望し居れり［一九三八年六月六日付宇垣外相→東郷大使宛電報］。(17)

・我方に於て最も関心を有するは、独逸側の軍需品及軍需設備の対日供給能力及其の引渡期間の点と、独逸側が我方現在の対独支払能力不足に対し如何なる限度及方法に依り協力し得るかの二点に存することは本交渉の目的より来る当然の帰結なり。然るに独逸側交渉担当者の従来の態度は、遺憾ながら本件交渉の大局を忘れ単なる経済上の利害の打算に堕《だ》したる嫌あり［一九三八年一一月五日付有田外相→大島大使宛電報］。(18)

不満はドイツの「打算的」態度に集中している。もっとも、ドイツ側も、満州への輸入制限・為替管理を強要し、中国への門戸を閉ざそうとする日本の態度を、同様に「打算的」と非難していた。(19) オット（Eugen Ott, 駐日大使）は一九三九年三月一五日のことになるが、「中国におけるドイツの経済的優遇措置についての覚書をつくりたいと考えている人間は、日本には絶無である」と報じている。[20]

中国における優遇措置の特例をドイツにみとめないという点に関して外務省の態度が硬直したものであったのは、有田の政治的特質によるところ大であった。九カ国条約の規定する中国の門戸開放原則を日本がみとめるか否かを質したグルー（Joseph C. Grew, 駐日アメリカ大使）の申しいれにたいして有田は、門戸開放主義修正の必要性を明言し、英米仏の保有する広域経済圏と同様のものが日本にも必要であり、そのためには門戸開放原則の修正もやむをえないと答えた（一一月一八日）。[21] 当時、共同の対日経済制裁を考慮中と伝えられていた英米仏にたいしてすら一歩もひかなかった有田が、ドイツに特例をみとめるというのはほとんど期待できないことであった。

平行線をたどる交渉は、ミュンヘン会談・フランコ政権承認問題におけるドイツの手際を極東で再現させることを同盟最大のメリットとみていた推進派に冷水をあびせた。生産力拡充という大命題をまえにしながら交渉は事実上頓挫する。それは第一に、日独の経済的利害の対立を明確にしたが、それにもまして、ドイツの求める関係強化が実は内実をともなわない政治的宣伝にあるのではないかという疑いを日本側にもたせるようにはたらいたと思われる。

4　三国同盟観

では、リッベントロープ案のどの部分が内実をともなわない宣伝というように日本側に映ったのであろうか。この三国同盟路線に原則的に賛成であるとの日本側回答に接したリッベントロープは、武力援助規定（第三条）作成には時間がかかるので第三条の効力発生は細目協定の成立後とし、三ケ条からなる基本条約の締結発表を急いではどうかと発案した（一九三八年九月一日）。[22] リッベントロープはこの後一一月一日にも、①基本条約

（公開）と②細目協定（秘密）とをべつだてとし、①の効力は、その早期公開後も②が三国の協議をへて締結されるまでは生じないとの案をあきらかにしている。(23)

つまり、簡潔な文体によって綴《つづ》られた基本条約によって国際的には強くでるものの、その実質上のスタートは②を協議する委員会の合意まちとし、状況によっては武力援助規定を骨抜きにすることも可能な発案だったのである。こうした「運用性」にたいする日本側の警戒感はかなり早い段階からみられる。たとえば、外務省の分析「独逸側より提示せられたる案は協定の公表が世界に与うる影響を以て最大なる効果となし、協定の実施自体より来る効果は稍之を閑却し居れるの感あり」(24)などはその代表例であろう。ドイツ案のもつ「運用性」を封ずるため、日本側は以後、基本条約の効力をその署名と同時に発生させる案を繰りかえし対置してゆくこととなった。(25)

（1）防共協定すなわち「共産『インターナショナル』に対する日独協定」の本文は、外務省編『日本外交年表竝主要文書（下）』（原書房、一九六六年）三五三〜三五四頁を参照。

（2）一九三七年七月駐伊大使に着任した堀田正昭は、ソ連に隣接していないイタリアに防共協定をそのまま適用するのではなく、対英牽制のための中立条約を締結すべきであると具申し、外務省のみならず陸軍もこの路線に同意していた。参照『日独防共協定関係一件　日独防共協定強化問題』（外務省外交史料館所蔵）。

（3）「時局外交に対する陸軍の希望　昭和一三年七月三日　陸軍省」（国立国会図書館憲政資料室所蔵『近衛文麿文書マイクロフィルム』）。

（4）史料A一七三頁。

（5）イタリアの駐日大使アウリーティは「日本は二つの条約を結ぶことを考えている」（一一月二六日）と本国へ伝えている。近衛内閣末期の日伊協定についてはすべて、「はじめに」の⑩フェレッティ論文に負っている。

（6）史料A一八九頁。五相会議決定は、①七月一九日及八月二六日の決定にもとづく三国協定のすみやかな締結を促進、②日独伊三国間で協定を締結し、交渉がおくれた場合は日独・日伊並行的に協定を締結し将来的に合わせる、という二点。五相の合意事項として、本協定はソ連を主とし英仏等のみにて対象とはならずと確認。

（7） Galeazzo Ciano, *Ciano's Diary 1937-1938*, Tr. by Andreas Mayor (London: Methuen, 1952)「防共協定を同盟へ組替えるというリッベントロープの申入れを受け入れる決意をしたとムッソリーニは語った」。一九三九年一月一日の記事。

（8）「小島秀雄日記」一九三九年一月三日条。本日記の利用にあたっては、ご子息小島尚徳氏のご援助とご理解をえました。しるして感謝の意を表します。また、日記の解読は、日独関係史研究会（大木毅、小池聖一、田嶋信雄、野島博之、筆者）がおこなった。

（9） 八月二六日決定とリッベントロープ案の差はつぎのとおり。①前文をつけたこと（防共協定の延長をうたう）、②第二条と第三条の「脅威」と「攻撃」という文言に「挑発によらざる」との限定をつけたことの二点。史料Ａ一七八～一七九頁。

（10） 八月二九日付陸軍次官発の回訓は「笠原少将持参の協定案に対しては陸海軍共其の趣旨に同意なり」との文言からはじまっている。史料Ａ一七九頁。笠原少将持参の協定案とはリッベントロープ案のこと。

（11） 八月二九日付陸軍次官発の回訓は「本協定が現存防共協定の延長にして主として蘇聯を目標とする趣旨を明確ならしめんとしたる一案にして英米等を正面の敵とするが如き印象を与えざる様用語上に注意せるものなり」というものであり、外務大臣電にくらべ実質的には英米を「第三国」にふくむのだとのニュアンスがより濃厚であった。史料Ａ一八〇～一八一頁。

（12） 八月二六日五相会議決定、九月九日外務省修正案はそれぞれ史料Ａ一七九、一八二頁。

（13） 一一月一一日五相会議決定への付箋、史料Ａ一八九頁。

（14） 一九三八年一二月五日付大島大使→有田外相宛電報、史料Ａ一九三頁。

（15） 本交渉の基本史料は、史料Ｃ。

（16） 一九三八年一一月一七日付オット大使→ドイツ外務省宛電報、*Documents on German Foreign Policy 1918-1945* (London: His Majesty's Stationery Office) Series D, Vol. 4, No. 536. 以下、本史料をDGFPと略称する。この電報からは、中国でのドイツの優遇措置と貿易制限の実質的撤廃についての覚書作成を日本へ申しいれていることがわかる。

（17）（18） 史料Ｃ所収。

（19） 中国への機械・軍需品輸出の足どめとともに、ドイツ経済界が問題としていたのは、満独通商関係の悪化であった。この点をふくめて日独の経済関係についての優れた論稿として、Ｅ・バウアー「一九〇〇年―一九四五年間における日独政治経済関係」（『国際関係研究（日本大学）』第五巻第一号、一九八四年七月）。

(20) 一九三九年三月一五日付オット大使→ヴァイツゼッカー外務次官宛電報、DGFP, Series D, Vol. 4, No. 551.

(21) 門戸開放原則の修正という点では英米にたいして「強硬」であることもじさぬが、防共協定強化という点では一貫して「穏健」であった。井上勇一「有田の『広域経済圏』構想と対英交渉」(『国際政治』五六号、一九八七年三月)。

(22) 史料A一八一頁。

(23) 締結国の政府と軍の代表によって構成される委員会によって作成される「補足協定の署名さるる迄は、紛争の発生したる場合締約国は其の各場合に就き、執るべき共同措置に関し相互に協議す」という部分がそれにあたる。史料A一八九頁。この方針は、一二月一〇日のドイツ側提案によってもひきつがれていた(史料A一九四頁)。

(24) 「帝国政府案に関する説明書」(史料A二一六頁)。これは一九三九年一月の伊藤(述史)特使に携行させた五相会議決定を説明するための手引きであった。

(25) 日本側が形式の整ったかたちで条約文を作成しだしたのは九月九日案にはじまるが(外務省案)、この時点ですでにこの姿勢が貫かれていた、史料A一八二頁。この姿勢は一二月一日案(外務省第二次案)や翌年の五相会議決定案(一月一九日)においても踏襲されている、史料A二一四〜二一九頁。

第二節　第二セッション（一九三九年一月〜五月）

1　位置づけ

このセッションは、時間的には平沼（騏一郎）内閣成立（一九三九年一月五日）から、外交ルートを通じたドイツ側の正式提案（条文の骨子は前掲のリッベントロープ案と同じ）にたいする回答（日本側の三国同盟案）決定の五相会議（一月一九日）をへて、ヒトラー・ムッソリーニ宛平沼メッセージの発出（五月四日）までを包含する。内容的には条約本文作成と秘密了解事項の手直しをおこなった時期である。

第一セッションとの最大の差異は、この段階では有田の抵抗もあって有効であった二条約並行路線がイタリアの方針転換ゆえに生命力をうしない、三国を一つの条約で結ぶという三国同盟路線にすべての政治主体がそろうことになったところにある。元来、二つのものだったものを一つにするのであるから、対英に力点がおかれるのか、対ソに力点がおかれるのか、当然問題になってくる。

さて、一月一九日の日本側正式回答は①本文、②署名議定書《ぎていしょ》［満州は日本と同様の適用を受けるとの趣旨］、③秘密附属議定書［細目協定協議のための、三国の代表からなる委員会についての規定］、④秘密了解事項、の四つの柱からなっていた。④は二点からなり、かりにA項・B項とすれば、A項は「対英仏戦の場合日本は兵力援助を留保する」（以下、「兵力援助の留保」ともいう）という内容、B項は「日本がこの協定を締結する理由は、コミンテルンの破壊工作以外念頭においていないのだと、第三国に説明してもよい」（以下、「第三国への説明」ともいう）というものであった。(1)

第二セッションにおいて、この秘密了解事項は数度の手直しをよぎなくされる。その背景と理由をここでは三点指摘しておこう。第一に、二月七日に締結されたイタリア・ソ連間の新通商条約(2)によって両国の良好な関係が軌道にのり、コミンテルンの破壊云々というB項「第三国への説明」をふくむ秘密了解事項のままではイタリアの賛同をえられる見込みがなくなったこと(3)があげられる。第二に、二月末、重光《しげみつ》（葵《まもる》、駐英大使）により英ソ接近の報がもたらされた(4)。これによって、英仏対ドイツの緊張を軸として予想されていた欧州戦争にソ連要因がいやおうなく混入してこざるをえず、A項「兵力援助の留保」規定——英仏のみが相手の場合日本は兵力援助を留保する——が、英仏ソ接近のため留保の意味をなさなくなることが予想されるという情勢の変化があった。

第三に、二月下旬ドイツに到着した伊藤（述史《のぶふみ》）特使一行の伝えた日本側回答をドイツが受けいれなかったことを落とすわけにはいかない。日独それぞれの事情はのちに考えるが、三月初旬、大島によって打電されたリッベントロープの反応「自分は先般『五〇パーセント』のものならば作らぬ方良しと申上げたるが、其の後の研究の結果益々其の感を深めたり」(5)からもドイツの姿勢をうかがうことができるだろう。

2　日本側提案

政府は回答（前述の①〜④）をドイツ側に伝えるにあたり、外務（伊藤述史）・海軍（阿部勝雄・軍令部第三部長）・陸軍（辰巳栄一《たつみえいいち》・参謀本部欧米課長）の三名からなる特使の派遣を五相会議で決定（一月一九日）していた。

この措置は、国内的には一月二一日に再開される議会を「回答案はドイツ側へ伝達中」としてのりきるという議会対策の意味あいをもたされ、また、対外的には、ソ連との間で交渉が懸念されていた漁業条約をさきに締結しておくための時間かせぎ、さらに、国際連盟事務局やポーランド公使をへて欧州情勢に通じていた伊藤、英米勤務経験があり各国の情報を管掌する地位にいた阿部、長期のイギリス大使館勤務をもち陸軍きっての親英派といわれた辰巳、これら三者によって、現地のドイツ大使館・イタリア大使館をおさえる意味も当然あったと思われる。

ベルリンの日本大使館付武官小島の推測は、正確なものであった(6)。

特使として伊藤述史、阿部勝雄少将及辰巳陸軍大佐来独するとのことなり。方針は示さず、委細は同氏に聞くこと、既に本日内地発、上海《シャンハイ》より伊太利《イタリー》船にて二月末伊国着、伯林《ベルリン》へ来るとのこと。どうも文句からしてあまり吉報ならざることを知る。

特使一行は二月二五日ナポリに着き、ローマ経由ベルリン入りした。一行の説明に現地側の消沈は決定的となった(7)。

結局、吾人としては此の儘先方へ伝へることは出来ぬ。之を如何に処理することにするかに就て議したるも、妙案のある筈もなし。結局特使は吾々をなだめに来たとしか受取れず。

つぎに、英仏伊ソ接近、ドイツの非受容という情勢の変化を受けて、この期間に日本側のおこなった手直しはいかなるものであったろうか。それは、回答の④の秘密了解事項であるA項「兵力援助の留保」・B項「第三国への説明」をすべて撤回するかわりに、前者については、細目協定の交渉のさいなんらかの文書（条約の正式な一部分を構成する秘密了解事項という文書ではなくともよいとの意味）をとりつけること、後者については、条約全体を秘密にする（陸軍案）、第三国への説明についてのなんらかの文書をとりつける（海軍案）のいずれかを要求したものであった。

これを第二セッション最初の五相会議決定（一月一九日）と比較すると、A項・B項の二つの制限事項をしるした秘密了解事項の撤回は非常に大きな変化にもみえる。しかし、条約全体を秘密とせずになんらかの文書を交換する場合、その内容が、「英仏のみの場合も武力援助はありうるが現在の国際情勢において日本に脅威を与えているのはコミンテルンの破壊工作であるから、それ以外は協定の対象として念頭においていない」(8)との文言であったことを知れば、変化の実体が明白となろう。これはその実、A項・B項をつなげて一文にしたものにほかならない。結局、「秘密了解事項」を条約文以外の「何等かの文書」としただけだったのである。

表面上は秘密了解事項を撤回した日本側再訓令（三月二四日、五相会議決定）にたいし、ドイツ・イタリアはきわめて冷淡な対応をみせる。リッベントロープの発言はつぎのとおり。

・本条約全部を秘密とするが如きは思ひも寄らず［四月三日大島・リッベントロープ会談(9)］

・条約全部を秘密とすることは本条約締結の目的に合せざるを以て、即時発表する必要あり。又外部に対し『コミンテルン』以外は協定の対象として考へ居らずと云ふが如き、条約の規定と異なる別の説明を為すことは絶対に同意しえず［四月四日大島・リッベントロープ会談(10)］。

こののち、大島・白鳥《しらとり》（敏夫《としお》、駐伊大使）が「対英仏戦争の場合も日本は参戦する」と政府の意図に反する言明をしたため、「欧州だけの戦争の場合には参戦の意志がないこと(11)」を二回の訓令（四月八日・四月二三日）で徹底させた。これにたいし、大島・白鳥が四月末召喚要求をつきつけて抵抗した(12)。政府は協定不成立もやむをえないが、日本の真意を徹底したいとの考えからヒトラー・ムッソリーニ宛平沼メッセージを発出する(13)。このメッセージをイタリア側は「いたって弱腰のものだ」と評し、ドイツは「外国の新聞にのせられている日独伊軍事同盟の動向を扱ってはならぬ」という特別回章を各新聞社に徹底させねばならなかった(14)。大島の反応「平沼総理の御言明は字句明白ならず、殊に交渉不成立の責任を予め独逸側に課せんとする趣旨の字句ありたる為、独逸側に与へたる印象頗る面白からざりしものありたる」[15]、白鳥の反応「政府の御趣旨は伊藤特使持参案より一歩も進み居らず。[16]一見譲歩なるかに思われたる其の後数次の御来訓も総理大臣の声明も畢竟特使案と軌を一にし居ること判明せり」、いずれも、ドイツ・イタリア側が日本側回答をどうみていたかを如実に反映している。

3 情勢認識

日本側が秘密了解事項に手直しをくわえるポーズをとりながら、なんらその実質的内容を変えなかった背景を理解するには、これまでしるしてきたヨーロッパ情勢にアメリカの中立法改正の動きを重ねあわせる必要がある。大統領ローズヴェルトは一月四日（一九三九年）の年次教書で、「侵略国にたいし事実上の援助を与へぬよう中立法を修正すること」を議会に勧告した。[17]当時の中立法は一九三七年改正のもので、戦争状態にある国には、①兵器・弾薬・軍用機材の輸出禁止、②その他の物資の輸出は現金・自国船輸送の条件で許可、という骨子であった。中立概念は本来、中立国の通商の自由を本質的要素として成立したものであったが、アメリカ中立法の場合は「欧州戦争への不介入」と「侵略国への制裁」といういささか特異な二つの要素から成立していた[18]（第二章第一節参照）。

現行法のままでは武器供与を英国が求めてきた場合に障害となるため、その改正をローズヴェルトは欲していた。力点が「欧州戦争への不介入」から、「侵略国への制裁」へと移りつつあったのである。大統領は空軍力強化のための予算を第七六議会へ提出するいっぽうで、国防案審議にあたる上下両院合同委員会に駐英大使・駐仏大使を招致し（一月一〇日）、欧州の危機切迫への対策樹立の必要性を議会に理解させようと活発な動きをみせていた。[19]また法案中にはグアム島の防備案をふくむ海軍基地法案があり、中立法改正のみならず、この審議日程も日本側にとっては視野にいれなければならない項目であった。

しかし、この海軍基地法案・中立法改正の帰趨は共和党を中心とした議会の「孤立」主義勢力［欧州には不介入を貫くが中国問題では対日強硬路線をも採るという両義的な存在］の反対によって遅々としてすすまず、結局、グアム防備案は下院で否決（二月二六日）され、上院でも否決（四月二一日）された。[20] 本来、欧州不介入・極東介入という両義的存在であるはずの「孤立」主義者が極東軍備問題でなぜこれほど慎重にふるまったのかといえば、極東への介入がイギリスに利用されるかたちでの欧州介入につながると彼らが冷静に分析していたからである。

たとえばなうての「孤立」主義者であったナイ（Gerald P. Nye，上院議員）は、「英国に於ては次の戦争に際し、米国を味方にする確実なる方法として、日本を向ふに廻さんと考へ居り。其の他米国として英国の目的に積極的関心を懐かしめ戦争に引込まんとする種々の方策あることは注意を要す」[21]と警告を与えていた。この発言は、当時イギリスがアメリカに求めていた援助の実際からみてきわめて的確な警告といいうる。大西洋と地中海の防衛に専念できさえすれば、独伊との軍事的バランスに憂慮するところはない、と自負していたイギリスが帝国防衛の観点からアメリカに期待していたのは、空軍機の供与や大西洋でのなんらかの共同作戦ではなく、シンガポール防備を中心とする極東海域をアメリカに肩がわりさせることだったのである。[22] いっぽう、「孤立」主義者は欧州介入に連動せずに日本をおさえる手だてとして、なんらかの経済的圧迫策、たとえば日米通商条約廃棄を考慮していた。

このような世界情勢に日本側の政治主体も無関心ではいられなかった。ここで、そのアメリカ観をみてみよう。財界や軍部上層・皇道派・石原派のアメリカ認識が穏健であるのは予想されるところだが、基本的に三国同盟推進派として存在していた外務省・陸軍・海軍それぞれの事務レベルについてはなお検討の余地があるので、そのいくつかを左にかかげる。

・一方に於て蘇英牽制の為日独伊枢軸の強化を計ると共に、他方に於て米国をして極東事件に関し不干渉的態度を持続せしむるの方略を実行する［一九三九年一月九日、外務省東亜局一・二課］(23)。
・米国に関しては、同国が欧亜の一又は数国と結んで吾人に挑戦し来る場合の外、之を同盟条約の適用範囲より除外する方法も考究しうべし［一九三九年一月一二日付白鳥大使→有田外相宛］(24)。
・米国を除外することはコムミユニケ等にて処理し得［一九三九年三月二四日杉原（荒太）東亜局二課長］(25)。
・米国に対しては之を対象とせざることを明示す［一九三九年一月一七日、陸軍側の同盟案］(26)。
・米国に対しては英独、独仏間に成立せし如き政治協定又は宣言をして人心を和げ［一九三九年三月一五日、在欧駐在武官会議］(27)。

同盟の対象にふくまれないというなんらかの確約をアメリカへ与えれば、同盟を締結してもアメリカとの良好な経済関係の継続は可能だと彼らは考えた。そのアメリカ観に共通しているのは、英米可分論［蒋介石政権への軍事援助をやめないイギリスとの戦争は考慮するが、アメリカとの対立はさけるというもの。または英米は極東ではしょせん協調できないという考えかた］にたつアメリカ認識であり、イギリスとは区別されたかたちでアメリカへある種の親近感をいだくという感情である(28)。

それは、第一章に述べた要因だけでなく、ニューディールのかけ声と行政府の強力なイニシアティヴのもとにアメリカでは急進的な体制改革が実行されているのだ、というアメリカ認識にもとづいていた(29)。時間は少しさかのぼるが、議会政治への陸軍の挑戦であるとみられた、いわゆる「陸軍の議会制度改革論」（一九三六年一〇月末）が、アメリカ議会制度と対置させるかたちで現行のイギリス型議会主義を批判していることは興味ぶかい。それは、従来の議会制度が英国流の議院内閣制をとりいれてきたため、「議会は政権争奪場と化し肝腎の立法・予算の協賛が軽視」されてきた、よって今後は「米国流の如く議会と政府とを各各独立の機関として」(30)三権分立主義を確立する必要があると説く。

このように、推進派でさえイギリスと明確に区別されたアメリカを想定し、それへの親近感をかくそうとしなかったのであれば、財界や外務・海軍上層の意向をも反映せざるをえない政府レベルではより明確な対米了解工作がおこわれていたとしても不思議はない。その点に話をすすめよう。(31)

秘密会にされた貴族院予算委員会（二月一七日）で、出淵《でぶち》（勝次《かつじ》、元駐米大使）のおこなった平沼への質問が対米了解工作の第一のシグナルであった。グルーは、ある高名な貴族院議員がもらした情報として、出淵の質問が平沼と有田の要請によるもので、「政府は防共協定強化を唱道しているけれども、ヨーロッパ問題への介入を避けようと決意している」ことを示すためにおこなわれたと伝えている。(32)

この首相答弁についてドイツ側はオットの翌日付電報によって知るところとなった（二月一八日）。(33)日本が秘密了解事項をつけることに固執しているのは、秘密了解事項を適宜英米仏に意識的に漏洩することによって、これらの国と敵対することを回避するためではないか、という対日不信感をただよわせながらドイツは敏感に反応した。大島はドイツ側の不信を「二月一七日貴族院の秘密会に於て首相が述べられたる処は、同盟岩永社長の口より漏れたりとして独逸政府は既に入手し、『スターマー』大島に訊ね来りたる有様にして、独伊としては本秘密事項に右の如き魂胆あるべしとは直ちに想像する所なるべし」(34)と伝えている。

第二のシグナルは三月二九日の平沼発言である。グルーの国務省宛電報はつぎのとおり。

平沼首相が三月二九日に新聞とのインタビューに答えたさいの発言の主旨は、「日本の国家としてのよりどころはデモクラシーでもファシズムでもない、デモクラシーの陣営にもファシストの陣営にも日本は属そうとは考えていないが、平和を望むという点で双方の陣営と協調してゆくことを希望している」ということであった。同盟推進者によって内閣の安全が脅かされているようなときにあって、平沼によってこのように明確な言明が発せられたということは重要な意味をもつと理解される。[35]

全体主義でもなければ民主主義でもないとの言明は、平沼の五月四日のヒトラー・ムッソリーニ宛メッセージを、三国間の交渉決裂のメッセージであると世界が受けとる布石の役割をはたす。五月八日付「ニューヨーク・タイムズ」は、平沼メッセージの発出と独伊のみの同盟成立（五月七日）という二つの事象を結びつけて、「日本と民主主義国家」と題する社説をかかげ、日本において民主主義は成功しなかったが決して全体主義が成功している訳ではなく、経済関係は独伊にくらべはるかに英米両国とのほうが密接であると分析した。[36]

この段階における日本の政治主体の行動は、①外務と陸軍の事務レベルは同盟推進派としてイギリスを「第三国」にふくめることをためらわなかったが、アメリカを除外するという点に非常に神経をもちいた、②同盟推進派以外に、外務・海軍の上層と財界を包含するかたちで意思決定をおこなっていた政府レベルでは、交渉中の秘密了解事項相当部分をはやくも意識的に漏洩することで、アメリカの了解をとりつけようとしていた、この二点に集約されよう。

4　三国同盟観

基本条約の公表は早急におこなう、しかしその効力は細目協定の締結されるまで発生しない、とのドイツ側方針が、基本条約の署名と同時の効力発生を求める日本側方針と一致しなかったことはすでに述べた。第二セッションにいたると、ドイツ側は批准書の交換をもって効力が発生するというところまで譲歩した（一月六日提案）[37]が、日本側は依然として署名と同時の効力発生を主張して譲らなかった。さらに陸軍が、秘密了解事項を撤回するかわりに、条約全部を秘密としてはどうかと主張した際、独伊はともに反対した。

日本の政治主体のなかで最も同盟推進派が多く、第三国に英仏をふくませることで上下一致していた陸軍の案でさえ独伊側に一蹴されている点に注目してほしい。独伊側にとって「条約の公表」こそが死活的に重要なのであった。しかも、ドイツは、それが「シンプルな条文」でなければならないと考えた。なぜその点が要請されるのか。

この点に関し、リッベントロープはオットにむけた訓令（五月一日）で以下の三項目を日本側に説得せよと命じている。①条文には、同盟が一般的なものであり、個々の勢力にたいして限定されたものではないと明記しなければならない、②同盟の実際の条文には一般的な表現が使用されるのであるから、いくつかの点についていかなる制限的な解釈も当然許されないし、いかなる条件も我々の受けいれるところではない。③いっぽうで、同盟諸国間の援助は当面完全に未定のままとし、援助の種類と程度は、その時々の軍事力や政治状況によって不断に合意されればよい。(38) リッベントロープの訓令からは、五月の時点においても「シンプルな条約文の公表」「細目協定による運用」という二点がドイツ側にとって譲れないポイントであったことが読みとれる。

では、対立点が明白になりながらもなおドイツが日本を同盟に入れようとした意味はどこにあったのだろうか。欧州での戦争勃発の場合に、日本がどのような外交的軍事的貢献をなしうるかについて報告を求められたオットの、「それは日本海軍によるドイツ商船の防衛ぐらいであり、ドイツを成功に導くという点からみた場合日本の貢献は疑わしい」(39) との冷静な評価の存在にもかかわらず、リッベントロープは、独伊間の軍事同盟（Pact of Steel）締結後（一九三九年五月二二日）も、日本をふくめた三国同盟路線を追求しつづける。

リッベントロープが独伊同盟という二国条約を受けいれたのは、ポーランドにたいするダンチィヒ・回廊（四月二八日）要求と、独英海軍協定・独波不侵略協定の破棄宣言を両にらみした、至近距離での対英牽制のためであった。(40) いぜんとして彼にとっての三国同盟の重要性は減じていないかのようであり、この執拗《しつよう》さはイタリアの対日態度と対照的であった。イタリアは一貫してドイツとの二国同盟を望んでおり、日本を同盟に入れることはアメリカを決定的に敵にまわしてしまうことであると認識していた。[41] ところが、ドイツにとっては、まさにそのアメリカゆえに、どうしても日本が必要とされたのであった。リッベントロープ発言をひろってみよう。

・世界は独伊同盟を既成事実だと信じ込んでいるので、今更三国同盟を公表したとしても何の衝撃も与えない。アメリカを思い止まらせるような真の衝撃は三国同盟の発表しかない。リッベントロープはアメリカをヨーロッパの紛争から遠ざけておく最良の手段について熟考していた。……アメリカが参戦した時のみ日本が参加すると発表するような限定的な同盟によってはどうであろうか［一九三九年三月四日付アットリコ（駐独）大使→チャーノ外相宛電報］[42]。

・三国同盟より独伊の日本に期待する所は何よりも先づ米国を牽制し中立を守らしむることに在り。……要するに本協定の主たる目的は差詰め政治的にして、之だにあらば米国は欧州に関与し来らず［一九三九年三月五日、リッベントロープ外相→白鳥・大島大使］[43]。

同盟反対派はもとより、推進派さえアメリカとの対立だけはさけようとしていた日本の政治主体の対米観を考慮して、三国同盟を結べばアメリカを中立にしておけるとリッベントロープがことさら強調したという推測もたしかに成りたつ。しかし、引用にもあるように、リッベントロープ言明は白鳥・大島にたいする場合に限定されてはいない。

そして、リッベントロープと対局の立場のものがちょうど逆のことを説いていたと知れば、日本との同盟をアメリカの中立を保証する政治的牽制、つまり中立法改正の動きを牽制するためにもちいようとしていたリッベントロープのねらい[44]が空想的ではなかったことがあきらかとなろう。対局の立場にいたものとは、第一級のコラムニストとして世界的に知られていたウォルター・リップマン（Walter Lippman）のことである。リップマンは共和党系の「ヘラルド・トリビューン」紙につぎのようなコラムを載せている。[45]

――戦争は資本主義対共産主義の戦争ではなく、民主主義と全体主義の戦争であり、この情勢を決するものは第一に日本、第二には米国である。アメリカの大戦不参加を日本が望むかぎり、彼らは戦争の危険をおかすようなことはしまいし、そしてもし日本がそれをあえてしないならば、ローマもベルリンも同様に、あえて危険をおかすようなことはしまい。第一に日本を牽制し、第二には英仏、オランダの軍拡をたすけることが米国としては世界平和に貢献する道である――。

一読すると対日強硬論にも響くコラムの裏でリップマンが実際に考えていたことは、今後アメリカが中立法を改正したり、英仏へ武器を貸与したりして、積極的に独伊と対決してゆくためには、日本と妥協して西太平洋における米国の負担をなくすしかないというものであった。彼はドイツとの戦争にそなえて太平洋艦隊を引きあげることができるよう、ワシントンは東京となんらかの手をうつべきであると太平洋艦隊司令官に助言していた(46)。大統領への具申をおこないうる数少ないコラムニストの一人・リップマンの言動は、実際にアメリカが日本によって牽制されていたという一つの事例を示している。そして、イギリス三軍参謀長が、「戦争がおこるかいなかはわれわれの拠点をわれわれが維持する能力があるか、そしてその他の勢力、とくにアメリカがわれわれの陣営に入るかどうかにかかっている(47)」と述べていたことも考慮するとき、リッベントロープがアメリカを牽制しうる日本の存在に注目すること、これは少なくとも国際政治上の一つの流儀として十分に首肯できるものと解されるであろう。

ここで、日本への評価については、リッベントロープよりも冷静であると思われるドイツ外務省伝統派の日本認識を検討しておこう。

ドイツ外務省は、伝統的に親中派が多かったことからパートナーとしての日本に懐疑的であったものの、いっぽうで、アメリカのヨーロッパへの関与可能性をリッベントロープよりもずっとたかく見積もっていたために、アメリカ牽制装置としての日本の存在意義には十分注目していた。そのことは、アメリカ大使館代理大使トムセン（Hans Thomsen）の報告に顕著にあらわれている。ローズヴェルト政権の外交政策の目的と限界について論じたなかで彼は日米関係をほぼつぎのように分析していた[48]。

――どのような状況にあってもアメリカは積極的な対日戦を考慮することができない。日本によってイギリスの極東基地が攻撃された場合、イギリス援助のために太平洋艦隊が出動するということはありえない。日本がアメリカに決定的ダメージを与えたり、アメリカ権益に直接的な被害を与えないかぎり、太平洋の現状維持のためアメリカは戦ったりはしない。グアム防備案を上下両院が否決したことからもわかるように、アメリカは日本との戦争を望んでいないばかりではなく、慎重にそれを回避しようとしている兆候がある。ヨーロッパに中心をおくアメリカの軍事行動の質と量は、西側からの日本の潜在的脅威によって決定されている――。

このようなドイツ外務省伝統派の対日認識は、ヨーロッパ大陸と大西洋に関する問題では、アメリカの積極的対英援助姿勢[49]を遮断《しゃだん》する手だてがないという判断からきていた。独英間にヨーロッパ戦争がおこった場合を想定したアメリカ外交方策の分析にあたってトムセンが憂慮したのは、一九一七年と同様のことはいつでもおこりうるとの予測であった。――魚雷にふれたルシタニア号の沈没にたいしておこった挙国的な戦争熱をふたたびおこそうと思えば、ちょっとした努力をしさえすればよい。感傷的な事件の一つもおこれば、容易にアメリカ国内を参戦へという国論へ統一できる[50]――。このようなトムセンの判断からもあきらかなように、ヨーロッパ大陸・大西洋に関するかぎり英米は不可分に結びついているという評価ゆえに、ドイツ外務省伝統派は、むしろリッベントロープ以上に日本の政治的な対米牽制能力に期待しなければならなかったのである。

以上の考察はつぎのようにまとめられよう。すなわち、ドイツにとって日本と同盟を結ぶ意味は、イギリス極東艦隊をアジアにくぎづけにしておいて、英海軍を大西洋・地中海・極東に分断し、イギリスを挟撃するという地政学的なメリットにあったのではない。西太平洋上の日本の脅威ゆえに、①アメリカがヨーロッパへの積極的関与姿勢を放棄するように導くこと、②対日強硬姿勢はイギリスの思惑どおりに欧州戦争への介入を招くことになると判断していた孤立主義者が中立法改正を阻止するように導くこと、この二点を目ざしたものだったのである。

外務省伝統派のような例外はあったものの、ドイツはアメリカがイギリスへの武力援助に踏みきる可能性を一般的に低く見積もっていた。[51] しかし、イギリスが宥和政策からドイツとの一戦をも辞さない強硬姿勢に転換した背景にアメリカの存在があったことは疑いえない。ポーランドとの相互援助条約の発表（四月五日）はイギリスの強硬姿勢を示す一つの例であるが、ポーランドを説得してイギリスとの条約締結に踏みきらせたのは在欧のアメリカ大使の尽力であった。「自分等の努力に依り波（ポーランドのこと、引用者註）を決心せしめたりとは考へざるも、『ル』大統領の意に従ひ説得に努めたるは事実なり。又英の強硬態度が米国の世論に支配されたることも亦事実」[52] とポーランド駐在アメリカ大使はみとめている。ドイツにとって、武力援助にいたらずとも、このようなかたちでのアメリカの欧州関与は望ましくない。こうしてリッベントロープは、「シンプルな条約文の公表」、「細目協定による効力発生」の二要素をふくんだ条約をあくまでも希求しつづけるのである。

（1）　一月一九日の回答全文については、史料A二一四〜二一九頁。

（2）　通商条約は従来の貿易額を二倍半に拡大するものであった。チュニジア・コルシカをめぐってフランスと対立を深めたイタリアは、東方の安全感を獲得するために親ソ路線を強めたとみられる。ポーランドの政府系有力紙「クリエール・ポリスキー」が、二月九日付でつぎのように評論していたことは興味深い。「かの独ソ通商協定の如きもベルリン筋の否定にも拘らず、ジョルナール・デタリア紙の伊ソ協定に関する説明中においてこれを引用しているが、この事実は伊ソ協定がドイツとの深き諒解の下に取り結ばれたものなることを裏書きするものであつて、こゝに本協定の重要性がある」(『昭和一四年の国際情勢』、日本国際協会、一九四一年)七五三〜七五四頁。

(3) イタリア外相チャーノは、「同盟は日本抜きで締結されるべきであるという考えをムッソリーニはいだいている。彼はそのような同盟だけで当面する英仏勢力とバランスをとるに十分であるとみている」としるしていた。*Ciano's Diary*, Feb. 8, 1939.

(4) 一九三九年二月二三日付重光大使↓有田外相宛電報、史料D所収。

(5) 一九三九年三月四日付大島大使↓有田外相宛電報、史料A二二二頁。大島の電報が単に日本政府にブラフをかけるためリッベントロープ発言を曲解して伝えている訳ではなかったことはイタリアの駐独大使であったアットリコがチャーノにあて、日本側回答に接したリッベントロープが「あらゆる妥協を拒否する」と述べたことを報じていることからも確認できる。参照、「はじめに」の⑦テオ・ゾンマー論文二四六頁。

(6) 「小島秀雄日記」一九三九年一月二八日条。

(7) 「小島秀雄日記」一九三九年三月一日条。

(8) A項については、第一案(外務案)＝ソ連との良好な関係をもつイタリアの事情を考慮して、対ソ戦の場合にイタリアの兵力援助の留保をみとめるものと、第二案(陸海軍案)＝本文中にしるしたもの、二案があった。B項についても、第一案(陸軍案)＝撤回し条約全部を秘密にするというものと、第二案(海軍案)＝本文中にしるしたものとがあった。

(9) 史料B二八七頁所収。

(10) 史料B二九二頁所収。

(11) 高木惣吉『高木惣吉日記』(毎日新聞社、一九八五年)二五頁。

(12) 一九三九年四月二四日付大島・白鳥大使↓有田外相宛電報、史料A二六〇頁。

(13) 史料A二六二〜二六四頁。

(14) 「はじめに」の⑦テオ・ゾンマー論文二九九頁。

(15) 一九三九年五月二二日付大島大使↓有田外相宛電報、史料A三一四頁。

(16) 一九三九年五月二一日付白鳥大使↓有田外相宛電報、史料A三〇五頁。

(17) 一九三九年一月五日付堀内(謙介)駐米大使↓有田外相宛電報、史料E。

(18) 中立法については、第二章第一節を参照のこと。

(19) 史料D、第一巻。

(20) 堀内は、アメリカ議会の審議風景を「要するに一三日の上院は孤立論者の大統領政策攻撃に終始せるの観あり」と報告している、史料E参照。中野博文「第二次FDR政権期における革新派グループ」(『学習院大学政治学論集』三号、一九九〇年三月)。「孤立主義」という用語の性格については、中野「第二次大戦期孤立主義論争における戦時体制設立問題」(『学習院政治学論集』四号、一九九一年三月)。

(21) 一九三九年四月二七日米国上院本会議での発言、史料D所収。

(22) 四月に開催されたSAC(Strategic Appreciation Committee)と、三月末より活動していた英仏参謀会議によってあきらかになったのは、対アメリカ政策がきわめて重要であるということであり、なかでも極東情勢や日本の戦略に与えるアメリカの影響力を重視すべきであるということであった。Murfett, *op. cit.*, p. 224. 原史料は Anglo-French Staff Conversation 1939, AFC (J) 45, Apr. 25, 1939.

(23) 「支那問題を中心とする日米関係と対米工作に関する意見」(『支那事変関係一件　各国の態度　日米関係打開工作関係』(外務省外交史料館所蔵、A1103032)。

(24) 史料B二四頁所収。

(25) 史料B二二〇頁所収。

(26) 史料A二〇八頁。

(27) 「小島秀雄日記」一九三九年三月一五日条。

(28) 三国同盟締結にたいするアメリカへの譲歩として日本側が考慮していたのは、たとえばつぎのような二方法である。①三国相互援助条約は米国(ないし米大陸)には適用しない旨三国共同あるいは個別に米政府に申いれるか、あるいは米政府とのあいだに交換公文をなすこと、②米大陸における米国の「モンロー主義」をなんらかのかたちにおいて再確認すること。右により米国の輿論を緩和し英米を離間する工作の一助となり、独伊もこれにたいしては異議はないと思われる。「日独伊三国提携の強化に関する件」(史料A三四五〜三五一頁)。

(29) 同時代人のニューディール評価は現在の研究動向とくしくも一致している。たとえば久保文明『ニューディールとアメリカ民主政』(東京大学出版会、一九八八年)を参照。

(30) 「東京朝日新聞」一九三六年一〇月三〇日付。

(31) この点については、第四章を参照のこと。

(32) The Ambassador in Japan (Grew) to the Secretary of State (Hull), Feb. 17, 1939. FRUS, Vol. 3, p. 13.

(33) 「はじめに」の⑦ゾンマー論文二四二頁。

(34) 史料A二二一頁。

(35) The Ambassador in Japan (Grew) to the Secretary of State (Hull), May 8, 1939, FRUS, Vol. 3, p. 29.

(36) *The New York Times*, Monday, May 8, 1939, "The Japan and the Democracies". 東京大学新聞研究所所蔵。ポーランドの政府系機関紙「クリエール・ポラニー」は五月六日付社説で「日本の態度」と題し同様の分析をしている。史料D所収。

(37) 史料A二〇二～二〇三頁。

(38) The Foreign Minister (Ribbentrop) to the Ambassador in Japan (Ott), May 1, 1939, DGFP, Series D, Vol. 6, No. 304.

(39) The Ambassador in Japan (Ott) to the Foreign Ministry, Nov. 17, 1939, DGFP, Series D, Vol. 4, No. 536.

(40) Toscano, *op. cit.*, p. 345. 一九三九年五月一二日付アットリコ駐独大使→チャーノ外相宛電報。

(41) *Ciano's Diary*, Mar. 3, 1939.

(42) Toscano, *op. cit.*, pp. 159-160.

(43) 史料B一八九～一九〇頁。

(44) DGFP, Series D, vol. 6, No. 462, June 1 1939.

(45) このコラムの要旨は、一九三九年二月八日付「東京朝日新聞」紙上にも紹介されている。

(46) ロナルド・スティール『現代史の目撃者』下巻（TBSブリタニカ、一九八二年）一二六頁。

(47) Arthur J. Marder, *Old Friends New Enemies* (London: Oxford University Press, 1981).

(48) The Chargéd Affaires (Thomsen) in the U. S. to the Foreign Ministry, DGFP, Series D, Vol. 6, No. 66 (Mar. 22), No. 107 (Mar. 27), No. 557 (June 22).

(49) この問題については山本和人「戦後世界経済構造を巡る英米の角逐」、同「一九三〇年代のアメリカ貿易政策（2）」（『福岡大学商学論叢』三一巻三・四号、一九八七年三月、三〇巻一号、一九八五年六月）。鈴木晟「一九三九年～一九四一年におけるアメリカの対英援助と軍備増強」（『社会科学討究』三四巻一号、一九八八年八月）。

(50) The Chargéd Affaires (Thomsen) in the U. S. to the Foreign Ministry, Mar. 27, 1939, DGFP, Seris D, Vol. 6, No. 107.

(51) この点をふくめて一九四一年の独米関係については、義井みどり「日独伊共同行動協定の締結とドイツの対米宣戦布告」、大木毅「ドイツの対米開戦（一九四一）」（ともに『国際政治』九一号、一九八九年五月）。

(52) 一九三九年四月一四日付酒匂大使→有田外相宛電報、史料D。

第三節　第三セッション（一九三九年五月〜八月）

1　位置づけ

この段階は時期的には、統帥部をふくめた五相会議（一九三九年五月九日）から、政府回訓（五月二〇日・六月五日）をへて内閣の倒壊（同年八月二八日）までを包含している。「兵力援助の留保」、「第三国への説明」について日本側によるなんらかの文書作成を許容したドイツ外務省条約局長ガウス（Friedrich Gaus）の私案にたいする回答を、五相のみならず参謀本部・軍令部をもふくめて協議した時期と位置づけられる。この間の政府決定レベルの訓令は三回あった。この段階で政府が統帥部を協議にくわえたのは、統帥部に交渉の責任を負わせることによって倒閣の危険を防止しつつ、(1) 国内的に社会運動の暴発をふせぎ、交渉からの撤退を図ろうとしたためであった。

2　日本側提案

ドイツ側に伝えられた第一の訓令（五月二〇日）は、「ソ連を含まない欧州戦争が勃発した場合、日本が戦争状態に入るかどうかは日本の自主的な決定による」という主旨であり、(2)基本的には首相メッセージ内容と同じであった。同様の反復は、統帥部によって作成された「米国とソ連が態度を表明しない場合の武力行使は日本の自主的決定による」(3)という主旨の覚書(五月二七日)にも、「ソ連を含まない第三国を対象とする場合の武力援助は独伊と協議する」(4)という主旨の第二の訓令(六月五日)にもみられる。

あたらしい要素をふくんだ決定は、米国が英仏側にたって参戦した場合の日本の対応についての五相会議決定(六月六日)(5)である。その内容は左のとおり。

「ソ」が未だ参戦せざるに米国が参戦したるが如きことありとするも、一般情勢と併せ考へ日本が無言の脅威を以て「ソ」等の戦争参加を牽制するを協約三国の為有利とする場合、何等の意志表示をなさざることあり。又武力行使を行はざることあり。

まわりくどい表現から読みとれることは、ソ連が参戦していなければ米国が英仏側にたって参戦しても日本の態度決定は最後まで留保されるということにほかならない。日本側における交渉の担い手の拡大は、前進を意味するものとはならなかった。交渉内容の実態は、①ソ連が参戦しない場合の留保にくわえて、②米国が参戦した場合も態度を留保するというように、むしろあきらかな後退を示している。これは、きたるべきヨーロッパ戦争にソ連の介入なしという読みが日本の政治主体のなかに生まれたことによる変化とみられる。

よって、つぎにこの変化をもたらした要因である英仏ソ交渉の難航と独ソ経済協定の進展という、二つの国際情勢の変容にたいする日本側の態度を検討したい。

3 情勢認識

英仏間の相互援助条約のソ連への拡大という情報がかなり早い時期から日本側政治主体にもたらされ、そのために秘密了解事項のA項「兵力援助の留保」の手直しが必要となった経緯はすでに述べた。しかし、英ソ交渉そのものは、上院や金融界に代表されるイギリス国内の反対論(6)にくわえ、イギリスと相互援助条約を締結していたポーランドの反対(7)によって当初からゆき悩んだ。

さらに、交渉内容においても双方の主張は食いちがいをみせる。イギリス側が対独開戦の場合を想定してヨーロッパに限定した相互援助をおこなうこと、具体的には航空機の供給を要求したのにたいして、ソ連側は前提条件として極東における日ソ衝突の場合のイギリスの保障を求めたために(8)、交渉は停滞した。この交渉に終始符をうったのは、ソ連と極東問題で協調するのは日英関係を決定的に悪化させることになると判断したイギリス外務省・海軍省(9)による決定であった。五月三日段階におけるイギリス海軍の考えかたはつぎのようなものであった(10)。

ヨーロッパに戦争が勃発した場合、勝敗は、極東に軍艦を送るまえに、我々の敵にすべて可能な攻撃を集中するために、日本を静かにさせておくことができるかどうかにかかっている。枢軸が存在しているかぎり、枢軸国の腕のなかに日本を押しやるおそれのあるすべての行動について、我々は深甚なる考慮をはらう必要がある――。

このような判断からイギリス外相ハリファックス(Viscount E. F. L. W. Halifax)は駐英日本大使重光を招致し、「英ソ交渉は極東問題を除外している」と伝えた(11)(四月二七日)。イギリスは英ソ交渉の前提条件を放棄することによって日本に譲歩するという、一つの外交的決断をおこなった。

このようなイギリスの措置にたいし、ソ連もそのイギリス寄りの外交姿勢を転換しはじめる。第一の動きは外務人民委員リトヴィノフ(Maksim M. Litvinov)の罷免であった。連盟寄りの外交を展開してきたリトヴィノフに交替してモロトフ(Vyacheslav M. Molotov)が外相として登場した(12)(五月三日)ことは、英ソ交渉の難航という事実とともに、ソ連がきたるべき欧州戦争に英仏側にたって介入する可能性が非常に少なくなったとの観測を日本側にいだかせる指標となった。

たとえば重光や堀内（駐米大使）は、モロトフ登場への解釈を試みるなかで、独ソ接近の可能性に言及している。(13)重光の分析（五月五日）はつぎの三点。①モロトフは孤立政策をとる可能性あり、②ドイツはリトヴィノフの失脚を歓迎している、③ドイツとポーランドの関係が悪化し英仏がポーランドに保障を与えたことは、独ソ間に緩衝地帯ができたことを意味する。独ソ接近、ポーランド問題をめぐる英独対立という、のちの歴史の展開に照らしても的確な情勢判断は、重光や堀内ら同盟反対派のみにかぎられるものではなかった。独ソ接近については、独ソ経済協定の進捗によって海軍事務当局の注目するところとなっていた。(14)

早い時期のものでは、ベルリン駐在海軍武官の小島が、三月二三日付の日記で「独は食糧品を相当貯蔵せる由。戦争は案外早く来るといふものありと。又、独蘇の同盟も一部で考へられつ丶ありといふ」(15)と記しているのは注目される。

海軍事務当局のなかでも同盟推進派として認知されていた柴《しば》（勝男《かつお》、軍務局一課付）は、五月九日の時点で「最近『リ』の失脚、『ヒ』総統の声明に片言隻語《へんげんせきご》の共産主義攻撃なきこと、駐米武官の報告等に徴し独蘇間の緩和は無稽《むけい》にあらず」(16)と分析していたし、海軍省調査課も「独ソ貿易は将来性を有す。ゲルマン民族の大独逸国統一を略ぼ完成せるヒトラーにとり、独蘇関係は今やイデオロギー的防共から離れて純利害に立たんとする」(17)とのみとおしをもっていた。独ソ提携の可能性をはかる指標としてあげうるのは、一つはさきにあげた経済協定であるが、もう一つはポーランドへの独軍集中の程度であった。

陸軍事務当局も、きたるべき戦争が独ソ間ではなく英独間におこるとの予測をもち、「独蘇国境を接せざる今日及近き将来に於て独伊対蘇戦の発生は絶無」と判断していた。(18)海軍の小島が「遠藤少将［駐独大使館付武官］から独は波蘭《ポーランド》に対し軍を集中し、威嚇せる有様を通知し来る。その中に独蘇にて波蘭分割の可能性あることを云ひ来る」(19)と記したのは、五月二六日だった。

きたるべき欧州戦争にソ連がふくまれないということは、第二セッション初期と同様の秘密了解事項A項・B項だけで、日本は事実上の局外中立をとりうることとなる。また、アメリカの中立法改正の動きについても、審議は来議会まで延期され、第二セッションで生じた懸案は解消されることになった（七月一一日）。そして同盟推進派の中核・陸軍は、蔣介石政権の最大の援助国イギリスに圧力をくわえて日中戦争の有利な解決を導くこと[20]（具体的には二月にイギリスがフランコ政権を承認したように、イギリスによる汪兆銘政権承認などを想定）を最大の眼目としていたのであるから、ソ連をふくまない欧州戦争が勃発し、この戦争にイギリスが足をとられることになれば、陸軍の目的はほぼ充足されてしまうのである。六月以降、「参謀本部は防共については大体もう外務省に委せるといふ意向らしい[21]」、「参謀本部は大体見切りをつけ、陸軍省側も下の方は大体見切りをつけたる[22]」との観測が政界に流れだすのは、以上の説明の裏づけとなろう。

このような日本側の態度にリッベントロープも、「日本が米の不参加の場合に関し留保すると云へば、我々も夫々留保せざるべからず。斯くては条約は全く茶番狂言に終り何等の価値なかるべし[23]」と述べざるをえなかった。そして、日本の対米関係悪化回避論にたいしては、「完全に明確な同盟こそがアメリカに中立を強いるのである[24]」との従来からの主張を繰りかえすばかりであった。

ドイツ側が「対象を限定しないシンプルな条約文の公表」→「アメリカの中立確保」という路線を一貫してもっていたことは、国内の交渉停滞にテコ入れするため六月初旬イタリアから帰朝した有末《ありすえ》（精三《せいぞう》、イタリア駐在武官。陸軍の中でも同盟推進派の中心的存在）が一九三九年八月の演説のなかで同じ主張を試みていることでも知られる[25]。

4　三国同盟観

要するにドイツ・イタリーの日本に求めて居ります所は、何も日本から兵隊を送って貰はうとか、日本を恃みにするとかいふことは絶対にない。たゞ日本がこれに入ることはアメリカを中立に置かせることになる。

(1) 平沼の個人的秘書・竹内賀久治は、平沼にたいして「海軍の反対ある場合は、陸軍と海軍と分離するに至り直ちに内閣の危機となるべきを以て、此場合陸軍をして海軍に交渉せしめ、軍部の一致を以て申出候様」にすべきであるとアドバイスしていた。一九三九年三月一〇日平沼宛竹内書翰「平沼騏一郎関係文書」（国立国会図書館憲政資料室所蔵）所収。

(2) 史料A三〇一頁。

(3) 史料A三一六頁。

(4) 史料A三三〇〜三三一頁。

(5) 史料A三三一〜三三二頁。

(6) 一九三九年三月三一日付重光大使→有田外相宛電報、史料D所収。

(7) 一九三九年四月一四日付重光大使→有田外相宛電報、同日付酒匂大使→有田外相宛電報、一九三九年四月一七日付宮崎代理大使→有田外相宛電報（以上すべて史料D所収）。英ソ交渉について、アメリカ政府当局者の一部に反対の意向のあったことは、一九三九年四月二五日付佐藤総領事→有田外相宛電報（史料D所収）。反対理由は、英仏ブロックへのソ連の参加は国際的危機を太平洋にまで延長してしまうという点にあった。

(8) 一九三九年四月二〇日付重光大使→有田外相宛電報、一九三九年四月二二日付西代理大使→有田外相宛電報、一九三九年四月二七日付酒匂大使→有田外相宛電報（以上すべて史料D所収）。

(9) Malcom Murfett, *op. cit.*, p. 234. 一九三九年四月二五日にクレーギー駐日大使が注進している。

(10) Marder, *op. cit.*, p. 46. 原史料はA. D. M. 116/4087.

(11) 一九三九年四月二八日重光大使→有田外相宛電報、史料D所収。この言明が日本を安心させるための虚偽の言明でなかったことは、国務省宛のケネディ（駐英大使）の電報からあきらかである。The Ambassador in the United Kingdom (Kennedy) to the Secretary of State (Hull), Apr. 27, 1939, FRUS, Vol. 3, p. 27.

(12) タス通信は英ソ交渉の内容を一九三九年五月九日に暴露するという挙にでた。前掲『昭和一四年の国際情勢』八〇一頁。

(13) 一九三九年五月五日付重光大使→有田外相宛電報、一九三九年五月四日付堀内大使→有田外相宛電報、いずれも史料D所収。

(14) この点についての指摘は、「はじめに」の③野村論文一九八頁。

(15) 「小島秀雄日記」一九三九年三月二三日条。

(16) 「協定締結ニ関スル意見　一四・五・九　柴中佐案」(史料B四八一〜四八四頁)。

(17) 「ソ聯の対独伊貿易関係・海軍省調査課　一四・六・一〇」(史料B七二〇頁)。

(18) 「陸海軍省主務者会談に関する陸海軍同文覚書」(史料B五五〇頁) 中の山本(茂一郎、軍務課高級課員)発言。

(19) 「小島秀雄日記」一九三九年五月二六日条。

(20) 堀場一雄『支那事変戦争指導史』(原書房、一九七三年) 二八二頁には「元来本問題は、支那事変処理上の必要と限界とを自主的に堅持すべきもの」とある。堀場は参謀本部第二課の参謀。

(21) 原田熊雄述『西園寺公と政局　八』(岩波書店、一九五二年) 三頁。六月二四日の湯浅(倉平、内大臣) が天皇から聞いた内話。

(22) 七月一九日の畑(俊六、侍従武官長) の判断。伊藤隆・照沼康孝解説『続現代史資料　四　陸軍』(みすず書房、一九八三年) 二二三頁。

(23) 一九三九年六月一七日のリッベントロープ発言、史料A三二七頁所収。

(24) The State Secretary (Weizsäcker) to the Ambassador in Japan, June 17, 1939, DGFP, Series D, Vol. 6, No. 537.

(25) 有末精三『伊太利の真面目と日独伊枢軸の強化に就て』(日本外交協会、一九三九年) 七六頁。

おわりに

第一セッションから第三セッションまでを大きくとらえると、七〇数回を数えた五相会議も、条約本文作成の時期、秘密了解事項の手直しの時期、交渉からの撤退の時期と、それぞれの段階を画することができる。また、交渉の最も緊迫したのが一九三九年三月から四月にかけてであり、交渉の停滞が五月からはじまることは、この交渉がヨーロッパとアメリカで同時にすすめられていた英仏ソ交渉と中立法改正審議の消長に強く左右されていたことをうかがわせる。第二セッションから第三セッションにかけて生じた国際環境の変容は、陸軍もふくめて日本側の態度の変更を強いたのである。

このように、交渉過程を時期区分したうえで、防共協定強化交渉がどのように位置づけられるのかということを最後にまとめておきたい。従来、交渉の混迷した原因は、日本側はソ連のみを仮想敵国としたい、いっぽうで、独伊は英仏を仮想敵国としたい、この両者の主張が結局平行線をたどって終わったと説明されてきた。この説明は当事者個々人の感情のレベルではある種の真理をふくんでいようが、歴史的にはより実態的な説明が可能であった。

防共協定をイタリアに拡張する時点（一九三七年）ですでに日本は、日独伊三国のなかでの対ソ認識・対英認識に差があることを自覚せざるをえない状況におかれていた。一年後の交渉で、この点が念頭におかれなかったはずはない。むしろ、対象国をずらしながらも三国が交渉にはいった動機がなんであったか考えることが必要となる。

交渉期間を通じてドイツ側が一貫して主張していた点はきわめて明確であって、それはほぼつぎのようにまとめられるだろう。

――戦争がおこるかどうかは、英仏の同盟にアメリカがくわわるための時間をイギリスに与えるかどうかにかかっている。最近のイギリス・ポーランドのドイツにたいする外交姿勢が強硬なのは、アメリカが背後にいて支援しているからである。ローズヴェルトはアメリカの積極的対英仏援助の足かせとなっていた中立法を改正して、ヨーロッパへの介入を意図しているが、その行動を阻止しているのはアメリカ議会、とくに上院の「孤立」主義者達である。その「孤立」主義者が最も気をつかっているのが、アメリカの背後を衝く可能性のある日本の存在である。よって、日本をふくめた三国同盟は、上院の「孤立」主義者を脅かし、ローズヴェルトの中立法改正意図を阻止するに足るだけの、決然とした条文をそなえた政治的な同盟でなければならない――。

ポーランド問題でイギリスに挑戦していたドイツにとって、対米牽制はあくまでもアメリカの敵意を増幅しないかたちでなされなければならなかった。ドイツはその衝撃波としての機能を日本にはたさせようとしたようにみえる。だからこそ、国防軍や外務省伝統派のくだした日本の軍事的評価がきわめて低いものであったにもかかわらず、外相リッベントロープは非常な興味を日本にたいしてもちつづけたのであった。

たしかに、実際に「孤立」主義勢力によってグアム防備強化案が否決され、中立法改正案も次議会まで審議延期となる事態がおこっていた。また、イギリスは、戦争がおこるかどうかはアメリカとの海軍交渉をまとめられるかどうかにかかっている、そしてそれを阻んでいるのは西太平洋での日本との対立激化をさけようとするアメリカの消極姿勢にあると認識し、独自の方法で日本に妥協策をとりはじめていた。

ドイツ側の要求していた同盟の本質がここにあったからこそ、この点に関する日本の回答が交渉の成否を分けることとなったのであった。そもそも日本側が協定強化を意図した最大公約数的理由は、中国への最大の援助国である［少なくともそのように考えられていた］英・ソを牽制し、欧州の危機的情勢下に日中戦争を有利に終結させることにあった。ミュンヘン協定、フランコ政権承認、という事象の極東での再現をねらっていた。

しかし、その際、日中間の調停者にはアメリカが想定されていた（第四章）。よって、日本側は、同盟反対派はもちろん、推進派も一貫してアメリカとの対立だけは避けたかった。最後までその点では譲歩の気配をみせようとしていない。統帥部をふくめて決定された日本側の最後の訓令が、アメリカ参戦の場合の態度留保を明示するためのものだったということは、防共協定強化交渉における攻防と結末の象徴として記憶されてもよいであろう。そして、アメリカ中立法を中心として本交渉をふりかえれば、日本は本法によって実にうまく抑止されていたということがわかる。

第四章

対米接近工作

全体主義でもなく民主主義でもなく

●関連年表●

1938(昭和13)年	8月26日	ドイツとの同盟強化方針決定
	9月29日	ミュンヘン協定
	10月27日	日本軍，武漢三鎮占領
	11月 3日	東亜新秩序声明
	12月15日	米中間にバーター借款成立
	18日	汪兆銘重慶脱出
	22日	日中国交調整方針として近衛三原則発表
1939(　　14)年	1月 5日	平沼内閣成立
	19日	防共協定強化に関する日本側回答作成
	3月 8日	英中間に法幣安定借款協定調印
	4月 1日	アメリカ，フランコ政権承認
	5月18日	アメリカへの平沼メッセージ発出
	23日	平沼・ドゥーマン会談
	6月14日	天津英仏租界封鎖
	7月15日	五相会議，ノモンハン事件不拡大方針・外交交渉開始決定
	同日	有田・クレーギー会談
	26日	アメリカ，日米通商航海条約廃棄通告

はじめに

一九三九年になると、ヨーロッパにおける独英対立がはっきりとみえてくるようになった。日本が、「自衛」の戦いをはじめてから八年、「宣戦布告なき」戦いをはじめてから二年たっていた。イギリスやソビエトが中国を援助しているから、戦争は長期化せざるをえない、と陸軍などは考えていた。第三章でみた独伊との関係強化も、結局は独伊の牽制によって、中国を援助国から切り離そうという意図ではじめられたものである。

この時期日本は、いっぽうでは独伊との関係強化をはかりながら、いっぽうでは同時にアメリカとの関係修復にのりだしていた。――経済面での互恵をかかげるアメリカならイギリスをおさえてあたらしい秩序を構築できるのではないか。国防面での中立についても、議会勢力の反対によって、アメリカはいまだ対英援助にふみだせないらしい。日中関係を、そのアメリカに調停させることはできないか――。平沼の考えていたことは、このようなことだった。満州事変いらい、じっとアメリカの出方をみ、反応をまっていた日本は、ここではじめて、アメリカの好意を日本が切実に欲していることを卒直に表明してゆくのである。

第一節　対中政策

重要な戦略拠点である武漢三鎮《ぶかんさんちん》を占領されながら（一九三八年一〇月二七日）、中国の抗日姿勢になんら変化のないことをみた政府は、現在の日本が重大な岐路にたたされていることを自覚しないわけにはゆかなかった。国民には長期持久戦の覚悟を要求するいっぽうで、予想されるヨーロッパ情勢の緊迫、(1)ソ連国境の緊張に有利な対応をとれるよう、日中戦争に決着をつける方策を陸軍中央はじめ政府は求めはじめていた。

ただ、停戦・和平交渉の場合、相手は当然、国民政府であるはずだが、近衛内閣の「国民政府ヲ対手《あいて》トセス」声明（同年一月一六日）の反響の大きさが交渉を困難なものにしていた。しかし、内閣の更迭にともない、日本の対中態度に微妙な変化が生じていたことは、いちはやく中国在勤の米国大使館員にキャッチされていた。つぎのような報告が(2)一九三九年の早い時期にハル国務長官宛に送付されている。

最も重要なのは、日本政府がいまやアメリカやイギリス政府にたいし、進んで和平の相談をもちかけようとしており、戦争をやめるための計画への同意を両国に求めているようだということである。これらの行動は、かつての日本政府の行動とことごとく食い違っている。

日本の態度が軟化し、英米側権益をも配慮するようになってきたというこの種の報告は、平沼内閣の時期にほ

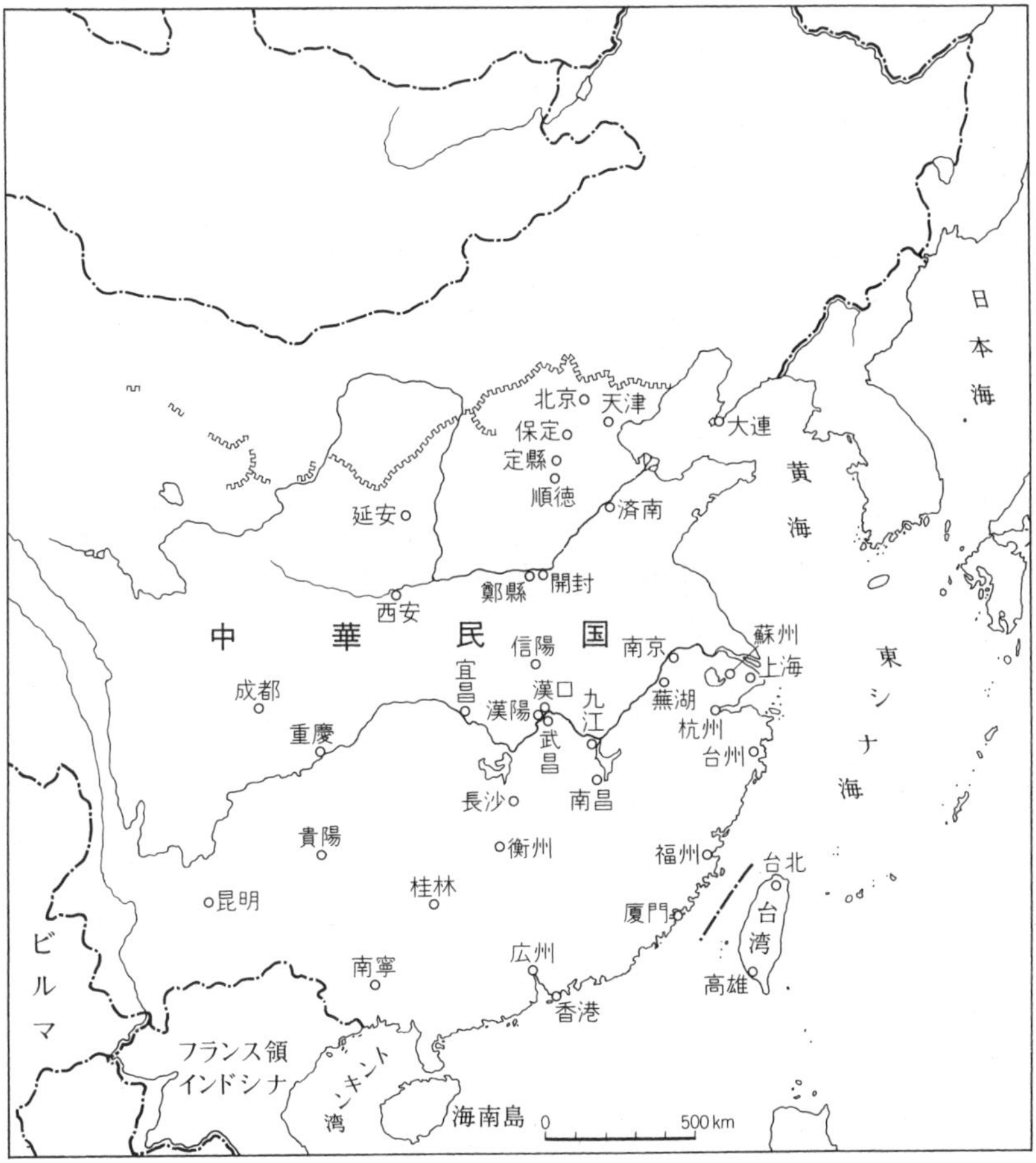
日本海
北京
天津
大連
保定
定縣
黄海
順徳
済南
延安
鄭縣
開封
西安
中　華　民　国
信陽
南京
蘇州
上海
東シナ海
宜昌
漢口
九江
蕪湖
成都
漢陽
杭州
重慶
武昌
台州
長沙
南昌
貴陽
衡州
福州
台北
桂林
昆明
厦門
台湾
ビルマ
広州
南寧
高雄
香港
フランス領
インドシナ
トンキン湾
海南島
0
500 km
中国要図

かにも散見されるが、(3)平沼の、中国を焦点とする対英米政策に関するかぎり、それらはかなり正確なものであった。(4)しかし、一国の外交はときの総理ひとりの判断によってのみ左右されてしまうものではない。「かつての日本政府の行動とことごとく食い違っている」政策が本当に日本にあったといえるのかどうか、それは平沼個人のひとり芝居が突出してあらわれただけではなかったかどうか、そうした点をたしかめてみることが本節の課題である。

1　平沼の場合

平沼内閣の評価は、〈近衛的平沼内閣〉（『改造』一九三九年二月号、森東平）や〈小型近衛内閣〉、〈近衛・平沼交流聯携内閣〉（『中央公論』同前、蠟山政道《ろうやままさみち》）などの、当時の雑誌論文の題名にも示されるように、近衛内閣の諸政策をそのまま受けついだものとされてきた。

この評価は、一月四日の辞表奉呈直後の近衛声明と、一月五日の平沼内閣初閣議後に発表された談話との、事変処理に関する一節の符合などが(5)理由となって、現在でも一般的なものとなっている。しかし、対中政策に関して近衛内閣との連続性をことさら平沼が強調したのは、重慶《じゅうけい》脱出をすでに敢行していた（一九三八年一二月一八日）汪兆銘《おうちょうめい》に、政変による動揺を与えてほしくないとの陸軍側からの強い要請があったからである。

平沼の真意はどのようなものだったのだろうか。それをあきらかにする史料には、①政友会の長老であり、一九三九年春にはみずから対蔣和平の仲介者として(6)香港《ホンコン》におもむき、萱野《かやの》長知《ながとも》（満州事変解決のため、犬養内閣成立直後、中国政府との直接和平交渉をおこなうために犬養により派遣された中国通）とともに張季鸞《ちょうりらん》（蔣の相談役）および原順伯（孔祥熙《こうしょうき》秘書）と会談をとげた小川平吉の日記（編纂会編『小川平吉関係文書』第一巻、みすず書房、一九七三年、以下、本書を『小川日記』と略記する）、②元老西園寺の秘書・原田熊雄《くまお》の記録（『西園寺公と政局』第七巻、岩波書店、一九五二年、以下、本書を『原田日記』と略記する)、③侍従武官長・畑俊六の日記(伊藤隆・照沼康孝編『続現代史資料 四 陸軍 畑俊六日記』、みすず書房、一九八三年、以下、本書を『畑日記』と略記する)があり、いずれも平沼の発言を書きとめている。

①の史料から。

・現下の形勢に論及し、蔣が媾和の意志十分にして、着々対共其他の準備をなせるものなりと確信する旨を

表6 日中戦争期の中国政府組織人事図(1937.7.7～1945.8.15)

中華民国　国民政府		
中国国民党		
総裁	蔣介石	1938.4.1～
副総裁	汪兆銘	1938.4.1～1938.12.18
国民政府		
主席	林森	～1943.8.1
	蔣介石	1943.8.1～
行政院院長	蔣介石	～1938.1.1
	孔祥熙	1938.1.1～1939.11.25
	蔣介石	1939.12.11～1944.12.4
	宋子文	1944.12.4～
外交部部長	王寵惠	～1941.4.10
	郭泰祺	1941.4.10～1941.12.27
	宋子文	1941.12.27～1945.7.30
	王世杰	1945.7.30～
財政部部長	孔祥熙	～1944.11.20
	兪鴻鈞	1944.11.20～
軍事委員会主席	蔣介石	
中華民国　臨時政府(1937.12.14～1940.3.30)		
行政委員長	王克敏	
内政部総長	王揖唐	
中華民国　維新政府(1938.3.28～1940.3.29)		
行政院院長	梁鴻志	
内政部長	陳群	
南京国民政府　汪政権(1940.3.30～1945.8.16)		
主席兼行政院院長	汪兆銘	1940.3.30～1944.11.10
	陳公博	1944.11.20～
内政部長	陳群	1940.3.30～1943.9.10
	梅思平	1943.9.10～
財政部長	周佛海	

述ぶ。首相も固より大体同感にて、汪兆銘問題も亦当初に於て蔣の諒解なき筈なしと断言せり（一月一七日条）。

・首相衆議院にて『蔣と雖も改心せば敵とせず』と明言す。素直によくもいひたり。流石は平沼なり。世人は余り注意せざれども、之は支那事件以来の大事件なり。但し之は昨年来の氏の素論なり（二月一日条）。

・朝八時平沼首相を訪ひ経過を語り、昨夜陸相との談を詳述す。首相も呉佩孚《ごはいふ》の事、王子恵《おうしけい》の議、汪兆銘の件、共に時局を収拾するに足らずとし、蔣と和平の外なしとの意見なり。但だ如何にしてやるかが問題なりとて、首相は蔣をして先づ共産党を討ち、而る後媾和するは不可能なれば蔣をして先づ防共親日（又は交日）を約せしむると同時に共産党討伐を約せしめて直ちに停戦すべし、之は停戦して後のことなれども実は同時に実行出来るべし。蔣が単に日本と和平交渉を開くとも、直ちに共党と開戦に至るべければ、蔣は右の約束をすることはさまで困難に非じ云々といへり（三月二一日条）。

②の史料から。

・また最近支那の問題について、カー大使［Sir Archibald Kerr, 1938. 2. 1 ～ 1942. 2. 7, 中国駐在イギリス大使］が上海で児玉謙次氏に未だ嘗て言つたことのないようなことを洩らして、『蔣介石も非常に困つて和平を希望してゐる』といふことであつたさうだ。で、今まで蔣介石を相手にしないとかいふ近衛内閣の声明もあつたけれども、結局やつぱり蔣介石は人物には違ひないし、何かきつかけが出来ればやはり蔣を相手にしてなるべく速く終局に導きたいと自分は思つてゐる（四月四日の記事）。

③の史料から。

・平沼は蔣を認むる意志なり。一週間許前平沼は蔣とは停戦協定を結べば蔣は下野すべく、其後に立つべきものと和平協定をなす意志なりと申居り。板垣も同様のことを申居りたり（五月二〇日の記事）。

これらの資料をあわせ読むと、防共を条件に蔣と停戦し、和平交渉は下野した蔣の後継者相手におこなうという平沼の考えがうかびあがってくる。平沼の反共的な素地と、イギリスにおける援蔣政策の具体化への動き[7]は、いっそうこの方向を加速するであろう。こうして、対中政策の軌道修正は、「国民政府ヲ対手トセス」声明の空文化を第一歩としてスタートする。

ところで、停戦相手に蔣を選択しようとする平沼の意向は、孤立したものではなかった。よって、つぎに大陸政策の中心的推進者であった陸軍諸派の現状認識に目を転じたい。

2 陸軍の場合

この時期、陸軍によって最重要視されていたのは、防共協定強化問題であり、日中戦争解決問題は二のつぎであったようにみえる。しかし、陸軍側のドイツ、イタリア接近の動機の一つは、蔣介石政府への援助国とみられていたイギリスに圧力をかけて日中戦争に有利な解決を導くこと（具体的には、一九三九年二月の、イギリスによるフランコ政権承認という事態を極東で再現することを構想）にあった。第二章でみたように、武力制圧型の旧来の戦争観が否定されている磁場では、同盟関係を利用した政治的解決が望まれたのである。とすれば、対中政策もまた根本的に重要な課題であったといえる。

中央　陸軍の主要な陣容は、大臣—板垣征四郎《せいしろう》、次官—山脇正隆、軍務局長—町尻量基《まちじりかずもと》、人事局長—飯沼守《いいぬままもる》、参謀次長—中島鉄蔵、総務部長—笠原幸雄などであった。そのうち板垣、町尻、中島、飯沼らは、一九三七（昭和一二）年一月、石原莞爾《いしはらかんじ》の参謀本部第一部長（作戦）就任以来の結びつきをもつグループである。

このグループに共通した特徴は、日中戦争の規模のコントロールに自覚的であったということだろう。戦争指導の要諦は「戦争目的の確立、進軍限界の規整、終結方策の把握」にあり「決戦点の把握」こそ大切であると考えられた(8)。ただ、石原自身すでに関東軍へ転出し（一九三七年九月）、このグループがかならずしも石原イズムを墨守しつづけていたわけではない。

とはいえ、陸相と参謀次長という、省部の中枢がともに石原系でしめられていたことは注意されなければならない。対ソ戦準備の必要という動機からであったが、これらのグループは戦争解決を急務と考えていた。当時、「部局長は石原派、課長級は反石原派」(9)と評された彼らが、蒋との和平に執着したのには、いくつかの理由がある。

第一には、極東の大陸兵力の日ソ比較が、一九三五〜三七年末にかけて「最悪危機」に直面するという判断が参謀本部側にいだかれていたことである(10)。第二には、戦禍によって助長された中国の分裂状態は、共産化の危機をはらむとの判断である。参謀本部第一部第二課「対支中央政権方策」（一九三七年一一月作成）には、「蒋政権の否定は、彼等を反日の一点に逐ひ込み、窮鼠《きゅうそ》反噬《はんけつ》の勢を馴致《じゅんち》し、其崩壊と否とに拘はらず、結局相当年月の間に亘る全支分裂の出現となるべく」(11)との予想を述べ、赤化の危機をはらむ分裂状態よりは、たとえ排日ではあっても容共でない統一政権のほうが望ましいと考察していた。中ソ不可侵条約（一九三七年八月二一日調印）と、それにともない翌年から本格化したソ連の対蒋援助（おもに飛行機とパイロットの供給）は、石原らの懸念を助長した(12)。

このような考えかたは、徹底した反共であるからこそ、防共を条件に戦争を終結させようとしていた平沼の意向と合致するものであった。石原系の考えかたを示す史料をつぎにかかげる。

・支那事変を一日も早く切あげて対蘇準備に邁進したく、今や内地にては口には出さざるも唯一人として希望せざるはなき有様にして、特に其御心深きは聖上なるべし。漢口攻略後に於て蒋の下野といふことに何とか名義がつけばよし。さもなくば全く自己満足的にこれを以て目的を達成せりと自己的に定むるの方法より外なからんか(13)。

・現態勢を以て今次戦争目的の達成は可能なり。今後漫然たる戦争継続は徒労なり。今次事変を以て一挙、支那問題の全面解決を望むは無理あり。野に既に疲労の色あり。長陣は乱を生ず。故に断乎たる決意を以て事変の解決を策す。(14)

・『蔣政権相手とせず』『蔣下野』は方便にして本質に非ず。方便に対する拘泥を去り純粋戦争目的を把握すべし。今や局面の打開難点は蔣下野の一点なり。蔣一個の首級に何ぞ百万の大軍を懸くるや。(15)

武漢三鎮占領を最後に、なんら大作戦を展開できなくなっていた戦況が、決戦点を重視する石原系にとって、無用の長陣ととらえられていたことをよくあらわしている史料である。一九三七年八月に応召し前線で戦うこと一年半になろうとする兵士たちの戦争呪咀の声や、帰郷しえた兵士たちの口から対中国戦争の実態が語られて広まることは、国内政治の安定にとって、かなりの危機的要因となりうる。(16)ついで、石原系の蔣にたいする態度は、平沼や小川の立場にちかかっただけではない。それは、陸軍部内での激しい対立の要因ともなっていた。

中国在勤のドイツ大使トラウトマンを仲介とした対蔣和平路線にあくまでも希望をつなぎ、「対手トセス」声明発表に最後まで反対した参謀本部側と、閣議に同調し蔣政権否認に賛成していた陸軍省側との意見の相違がこの時期までもちこされていたのである。この時期にかぎれば、参謀本部と陸軍省の意見の対立点がそのまま石原系とそれ以外（梅津美治郎《うめづよしじろう》・東条英機など）との対立点に対応しているといってよいだろう。東条は次官当時、「如何なる条件にても蔣政権を支那中央政府として和平の交渉に応ずべからざるは勿論、仮令《たとえ》蔣下野するも国民政府を中央政府として取扱うこと能はず。……蔣政権若くは蔣下野後の国民政府を支那中央政府として平和交渉に導くの結果に陥るべからず」(17)と中支那派遣軍特務部長に通達していたほどである。

これでは「自己満足」的に目的達成を宣言して戦争終結を策する多田《ただ》（参謀次長）と東条（次官）のおりあい

がよいわけはなく、両者の対立は浅原事件を頂点として両名の更迭にまで発展した(18)。東条は航空総監へ、多田は第三軍司令官へとそれぞれ転出させられた（一九三八年一二月）。それは、海軍で政界情報を収集していた高木（惣吉《そうきち》）の目にはつぎのように映る事態だった(19)。「東条次官の更迭は、陸軍内部派閥争いの結果にして夫以外には立入りたる経緯なし。（中略）一一月二八日の次官の蘇支二正面同時作戦の声明発表が直接動機となりたるは略推察せらる」。

しかし、石原系と目されていた板垣の陸相就任後、省部間の軋轢《あつれき》緩和策が試みられていなかったわけではない。陸相官邸において省部首脳会議を連続一週間開催し（一九三八年一一月）、意見対立の解消をはかった(20)。この会議の決定事項で最も注目されるのは、「国民政府を相手とすること、及蒋介石を停戦の相手とすること」(21)という一致点をえたことだった。「対手トセス」声明の空文化をはかり、蒋を停戦相手とするとの合意が、陸軍をもふくめて達成されつつあった。

いっぽう、陸軍全体に目くばりすれば影佐《かげさ》（禎昭《さだあき》）をはじめとして、国民党副総裁汪引きだし工作が積極的に推進されてもいた。この汪脱出は近衛内閣としても支持するところだった。では、いったい、当時の政治主体は、国民政府の権力を一身に集中した重慶の蒋と、ナンバー2の地位をすてハノイへ脱出した汪との関係をどのように矛盾なく調整するつもりだったのだろうか。蒋を相手とする事変解決と汪政権樹立との関係についての検討がどうしても必要だろう。この点を考えるカギは、蒋・汪間に連絡ありとの観測が当時としては一般的だったということにある(22)。

孫文の後継者としてともに中国の軍事・政治（外交）を分担してきた蒋と汪であるから、汪の重慶脱出や日本ゆきを蒋が知らないはずはなく、表面上両者のあいだに連絡がなくとも、確実に第三者の仲介による連絡があると考えられていた。停戦条件や戦後構想を汪に示すことは、その実、そのような条件ならば応じられるという日本側の意向をもらすことによって、蔣の反応をまつためのものとして捉えられたのであった。

このことを示す堀場、影佐の言葉をいくつかひいておく。
・汪兆銘の打診三ケ条の提案に対し、予の主張は第一案居仲斡旋《きょちゅうあっせん》案なり。蓋《けだ》し第三案中政府樹立案は、対立政権に堕し、長期大持久戦に陥るの公算大にして、斯くの如き事態に政府及国民を決意せしむることは容易の業《わざ》に非ず。(23)
・総軍当局は汪工作の一半を対重慶工作と見做せり。即汪側に対する我態度は其儘重慶に反映すべく汪側との密議は即重慶との間接対談に外ならず。重慶に伝へんとする所は、顧みて之を汪側に告ぐる如くせり。汪側の重慶との使者往復は事実にして、周仏海《しゅうふつかい》の如きは最も頻繁なり。(24)
・汪精衛《せいえい》［兆銘］氏と内約を結ぶ目的は、重慶政府及支那民衆に対し日本が支那に求むる程度を明示し、以て彼等が疑ってゐる如くに決して日本は侵略的でない事を理解せしめむとするのである。即ち内約は形式上汪精衛氏と結ぶのであるが、実質的には重慶政府及支那民衆を対象とするものである。(25)
史料のあきらかにするところは、堀場のいう「汪側との密議は即重慶政府との間接対談」という表現に尽くされている。汪の役割は、最初から日本の占領地域に傀儡政権を樹立するためのものであったのではなかったのである。すくなくとも、当事者の主観としては、「蔣ヲ対手トセス」を徹底させた立場からの汪引きだしではなく、蔣政府を交渉相手とするための工作なのであった。

と、同時に、日本側は汪兆銘が重慶を脱出すれば、それに多数の国民党有力者・軍閥が追随するとみており、蔣を交渉の場に引きだすにしろ、そのまえに国民党に内部分裂による強烈な打撃を与えることができるとみていた。この間の消息を語る資料として、中国通、萱野長知の、汪工作についての当時の理解をあげておこう。(26)

武漢政府の外交部司長の職に在りたる高宗武《こうそうぶ》と云ふ者、軍部関係者より運動して来京、蔣介石下野を汪兆銘、張群《ちょうぐん》其他二三十名の共同一致を以て余儀なくせしむる方法ありとて申出あり。

現地軍　現地軍といってもここでは北支那方面軍をとりあげる。それは華北が華中と異なり、海軍との分担をほとんどもたなかったため、陸軍の方針がみやすいこと、いっぽうで、華北は日本による実質的な占領期間が長かったために、英米側史料のなかでも日本についての情報の多い地域であることを理由にしている。

華北統治に関係していたものは、臨時政府行政委員長の王克敏《おうこくびん》（Wang keh Min, 一九三五年―北平政務整理委員会委員長代理、一九三六年―冀察政務委員会経済委員会主席）、北支那方面軍司令官の杉山（元《はじめ》）、興亜院華北連絡部長（前身は北支那方面軍特務部長）の喜多《きた》（誠一《せいいち》）の三者であった(27)。そもそも、臨時政府は日本軍による南京占領の翌日（一九三七年一二月一四日）、北支那方面軍によって樹立された傀儡政権である。陸軍中央と北支那方面軍ははじめ、中国全土の統治をめざす北方政権にまで臨時政府を発展させる意気ごみをもっていたが、中支那方面軍によって維新政府が華中に樹立されたため（三八年三月二八日）、その野心を結実できないでいた。前内閣のもとで問題化した、臨時政府と維新政府の関係調整をめぐる闘いは、陸軍と海軍の対立も深めた。

満州事変以来、華北分離工作を展開してきた陸軍としては、是非とも臨時政府が中心となり、維新政府を吸収しなければならなかった［一九三八年三月二二日　陸海外三省主務者協議決定「北支及中支政権関係調整要領(28)」］し、華中・華南に作戦を展開してきた海軍は維新政府の臨時政府への吸収という事態をさけたかった［同年四月二五日「海軍政策遂行に関する対維新政府暫定処理要綱(29)」］。

さらに、汪脱出のニュースは、臨時政府を中心として華北地方を確実にかためる夢をいっそうとおのかせた。陸軍中央や政府が、臨時・維新両政権と汪、蔣をどのようにさばくのか、現地ではまったく予想もつかず、混乱をきわめていた。ただ一点、新内閣が蔣介石を相手として和平をおこなうらしいということが明確なだけだった。

喜多が、従来とは異なった文脈での王利用を考えたのは、このような情況においてであった。喜多は、いっぽうでは蔣との和平仲介の一つのチャンネルとして、またいっぽうでは汪擁立運動の賛成者、汪と蔣とをつなぐものとして、王に注目した。王は、黄郛《こうふ》直系の財政通で北支那方面軍の強力な内面指導のもとにありながら、日本側の要求する分治主義にもとづく連合政権構想に反対しつづけていたことから、重慶政府と接触をもてるだけの信頼を蔣からえていた。[30] 王は蔣と親密な燕京《えんきょう》大学学長レイトン・スチュアート（J. Leighton Stuart）博士を通じて蔣と連絡をとっていた。王のほかにも臨時政府内部には重慶と親密な関係を保持していたグループが存在していた。

これらのグループは、喜多のもたらす日本側の意向を現地の英米大使館員にもらすのを躊躇しなかった。それは、英米の外交ルートを通じ情報がかならず重慶の蔣介石にとどくとみての行為であった。日本側も、停戦調停にいずれは英米側を関与させねばならないと考えたため、王らによる情報もれをあえてとめていない。ここでも、蔣との間接対談が試みられていることになる。

王と喜多の動きをFRUSと『畑日記』（畑俊六はこのとき、侍従武官長）であとづけておこう。

・［一九三九年一月一二日、情報提供者は同盟通信のFukuokaという記者］喜多は、土肥原の計画にもはや強くは反対していない。土肥原の計画とは呉佩孚を首席とした連合政権構想である。しかし、日本側もすでに呉ではあまりに新味がないためたいした役にはたつまいと気づきはじめている。とくに中支において呉ではなんの効果も生まないだろう。[31]

・［二月二四日、情報提供者はスチュアート博士］（1）王克敏が手紙をよこした。その内容といえば、喜多中将が王に語ったところでは、現在日本政府は汪兆銘をかついで南京まで進ませ、そこにあらたな国民政府樹立を計画中であるという。（2）和平条件はつぎのとおり。①北支はいままでどおり日本軍が駐留し、この地域は経済発展を期するため日本に特別な配慮がなされる。②中支・南支の軍隊は完全に撤退させるか、すみやかに減少させる、との二点が考えられている。中国に明確な提議がなされるまえに英米に相談し、その賛意をえたうえで和平仲介がおこなわれることになろう。以上が、王にたいして喜多がもらした話である。(3)この構想が成功するという見とおしは、汪がいまだ完全に蔣と断絶していないという判断からきており、汪は蔣を懐柔するための手段になるとの日本側の確信によっている。喜多によれば、この計画が具体化するにはあと二ケ月ほどかかるという。(32)

・[三月三一日、情報提供者は長島隆二、中国問題に興味を示し、津崎尚武を通じて柳川平助に接近し献策をおこなっている人物](1)呉佩孚が一度起つと決し声明迄出しながら今日また引延ばしたのは王克敏のせいである。呉に対し王より即日北京を引払って開封に赴くべく要求し、然らざれば臨時・維新両政府より金を出さずとの手紙に呉はすっかり感情を害したことによる。(2)山下参謀長は長島と協議の上決定し呉の出馬を促したるものなるが、喜多が王に引づられあることは事実なり。(3)呉も軍権のみならず政権を獲て北支を支配したき野望あるものの如し。(33)

・[四月三日、情報提供者は、臨時政府のメンバーとも親交があり、日本の高官とも親交のある外国人](1)臨時政府の責任ある地位についている中国人たちは(そのうちなん人かは蔣と親密であると伝えられている)日本側より以前に比較して最も熱心に、重慶側が受諾しうる和平提案を提議されている。(2)このことは日本では秘密にされているが日本側はかなり大胆に譲歩し、北支において経済協力の明確なプランができてしまえば、日本国民保護のための駐兵以外の中支・南支の軍隊はすべて撤退させる準備があるとまで述べている。(34)

華北における喜多と王の役割をまとめるならば、土肥原《どひはら》(賢二《けんじ》、満州事変時から長く奉天《ほうてん》特務機関長をつとめる。

一九三八年六月から土肥原機関の長）の推進していたような旧軍閥の呉と汪との合作、とは別の文脈で、王を通じた重慶との和平工作を進めていた、とすることができるだろう。

喜多と王の和平チャンネルについて日本側の意図を中心にみてきたが、ここで王の側の主観や蔣の王への期待についても説明をくわえる必要があろう。王の肉声を伝える史料は少ない。FRUSのなかに収録されているUPの記者によるインタビューは、その少ないなかの一つである。王はつぎのような発言をのこしている。(35)

・中国は日本に長く抗戦をつづけたほうがよい。長期戦になるほど和平条件が緩和されるからである。

・現在のところ、日本には戦争を終結させられるような人物もいなければグループもいない。中国も同様である。それでも、日本側はみな戦争を終わらせたいと考えている。しかし、日本のやりかたに私は同意しかねる。われわれのことは自身が決定する権利を留保しておくべきである。

・停戦まではいくぶん時間がかかるだろう。だが、今年のすえまでにはなんとかなればよいと希望している。

・北支の政治的立場が、停戦のカギをにぎるものではない。ただ停戦に至るまでに有利な側面をもっているだけである。

王の発言は率直に中国全体の立場を語るものとなっている。興味ぶかいことに蔣は、レイトン・スチュアート燕京大学学長を通じて王にたいして、臨時政府の行政委員長の地位にそのままとどまるように説いていた。(36)その理由は、日本が王を利用したのとまったく同じ理由、つまり、あらたな情況により和平交渉が可能になったとき、喜多のチャンネルを利用できるというものであった。また、華北は共産党の勢力が十分に強い地域であったために、蔣としては王が日本の武力を背景にしたまま傀儡化して治安維持にあたっていることに意義をみいだしていたものと判断される。(37)華北の事例があきらかにするのは、蔣との和平を考える場合、英米の仲介が必要不可欠だとの認識が日本側にでてきているということである。

（1）陸軍は昭和一七年前後に世界的一大転機を予想していた。臼井勝美・稲葉正夫解説『現代史資料　九　日中戦争二』（みすず書房、一九六四年）五五九頁。

（2）The Counselor of Embassy in China (Lockhart) to the Secretary of State (Hull), Feb. 24, Department of State, *Foreign Relations of the United States: Diplomatic Papers, 1939*. Vol. 3, p. 143. 以下、本書をFRUSと略記する。

（3）The Chargé (Peck) to the Secretary of State (Hull), April 22, FRUS, Vol. 3, pp. 167-169.

（4）本章第三節、第四節参照。

（5）そのほかにも、前内閣の閣僚一二名中七名を留任させ、近衛を無任所大臣として入閣させるといった人事も、このような評価を招く一因であった。

（6）日中戦争期のピース・フィーラーについて、また対中外交についての研究は、戸部良一「日華事変におけるピース・フィーラー」（『国際政治』七五号、一九八三年一〇月）。のちに、戸部『ピース・フィーラー』（論創社、一九九一年）。

（7）中国在勤のイギリス大使（Archibald Clark Kerr）は現在本国政府へ政策実行の許可を申請中のものとして、外交部長王寵恵にたいし以下の具体策を示している。①中国への経済的援助、②英帝国内で国際法の許すかぎり報復を実行する。③九カ国条約遵守の宣言。参照、中国国民党中央委員会党史委員会編印『中華民国重要史料初編　対日抗戦時期第三編戦時外交（二）』三〇頁。

（8）堀場一雄『支那事変戦争指導史』（原書房、一九七三年）三頁。堀場は石原から強い影響を受けており、この頃戦争指導班に属していた。

（9）伊藤隆他編『真崎甚三郎日記』（山川出版社、一九八三年）昭和一四年二月五日条、真崎の発言。

（10）「日ソ極東大陸兵力の推移一覧表」（角田順解説『現代史資料一〇　日中戦争　三』、みすず書房、一九六三年、解題部分所収）。

（11）臼井勝美・稲葉正夫解説『現代史資料　九　日中戦争　二』（みすず書房、一九六四年）四九～五〇頁。

（12）酒井哲哉「防共概念の導入と日ソ関係の変容」（『北大法学論集』第四〇巻第五・六合併号下巻、一九九〇年九月）二三一二頁。

(13) 前掲『畑日記』昭和一三年九月一七日条、参謀次長多田の発言。
(14)(15) 参謀本部第二課作成「事変解決秘策（案）」（前掲『現代史資料　九　日中戦争　二』）。
(16) 吉見義明『草の根のファシズム』（東京大学出版会、一九八七年）第一章第三節を参照。
(17) 前掲『畑日記』昭和一三年六月二三日条。
(18) 浅原事件についての情報は、高木惣吉「昭和一二年起　政界諸情報」（防衛庁防衛研究所戦史部図書館所蔵）。
(19) 高木「極秘情報　一三（年）一二（月）一九（日）陸軍次官及参謀次長の更迭事情」（前掲「昭和一二年起　政界諸情報」）。
(20) 前掲『支那事変戦争指導史』第七章。この会議は翌年秋までつづいている。
(21) 同前、一二七頁。
(22) 平沼も「汪兆銘問題も亦当初に於て蔣の諒解なき筈なし」といっていた（前掲『小川日記』昭和一四年一月一七日条）。
(23) 前掲『支那事変戦争指導史』二六四頁。
(24) 同前、三六六頁。
(25) 影佐禎昭「曾走路我記」（臼井勝美解説『現代史資料　一三　日中戦争　五』、みすず書房、一九六六年）三七九頁。
(26) 一九三八年八月二九日付松本蔵次（上海）宛萱野長知（東京）書翰、伊藤隆・鳥海靖編「松本蔵次関係文書」所収（『東京大学教養学部歴史学研究報告』第一六集、一九七八年）。
(27) 王は北京政府時代直隷派の政客として重きをなし、財政総長・中国銀行総裁などを歴任した経済通。喜多は、昭和三年八月参謀本部シナ班長に就任以来、一貫して中国畑を歩いた人物で、昭和一二年八月から一三年三月天津特務機関長をへて、一四年三月中将に昇進していた。
(28) 前掲『現代史資料　一三　日中戦争　五』一四四頁。
(29) 同前、一五一〜一五二頁。
(30) The Counselor of Embassy in China (Lockhart) to the Secretary of State (Hull), April 6, FRUS, Vol. 3, p. 157.
(31) *Ibid.*, pp. 126-127.
(32) *Ibid.*, p. 143.
(33) 前掲『畑日記』一八九頁。

(34) The Counselor of Embassy in China (Lockhart) to the Secretary of State (Hull), April 3, FRUS, Vol. 3, p. 155.
(35) The Counselor of Embassy in China (Lockhart) to the Secretary of State (Hull), Feb. 13, FRUS, Vol. 3, p. 139.
(36) The Counselor of Embassy in China (Lockhart) to the Secretary of State (Hull), Aug. 28, FRUS, Vol. 3, p. 214.
(37) 台湾で国民党史料をベースに発刊されている『中華民国重要史料初編　対日抗戦時期』シリーズのなかに王克敏の臨時政府関係史料が全く脱落している意味は小さくなかろう。

第二節　蔣介石の反応

前節であきらかにした日本側の方針変化はどれほど正確に蔣介石のもとまで達しており、それにたいし蔣はどのような反応を示していたのだろうか。この点は興味をひかれるところである。史料で確認できる情報伝達の確実なルートとしては、①小川平吉・萱野長知→張季鸞、②児玉謙次（中支那《なかしな》振興総裁）→駐華イギリス大使カー、③喜多誠一→王克敏→スチュアート→駐華英米大使などがあった。①・②のルートには大使館が関与していたこともあり、蔣の言動はくわしい記録となってのこされている。

蔣は英米側の同情が中国にあることには信頼をおいていたが、ヨーロッパで戦争が勃発したときに日英米が中国を犠牲にして妥協する懸念も同時にいだいていた。とくに、海軍の極東海域での協力問題で英米の協調がみられない点を駐英大使（郭泰祺《かくたいき》）を通じてイギリスに訴えている[1]。そのため、蔣はイギリス大使カーやアメリカ大使ジョンスン（Nelson T. Johnson. 1935. 9. 17～1941. 5. 14）をしばしば招き両国の理解を調達することに努めた。たとえば、カーが香港をとおったさい、蔣は密使をもちいてつぎのようなメモを大使に手わたしている。(2)

・平和ということでいえば、中国のみをヨーロッパ情勢と切りはなすことはできない。換言すれば、ヨーロッパの平和が回復されるまで中国に平和が招来されることはない。

・もし日本が英仏両国に「日本の華北における地位を承認してくれれば、独伊と同盟を結ぶことはないし、香港や仏領インドシナを攻撃しない」という条件を提案してきたら、そのような申しでは即座に断ってもらいたい。

・英仏は極東権益を守るために軍隊と軍艦を準備できぬだろうから、中国は武器弾薬のかわりに軍隊と労働を喜んで供給するつもりである。

・それゆえ、自分としては集団安全保障が極東にまで延長されることを希望し、英仏間の相互援助協約締結にむけての話しあいを斡旋するつもりである。

・以上のような措置の利点としてつぎの二点が考えられる。

（A）日本の香港・インドシナへの侵略を防ぐことができる。

（B）欧州戦争が勃発したとき、枢軸国を援助するために日本が迅速な行動をとるのを防ぐことができる。

英米側の史料からうかがえるのは、蔣が現時点での日中和平交渉を緊急不可欠と考えていないようにみえるということである。あるいは、広東《カントン》までも日本に占領されたいま、蔣介石が日本に降伏するのではないかと憂慮し、借款援助の財布のひもを閉じかけている英米の外交官のまえでは、蔣もこのような姿勢をとる必要があったかもしれない。

持久戦を強いられている日本は、じきに中国の納得のゆく案をもちだしてくるだろう、というのが蔣の基本的な態度だった。(3) そして、日中間の調停は二国間の問題としてではなく、国際的な問題として処理されるべきであるとし、(A) 英米による対日経済制裁→和平か、(B) 英米による調停案→日中双方がこれを受けいれるか、の二方式を腹案としてもち、(B) を成功のみこみ多しとしていた。(4)

しかし、日本軍撤兵を明確にしていない、いかなる調停案にも応じないと、強い態度をみせていた蔣も、前述のルートをへて伝えられる日本側の意向には敏感に反応している。カー大使との面談のさい、蔣は「最近日本から中国が停戦する意向があるのなら日本としては日華事変以前の状態まで撤退する準備があるといってきている。自分は日本を信頼できないからすぐにはこの打診に同意しなかったが、日本軍の撤退が誠意をもっておこなわれるならば、戦闘中止に同意するつもりである」(5) と語り、蔣の情報におどろいたカーが「日本が本気だとおもうのか」と問いただしたところ、蔣は「そうだ。日本側は特別な勅令案まで準備しているそうである。日本にとってむずかしいのは、この計画を開始するきっかけをつかむことである。そこで英米が日中間の仲介役を引きうけてくれると万事都合がよい。日本側でも英米による仲介は歓迎されるに違いないとの印象を受けた」(6) と答えている。

日本への断固抗戦を誓う蔣と、日中和平を打診する蔣と、蔣の動きは錯綜している。ただ、その基底には、日本にたいして硬軟両様の態度をとっていた英米とつねに同じ歩調で対日政策をおこなってゆく姿勢がみられた。錯綜していたのは、英米の対日政策のほうであった。

さて、蔣と公私ともに親密であったカー大使は中国に同情をよせ、利権や租界問題での日英妥協を断固拒絶する強硬さをもっていた。よって、はじめは日本の和平案を相手にしていなかったカーであったが、和平打診が頻繁になってくると強い関心を示し、カー自身も和平案を蔣に提議するようになる。

カーの関与した和平案というのは、児玉→アルフレッド (Sao-ke Alfred Sze, 中国の駐米大使) →マーシャル (Robert Colder Marshall) 経由でカーに伝えられたものである。児玉の提案によれば、日本軍は香港などの主要な貿易港に駐留するほかは撤退するというものだった。(7) その他の条件が不明であったが、カーはマーシャルにたいして、いかなる手段をとってもこの計画を前進させるように説いていた。

カーは重慶で慎重にこの提案をもちだしたところ、いかに局限された地域であっても日本軍の常駐を容認する要素をふくんでいる申しでは即座に断るべきだと蔣に回答されている。一九三八年すえにクレーギー（Sir Robert Craigie）駐日英国大使を通じて近衛にイギリスの和平提案が示されていたことは有名であるが、三九年時点でもイギリスは日中間の仲介に意欲をもっていたといえる。

蔣に一蹴《いっしゅう》されたカーの腹案は、ほぼつぎのようなものだった。(8)

・現時点では中国は満州のことはわすれ日本にゆだねよ。しかし、孫の世代になったくらいのときに失地を回復できるようにしたらどうか。

・内蒙古《うちもうこ》を日本にゆだねよ。

・北支での経済協力を主張し、日本の独占は認めない。

・一九三二年以前の状態に中国から日本軍の撤退を要求する。そのかわり、排日行為は認めない保障を日本に与える。

蔣が日本側の和平案を受けいれる可能性は、欧州の危機が極東情勢を従属させるほどに悪化し、英米が中国援助を積極的におこなわない情況があらわれるかどうか、そして英米が日中間の仲介を積極的におこなうかどうか、その二点にかかっていたとみられる。

（1） 一九三八年一月四日付、同年一月一九日付郭泰祺大使↓外交部宛電報 （前掲『中華民国重要史料初編 対日抗戦時期 第三編 戦時外交（二）』二二三・二二四頁）。

（2） The Chargé in China (Peck) to the Secretary of State (Hull), FRUS, Vol. 3, pp. 161-162.
（3） Sir A. Clark Kerr to Sir A. Cadogan, May 21, G. B. Foreign Office, *Documents on British Foreign Policy 1919-1939*, 3rd Series Vol. 9, No. 99. 以下、本書を GBFP と略記する。
（4） Sir A. Clark Kerr to Sir A. Cadogan, May 22, GBFP. 1919-1939, 3rd Series Vol. 9, No. 104.
（5） *Ibid.*
（6） *Ibid.* 勅令云々ということはにわかに信じがたいことのように思えるが、参謀本部第二課作成「事変解決秘策」（前掲）には「大詔渙発」云々の文句がある。
（7） Memorandum by the Assistant Naval Attaché in China (McHugh), FRUS, Vol. 3, p. 178.
（8） *Ibid.*

第三節　第三国利用の仲介

いまだ漠然としたものではあったが、かなりの妥協をしても日中戦争を停戦にもちこみたいとの日本側の意向は英米側に相当深く察知されていた。たとえば、英国大使カーはアメリカ大使館参事官（ペック）にたいし、「イギリス側は二、三週間まえに北京から重慶に送られてきた、〈王克敏―喜多和平工作〉についての情報を調査し、その結果これらの情報は信頼すべきものと判明した。また、日本は陸軍の都合で夏までに現在の戦争状態をやめさせる彼ら自身の計画上、確たる成果がえられなければ、陸軍は日本のなかのより穏健なひとびとにたいし、夏までに前述の工作で和平を進めることに同意を与えているようである」、「そうなれば調停者としてのイギリスとアメリカの尽力が求められるだろうし、日本は今から夏にかけて種々の問題について小さな譲歩を試みることによって、両国を調停者として使おうという目的を達するに違いないと私は予想している」(1)と述べている。

中国在勤の外交官が的確に指摘したように、日本は調停者としてアメリカの利用を考えていた。「対手トセス」声明を空文化し、蔣を停戦の相手とすることが、軌道修正の第一歩であるとすれば、アメリカを利用した日中停戦構想はその第二歩であった。前節でみたように、蔣の抗戦意欲がおとろえないならば、武力的決着による日中間のみの停戦は不可能である。そうであるならば、仲介者が必要となろう。

参謀本部第二課作成「事変解決方策案」(一九三九年五月二五日)によれば、現段階での望ましい方法は、第三国であるアメリカに和平斡旋の労をとらせるというものだった。(2)

これは石原系の考えをはっきりと示しているが、平沼自身もまたアメリカを仲介とした収拾に期待をかけていたことは史料から確認できる。原田に面談した(三月一一日)平沼は、対米関係について「なんとか、できるだけよくして行きたいといふ気持である」と述べた。そのさい、近衛のブレインであった昭和研究会が、平沼の外交方針を分析して「米国に働きかける事変処理を、考慮してゐるらしい。と同時に独伊とも友好関係を続け、この二つの方向を両立させてゆく意向である」(3)と評していたことは参考になる。

さらに、一九八四年アメリカ国立公文書館で発見された「徳川義親《よしちか》日記」からは、大川周明《おおかわしゅうめい》—徳川—首相秘書官青木重臣《しげおみ》(4)の三者間にアメリカからの借款獲得の動きのあったことが読みとれる。(5)

・大川君と米国より三億ドル借りる話、報告相談等。昨年十一月よりかゝり、大蔵省と外務省の反対の為に出来ざる由。板垣氏、池田氏はよく了解の上なるも、実行困難なり(一九三九年四月七日の記録)。

・大川周明君に二十三億ドル借入の件につきての話。総理秘書官の青木重臣君に紹介され、事情をきく(同八日の記録）。

史料に借款の文字がみえているが、アメリカからの借款の実現と調停問題とは結びつきがたい問題のようであるが、当事者にとって二つの事項はきわめて密接に関係づけられていた。参謀本部第二課作成「年内事変処理に関する最高指導」（七月一二日）という文書には、「対米借款の問題は方策を尽して速に之が成立を計り、事変処理及国力建設に資し且日米提携の契機たらしむ」との規定がみえる。[6][7]

つまり、対米借款を契機とした、アメリカの仲介による戦局収拾という構図には、ほぼつぎのようなねらいがこめられていたとまとめられる。

①借款交渉を契機として、アメリカ側に日中戦争に関与する意向がはたしてどれほどあるのかを推測することができる。

②よく知られているように、日本による華北経済支配のネックは、イギリス金融資本に後援された法幣と連銀券との通貨戦争にあった。華北へ供給すべき必需品と外貨はともに不足しており、日本の劣勢はあきらかだった。[8]アメリカから借款をえられればその外貨で華北経営にあたり、その実績で日本に有利な収拾にもちこむことができる。

③蔣介石は駐華アメリカ大使を招いては、日本に有利にはたらいている中立法を改正し、日本にたいして経済制裁手段に訴えるようたびたび懇請していた。[9]この蔣の期待を裏ぎって、アメリカが逆に日本に借款を与えた場合、それが蔣の抗日姿勢に与える心理効果は絶大であると予測された。

たとえば、大川などはこの第三点をねらっていたようで、東条（当時航空総監兼本部長）にあてた手紙（七月二一日付）で、「蔣介石将軍の唯一の救済は、合衆国より援助を得る事であります。其れ故前述の協定が締結されるならば、中国の唯一の望を抹殺する電光的一撃となりませう」と述べている。[10]

この年七月にアメリカから通告された日米通商航海条約の廃棄通告という事態を想起すれば、日本側が借款獲得に希望をつないでいたという事実は、まったく楽観にすぎるようにもみえる。しかしながら、当事者の楽観を裏づける情況が皆無であり、彼らの情況認識に妥当性がなかったとは断言できない。

たしかに、すでにアメリカはイギリスと同様に、たびたび中国へクレジットを提供していた。だが、その場合、つねにイギリスが主導し、それにアメリカが追随するというかたちをとってきた。また、イギリスは借款が法幣維持のためのクレジットであり、中国政府への直接援助であることを表明してはばからなかったが、[11] アメリカはその点、法幣維持を表面にだした政治的借款にはけっして参加しようとはしなかった。[12]

つまり、英米とも同情を中国によせていたとはいえ、アメリカの場合、つとめて厳正中立にちかい態度をとろうとする配慮がうかがわれ、それが日本側の注目するところとなったのだろう。そういったアメリカの態度は、イギリス側に「アストリア号訪日（四月一七日、巡洋艦アストリアが、前駐米大使斎藤博の遺骨を送りとどけるため、礼装して横浜に入港した、引用者註）いらい、日本を刺激するような強硬策をなんら実施しなくなったアメリカ」[13]という非難を生じさせるほどのものだったのである。

一九三九年だけをながめてくると、第三国として無条件にアメリカが想定されてくるようにみえるが、三八年ころには第三国の仲介といえば、ドイツ・イタリアがその対象として想定され、成功の可能性もたかいと考えられていた。[14] ついで、イギリスがあげられ、アメリカは日中問題については最も交渉困難な相手として最後におかれていたにすぎない。

その点で一年のあいだにかなり激しい国際認識の変化がおきていたということが予想される。つぎにひく史料は、近衛内閣の宇垣外相時代、外務省東亜局長として宇垣から重用された石射《いしい》（猪太郎《いたろう》）作成の「今後の事変対策に付ての考察」[15]と題されたものである。これは外相のもとに提出され、五相会議での議論にもふされたものである。そのうち、「三、国民政府対手論」の一部はつぎのようにいう。

今日の如き深刻なる睨み合ひの喧嘩となりては、日支何れからも和平論を公然持ち出すことは体面上出来ぬ仕儀にて実は形式的にても第三国が水を入れ呉れることが最も都合宜敷、此役目を勤め呉れる第三国の誰なるかにより、或程度穏かに「対手トセス」の声明を乗切ることもなし得べし。（独伊の勧告が最もよいと述べたあとに、引用者註）国民政府に対して重きを為す所の英米を仲裁者として働かしむること、殊に英は日支間に話を纏むるには持って来いの役目なるも、我国内の反英感情に鑑み、国内より打壊はさるる恐あり。米を利用するときは門戸開放・機会均等、九国条約等の蒸し返しを前提条件として持出さるるやも知れざるを以て、両国には頼まざるが安全なり。

アメリカへ調停斡旋を依頼することは、原則論上のあらそいが予想されるために、さけたほうが無難であると結論づけられた。このように、前年のアメリカのイメージは、こと中国問題については一九三九年のものとは異なり機会均等・門戸開放などの原則論に固執する国というステレオタイプのものだったのである。

もう一つ、同趣旨の史料をあげてみる。昭和研究会作成とみられる「支那事変の現段階における帝国の外交方策」（一九三八年一一月付）[16]は、「帝国の実行すべき外交手段は、帝国の発議によりて独伊英米仏を招請し、極東の新情勢に関する国際会議を開くに在りと信ず」との方針が述べられたあと、どの国から参加を確保してゆくかとの問題について、まず独伊の参加を確保、ついで英仏、最後にアメリカという順序を妥当としている。ここでも、この段階ではアメリカが最も敬遠されていたことが確認される。

三八年から三九年にかけて時間の経過とともに、まず、トラウトマン工作の失敗いらい原則として第三国の仲介を謝絶してきた態度が変更され、さらに、第三国の意味する内容が独伊からアメリカへと変容していたことがわかる。蒋が最も信頼していた国がアメリカであったことも、当然この転換に関係するものと考えられる。

(1) The Chargé (Peck) to the Secretary of State (Hull), April 22, FRUS, Vol. 3, pp. 167-169.
(2) 前掲『現代史資料　九　日中戦争　二』五六一頁。
(3) 「極秘　昭和十四年六月　防共協定強化の問題（国際政策樹立の用意のための客観条件の推移を素描す）」（『昭和研究会所蔵資料』第六冊、近代日本史料研究会所蔵）。
(4) 川田瑞穂、平松市蔵、成田努とともに秘書官を務めた。
(5) 日記のハイライト部分が粟屋憲太郎氏の解説により『中央公論』一九八四年八月号に掲載されている。なお、「徳川義親日記」はアメリカ国立公文書館に収蔵されていたものである。
(6) 三谷太一郎氏によれば、徳川ルートのほかにも平沼の周辺で借款獲得の動きがあったようだ。民間貿易業者久保久治を通じた棉花と石油購入のためのクレジットの設定である。参照、三谷「独ソ不可侵条約下の日中戦争外交」（入江昭ほか編『戦間期の日本外交』、東京大学出版会、一九八四年）三〇五頁。
(7) 前掲『現代史資料　九　日中戦争　二』五六九頁。
(8) この点については、中村隆英『戦時日本の華北経済支配』（山川出版社、一九八三年）第三章にくわしい。
(9) The Ambassador in China (Johnson) to the Secretary of State (Hull), May 29, FRUS, Vol. 3, p. 173.
(10) 一九三九年七月二一日付大川→東条宛書翰（『極東国際軍事裁判記録』、東京大学社会科学研究所所蔵、所蔵No.三九七号、三～五頁）。
(11) GBFP, Vol. 9, p. 384.
(12) FRUS, Vol. 3, pp. 167-169. 四月二四日の記事、カー大使の言葉。
(13) Sir R. Craigie to Sir A. Cadogan, May 23, GBFP, Vol. 9, No. 107.
(14) ドイツについていえば、防共協定締結国であるという因縁からではなく、蔣介石の軍事顧問団をドイツが送っていたという要因が大きかった。
(15) 石射猪太郎『外交官の一生　対中国外交の回想』（大平出版社、一九七二年）所収、巻末史料。
(16) 『近衛文麿関係文書』リール六（国立国会図書館憲政資料室所蔵）。

第四節　対米提案

1　アメリカ像変更の根拠

では、従来の中国問題に関するアメリカ像を変更するにたるような根拠を日本側はみいだしていたのだろうか。決定的に重要だったのは、「東亜新秩序」声明（一九三八年一一月三日）にたいするアメリカの反応ぶりと、アメリカ議会の反ローズヴェルト色の濃い様相に起因していた。そもそも、「東亜新秩序」声明に先だつ一〇月六日、ハル国務長官はグルーを通じ、日本政府へ警告をあたえた。それは、アメリカにおける日本権益と中国におけるアメリカ権益の処遇のあいだに重大な格差が広がっている点を述べていた(1)。中国の第三国権益にたいする日本のふるまいが、アメリカからの通商的報復をまねく危険があるという婉曲な威嚇がふくまれていた。

これに応ずるため、外務省は「極秘　十月六日申入ニ対スル対米回答ノ反応ニ関スル件(2)」という書類の作成を開始する。もし、日本が中国の門戸開放・機会均等を否定する回答をなした場合、アメリカがとると考えられる態度を予想しようとしたものだった。

結論は、日米通商条約の廃棄はおそらく選択されないだろう、というものだった。考えられる措置としては、

①中立法の改正、これを根拠とした武器および重要資源（特に屑鉄・石油）の供給阻止、②大統領布告による互恵協定税率均霑拒否、③米国市場における日本商人の商取引の制限があげられている。本報告と、日本側回答である「東亜新秩序」声明との直接的因果関係は論証しえないが、アメリカが通商条約廃棄に訴えないとの予測は、短期的にはアメリカの出方を正しくみとおしていた。

結果的に、一二月三〇日に日本側に伝えられたアメリカ側回答は、一〇月六日の警告よりむしろ後退したものだった。国務省は、通商あるいは経済上の報復についてなんら言及せず、ただ、アメリカ国民は日本の新秩序に賛同しないと述べられていた。九カ国条約否認を言明した点で、近衛のおこなった「東亜新秩序声明」は、従来日本がこだわってきた形式論的適法性の一線をこえていたのである。しかし、アメリカの対応は、現実を黙認するというふくみをもったものだった。(3)

このようなアメリカの対応にちからをえた外務省は、のちに、『日米関係打開工作関係』という一件書類として整理されることになる政策を立案してゆく。そこにみられる一貫したトーンは、アメリカは強硬な経済制裁手段に訴えることはないというものだった。第一章でみたような、経済面での互恵主義をかかげるアメリカへの信頼が、この時点でも根強いことがわかる。さらに外務省は、「現存の貿易利益上より見れば米国にとり日本市場は、支那市場よりも遙かに重要性を有すること明か」であると、貿易面での日米関係の緊密性をもあげている。つまり、アメリカにとって中国よりも日本のほうが市場として重要なはずである、といっているわけである（表7参照）。そして、中国については「米国の対支現在経済利益は……米国対外経済利益の全体系中極めて小なる地位を占むるに過ぎず。……然れども米国の対支政策の決定要因としては、前述の如き現存の対支経済利益の他、『ポテンシャル・マーケット』としての支那の潜勢力を考慮に入れざるべからず」とあり、アメリカは現在の中国よりも、将来のそれに期待を寄せているのだということを指摘している。

表7

①米国貿易　　単位：百万ドル

	輸出	輸入	バランス
1929年	5,240	4,399	841
1930年	3,843	3,060	783
1931年	2,424	2,090	334
1932年	1,611	1,322	289
1933年	1,674	1,449	225
1934年	2,131	1,655	476
1935年	2,282	2,047	235
1936年	2,451	2,424	27
1937年	3,345	3,084	261

出典：『各国通商の動向と日本』362ページより作成

②日米貿易　　単位：千円

	日本からの輸出	米国からの輸入	バランス
1930年	506,220	442,882	63,338
1931年	425,330	342,389	82,941
1932年	445,147	509,873	△64,726
1933年	492,237	620,788	△128,551
1934年	398,928	769,359	△370,431
1935年	535,389	809,644	△274,255
1936年	594,252	847,490	△253,238
1937年	639,428	1,269,542	△630,114

出典：『各国通商の動向と日本』364ページより作成

③アメリカの貿易相手国（1937年度）

輸出相手国	①英本国（15.9%）	②カナダ（15.2%）	③日本（8.6%）
輸入相手国	①カナダ（12.9%）	②英領マレー（6.9%）	③日本（6.6%）

出典：『各国通商の動向と日本』362ページより作成

そして、結論として「門戸開放主義に問題あるも、右問題以外に於ては日英間と異なり、日米間には相争ふべき重大問題伏在せず」、「米国の主張する門戸開放主義に関しても、該主義の基礎を為す米国の対支経済利益自体に付ては実際上、日米間の利害調和の余地存すること」という判断が述べられている。日本の出方をまつアメリカの慎重な姿勢が対米楽観をうみだした。

いっぽう、国務省やローズヴェルトを慎重にさせた要因の一つ、第七六議会の反ローズヴェルトを明確にしたあらたな動きも、日本側を安心させた。第二次ローズヴェルト（FDR）政権にとって三八年の中間選挙（民主党対共和党の数字、下院　二六二対一六九、上院　六九対二三）は、完全に満足すべき結果ではなかった。斎藤（駐米大使）は、「大統領選挙に於て共和党が勝利を博する『チャンス』が鮮《すくな》からず増大せること」と評した(4)。大統領の支持母体である民主党の足並みが乱れることは、日本にとっては好ましい事態であったし、FDR政府の外交方針にたいし、「アメリカを戦争にまきこむ危険性あるもの」と批判する共和党の結束は、とくに注目された。[5][6]三八年末に再度示された国務省の消極性、三九年はじめにあきらかになった議会の不一致は、仲介者としてのアメリカという可能性をもう一度日本に認識させることになった。

では、アメリカにたいしてどのような工作が試みられたのだろうか。外務省としては、当時無任所大臣兼枢密院議長であった近衛を特派大使としてアメリカに派遣し、大統領をはじめ国務省と折衝させるという案があった。この時期、近衛の渡米問題が公然と議論されていたのは事実である。[7]有田(八郎)外相は、アメリカ大使グルーに非公式に近衛特使案を知らせたもようである。

グルーはさっそく国務省に伝達するが、国務長官ハルからは、日本がアメリカ大衆の好意を獲得しうる唯一の方法は、日本がアジアにおける行動を改め、中国にいるアメリカ人の権利・利益の侵害をやめることであって、親善大使を通じてアメリカ政府や大衆に、単なる説明や口約束を伝えるより、はるかに関係改善に役だつという[8]謝絶の訓令がとどき、日本側を落胆させた。近衛を親善大使として派遣するという以外、外務省は具体的な動きをみせていない。

2　平沼の登場

では、対米提案をおこなった政治主体はなんであったのか。平沼内閣といえば独伊との関係強化をめざしたとのみ理解されてきたが、実は首相の平沼自身、対米工作にも主体的にかかわっていた。このことは、アメリカ側の史料[9]によってもうかがえる。

米国にはたらきかける日中戦争処理を考慮しながら、同時に独伊との友好関係をも保つという二つの道を選択した平沼が、明確に前者に政策の重心をおき、対米工作に着手したのは五月のことであった。[10]この時期は、防共協定強化問題をめぐって抗争をつづけていた陸海軍が、国際情勢の変化[11]や天皇の意思[12]もあって同盟からの撤退の方向に転じつつあったころである。来たるべき欧州戦争にソ連がふくまれないことも情報により、明確になっていた。

五月一五日、有田は閣議後平沼から呼ばれ、アメリカ大統領あてのメッセージ発送の構想を聞かされた。平沼の話は「アメリカ大使が一九日に帰国するさうだが、その前に自分のメッセージを大統領に伝へてもらひたい。日本はアメリカとともにヨーロッパの平和が破れないように維持したい。一日も早く紛争の解決に貢献したいと思ふ」[13]という内容であった。[14]この構想は外交問題に関する首相側近のひとりであった橋本（徹馬《てつま》）の腹案から発したものだった。

メッセージの起草はすべて平沼の側で完了しており、有田へは事後承諾を求めただけなのであった。この経緯も示すように、平沼の対米工作は外務省との密接な連絡なしにおこなわれていた。[15]有田と平沼の関係は良好とはいえず、『西園寺公と政局』の伝える有田の平沼観、橋本の自伝の伝える有田観はそれぞれかなり辛辣である。

五月一八日、平沼のメッセージは有田から直接グルーに手わたされることとなった。はじめのプランでは、休暇のため帰国するグルーが有田のところへ挨拶にくるときにこのメッセージを託すことになっていた。ところが、五月一六日、原田（熊雄）がグルーのために設けた送別会の席上で「自分がアメリカに帰つて大統領に会つた時に、日本は一体何をアメリカに要求してゐるのか、また支那に対する問題について、アメリカはどういう態度をとればよいのか、日本と歩調を揃へて行くにはどうすればよいのか、ときかれた場合、自分はいま手許に何も材料をもたないが、一体どうすればよいのだ」とのグルーの嘆息に接した。[16]このため、原田の仲介により五月一七、一八日の両日、有田＝ドゥーマン（Eugen Dooman, アメリカ大使館参事官）、有田＝グルーの会談がセットされ、メッセージはそのさいに手渡されることになった。

ところで、このように原田側の記録では、グルーの依頼により原田の仲介で有田との会談が設定されたことになっている。ところがアメリカ側の記録では原田の依頼により、グルー・ドゥーマンは外相と会談することになったと報告されている。ドゥーマンによるハルあての報告書(17)をみてみよう。

原田や彼と同様の考えかたをするひとびとは、独伊との同盟案に反対するのに十分な影響力を有しています。日本にとって唯一のこされた安全な道は、民主主義国とくにアメリカとの良好な関係を回復することにあると、彼らは確信しています。原田は日米関係の改善をなんとかアメリカ側からほのめかしてくれまいかとグルー大使にせまりました。そして、こうすることは防共協定強化に反対する勢力にどんなに励みになることだろうと語りました。また、原田は、中国との和平について外相から話があるだろうといい、今の話を有田に伝えておこうともいいました。

両記録の齟齬《そご》の原因は、アメリカ大使館との会談成立が日米関係改善にたいする政府の前向き姿勢のデモンストレーションになり、防共協定強化推進派をおさえる材料ともなるだろうと考えた原田によって、グルー・ドゥーマン側と有田双方に相手からの会談希望が伝えられ、会談が斡旋された点にあると想像される。

会談の模様について、原田の記録によれば①東亜新秩序建設の真意、②防共協定強化問題、③新南群島および海南島占領の件をめぐる話合いがなされ、「どこまでも日米間の親善平和を基として行きたいと思ふ(18)」と有田は述べたという。原田の記録を読むかぎりでは、有田がアメリカ側に親善のアピールをおこない、会談は成功したかのように受けとれる。ところが、ふたたびアメリカ側の記録は別の事態を伝えている。グルーは会談の模様をつぎのように報告した(19)。

有田はつぎのように述べました。「独伊との交渉中の問題であらたに合意をみたもののなかに、コミュニズムの策動との闘争という点以外についての政治的軍事的協約はない。日本はヨーロッパの戦乱がさけられることを希望している。もし、英仏がソビエトと同盟を結べば、日本は全体主義陣営との同盟を再考せねばならなくなるだろう」。また、有田は、ソビエトを同盟にくわえようとするイギリスの努力について皮肉をこめて語り、「クレーギー（駐日イギリス大使、引用者註）が自分に語ったことは非常に結構なことなのだが、イギリスのプランは極東には効果をあげることができないだろう。……しかし、もしイギリスのプランが強行されて、民主主義陣営が極東に干渉をくわえるようなことがあれば、日本は必然的に独伊側に与せざるをえなくなるだろう」と述べたのです。

さらに、グルーは同じ報告書のなかで中国におけるアメリカ権益にふれ、日米関係改善にとって、まずこの問題にたいする日本側の誠意ある対応が緊要だと強く注意をうながしたが、それにたいする有田の回答が不確かだったと指摘している。

概して両日の会談において、アメリカ大使館側は有田に良い印象をもてなかった。民主主義国家への歩みよりに熱意を示さず、英ソ交渉に頭をうばわれ、極東における日本の権益確保に熱中し、強硬な姿勢をくずさないでいる、という印象をいだいたようである。[20] そして、枢軸からはなれて民主主義陣営へ参入しようとする熱意が日本政府内で活発化していると信ずるに足る資料はなにもない、との結論をアメリカ側はひきだした。

日米関係改善を基礎に防共協定強化に対抗するという穏健派のプランが語られると考えていたグルー、ドゥーマンにとって、こういった有田の強硬な態度は原田斡旋時の予想を裏ぎる思いがけない事態だったと思われる。両者の連絡にあたった原田の真意が有田に徹底していなかったために生まれた失敗であった。しかし、両者のあいだに生じた不協和音は、より根本的には有田の政治的素質に由来している。有田は防共協定強化という点では一貫して「穏健」であったが、門戸開放原則の修正という点では英米との対立を辞さない考えをもっていた。[21] 英米仏のもっているような広域経済圏が日本にも必要だと有田は考えていた。このような考え方は、ハルやグルーの価値観――経済の互恵主義とは相いれない。

この会談のあとで平沼のメッセージが手渡されたことは、メッセージの効果を半減させたとみられる。メッセージは抽象的につぎのようなことを述べていたにすぎない。――日本とアメリカは、ヨーロッパの紛争から隔絶されたただ二つの強大な勢力である。よって、二国は悲惨な戦乱からヨーロッパを救うために協力すべきではないか――(22)。メッセージは元来それのみで完結するのではなく、平沼が直接ドゥーマンと会談し、そのふくむところを具体的に補足する段取りの先ぶれをなすものとされていた(23)。それだけに、メッセージの趣旨と矛盾する意見が有田によって開陳されたあとでメッセージが手渡されたことは、日本側にはダメージを、アメリカ側には混乱と疑惑をもたらしたといえる。

五月二三日、平沼私邸で極秘裡におこなわれたドゥーマンと平沼の会談の模様は、ドゥーマンからハルへあてた長文の速達便(24)から知ることができる。なお、この書翰の全文はハルの手をへてローズヴェルトまで送付されている。それによれば、平沼は国際事情にくらかったとはいえないらしい。「ヨーロッパ問題について真剣な話合いがなされ、その間平沼男爵は事実の本質のみならず、ヨーロッパの政治的潮流についても語り、その正確な分析力には私も驚きました」とドゥーマンはしるしている。さらに、平沼は戦争勃発の可能性についてふれ、つぎのように語ったという。

自分はしばしば公の場で、日本は民主主義国家にも全体主義国家にも属していない、よって日本こそが二つの国家群に協調と平和をもたらすことができるのだと述べてきました。しかし、日本は孤立を維持することはできない、安全のためには独伊と特殊な関係にはいらねばならないと主張する勢力も日本にはいるのです。一つの国家の命運は数十年単位で計られるべきものではありません。それゆえに国家の運命に責任をもつ政治家は、好ましい戦略的地位をえることよりも、むしろ長期的客観的視野に立って方向を決定する自覚をもたねばなりません。最も重要なことは、つぎの戦争準備のための幕間的な安泰にとってかわるべき、恒久的な平和なのです。アメリカと日本は欧州問題に直接まきこまれていません。われわれ二国こそが、欧州の危機を緩和させるべき地位にいるのです。まず、実行に移すべき第一歩は、二つの敵対する陣営に欧州が分割される傾向に歯止めをかけることです。

会談にこめられた平沼の意図と具体的提案は、諸史料を総合すればつぎの五点にまとめられるだろう。

①大統領へのメッセージを発出した動機を説明し、アメリカの対応の感触をつかもうとしたこと。

②もし、ローズヴェルトが英仏にむかい、世界会議への参加を打診するならば、大統領の元来意図していた世界会議へ独伊を参加させる役割を日本が果たす準備がある。その会議においては、欧州の危機を回避する方法だけではなく、極東問題も議題となしうること。

③世界各国が、世界市場で同等の価格で原材料を手にいれることが可能な状況ができるならば、中国への和平条件を緩和する用意がある。(25)

④世界会議で各国の協力がえられ、懸案の問題を解決できれば、中国のアメリカ権益に関する問題はなんなく解決できるだろうし、門戸開放についてアメリカの地位を満足させるための努力を惜しまないこと。(26)

⑤日本は独伊との軍事同盟締結を欲っしていない。独伊側は心のそこで、どのような政治的取きめができても日本はどうせ一緒にやってゆくはずがないという偏見をもっているからだ。(27)自分が首相であるうちに独伊と軍事同盟を締結することはない。(28)

ハルの互恵主義を徹底させてくれれば、門戸開放原則に復帰するし、独伊との同盟強化にすすまない、というのが提案の骨子である。経済の互恵主義を論じて、アメリカの中立を維持しようというのである。

これらの提案にたいし、ドゥーマンのくだした判断はつぎのようなものであった。

①平沼の申しでは、日本側に道徳的感情が復活してきたからというわけではなく、欧州での戦争の危険から日本をまもるためには、中国との紛争を清算することが不可避であるという合理的な認識からでたものであろう。[29]

②平沼のいう国際会議とは、つまるところ日本の経済的危機や日中戦争の泥沼をうまく処理してくれる世界経済会議のようなものと考えられる。[30]

③独伊と軍事同盟を締結しないという趣旨の平沼の言葉は、「もし、欧州に戦争が勃発したら、中立を保持することによっても日本の安全はえられない。また、軍事同盟を独伊と結ぶよりも、むしろ民主主義国と密接な関係を保ってゆくほうが好ましい」[31]ということを意味していると考えられる。

全体として、ドゥーマンが平沼との会談に満足し日米関係改善への一歩を踏みだしえたと評価していたことは疑いえないところである。平沼に批判的だった原田にむかって、ドゥーマンは会談の模様を報じている。「総理は実に立派な人ぢやあないか。僕は非常に総理の人格に打たれたよ。……この問題に関する話の内容は、明日バンクーバーに上陸するグルー大使に向つて早速詳細に打電しておいたが、これがいま世間に現はれると実に自分の立場がない。だから絶対に秘しておいてもらひたい。それで事柄が進んで出来かかつて来たら、日本は話を外務省に移し、当分アメリカ政府と日本政府との公式の話になつて行くやうにするつもりであるし、また当然さうしなければならないんだ[32]」。

ドゥーマンは平沼とのチャンネルをたしかなものとみとめ、この線で日本の穏健派と提携して計画を推進すればよいとの方向をみさだめた。ドゥーマンのえがくシナリオによれば、目まぐるしく変転する状況下において日本には二通りの、選択可能だが相対立する道があった。[33] 一つは、全体主義陣営へ猛進する道であり、もう一つは勝利可能な国々と良好な関係を回復してゆこうとする道である。前者は、独伊の優勢な軍事力に信頼をおけばよいと単純に考える。つまり、ただ独伊と同盟を締結し戦争準備おこたりなければ、日本は熟れたプラムをつまむようにたやすく中国をうばうことができるはずだった。後者は日本政府の一部を代表する意見であり、中国との紛争をなんらかの合理的な手段で終結させることだけが、日本の安全を保障すると考えるひとびとによって支持された。

ところで、平沼は後者の部類、穏健派に属するとみられていた。いっぽう、ドゥーマンが有田を穏健派とみなしていないことは示唆にとむ。英ソ交渉を憂慮するあまり強硬な意見をはいた有田の印象が強かったためか、「極東に平和をもたらすためにアメリカと協力しようとする平沼の希望は、外相からあまり歓迎されていないことはあきらかである」(34)とまで批評されている。『原田日記』を読むかぎりでは、防共協定強化で最も強硬に陸軍と対立したことで、天皇や元老からたかい評価を与えられていた人物というイメージがうかぶが、アメリカ大使館側のいだく有田像とはずれがあると思われる。(35)

3　平沼の外交スタッフ

平沼は首相在任中、真崎《まさき》(甚三郎《じんざぶろう》)にむかい、「最も心痛しあるは外交問題なり。防共協定のみにも依り難く又勅許を経たるものを軽々しく変更して信を失うを苦しむ。さりとて英米を向ふに廻はすことを非常に心痛しある」(36)と胸中を語っていた。平沼は検察畑、枢密院をあるいてきた人間であり、外交関係処理には経験豊かな助言者が必要であった。当然、平沼の希望による外交スタッフの補充がなされ、いっぽうでは、平沼の陸軍側への傾斜をあやぶむ宮中グループからの提言や人材送りこみが積極的になされた。

平沼本来の側近としては、紫雲荘《しうんそう》の橋本(徹馬)や藤井(実《みのる》、元外交官)(37)などを、また、内大臣湯浅や原田を窓口とする宮中グループの指示により平沼の路線に逸脱のないように目くばりしていたひとびととして、松平《まつだいら》

（恒雄《つねお》、宮内大臣）、池田（成彬《しげあき》）らを指摘できる。

藤井は、明治三九年外交官試験合格ののち、大正一四年まで外交官の道をあゆみルーマニア大使を最後に退官していた。藤井は、前述の平沼＝ドゥーマン会談に深くかかわっていた。真崎のしるすところによれば、米国は世論に左右される国であるからとして、ドゥーマンとの会談を設定するよう平沼に進言したのが藤井であった(38)。さらに、藤井は天津英仏租界問題解決のための東京会談の前後にかけて、平沼とクレーギー大使の極秘のチャンネルとしても動いている(39)。

こうした、スタッフとは別に池田や松平の動きはどうだったのであろうか。池田は、国本社時代から平沼との関係が深く、平沼が首相就任を決意するさいにも池田の関与が大きかった。平沼にかなりの影響力をもっていたことは容易に想像されよう。実際、『原田日記』には、池田が平沼の外交方針にたいして提言をなしている様子がみえる(40)。

　実はこの間平沼に会つた時に、平沼にも随分ひどく「英米を相手にしなければ、財政経済の点からいつても、何からいつても、ほかに日本の前途に対して力になるものはない。少なくとも敵に廻すことは非常な損失だ」といふことをしきりに説いた。

このような池田の発言が平沼に大命降下する直前になされていたということは、宮中グループによる「教育」が、外交問題を焦点として積極化していたことを物語っている。組閣後も池田は平沼に頻繁に助言を与えている。いっぽう、これに逆呼応して真崎の平沼への評価は悪化していった。日記には「岩淵《いわぶち》（辰雄《たつお》、皇道派の立場にちかいジャーナリスト、引用者註）来訪。財閥にては平沼に依り軍の意向を緩和し、平沼も之に乗らんとする形跡ある由を告ぐ。予も同様に判断しあり。我欲の迷人等地獄に落ち込むことを知らず(41)」との痛切な批判がのぞくようになる。さらに、四月二三日に河原というものの情報として「防共強化は上層部悉く反対にて成立の見込なきこと、池田の怪腕と金力の為多くの者篭絡《ろうらく》せられあり」との記事を載せ、枢軸強化に反対する池田の積極的な巻きかえしを警戒している。

かつての盟友・真崎の憤慨ぶりをみても、平沼を、かねて平沼党とよばれていたひとびとから切り離すのに、池田の存在は強力な効果を発揮したようである。宮中グループの意向を背景に平沼の外交方針の調整にあたった人物が池田だったとすれば、松平の立場もほぼ池田と同様のものと考えられるが、平沼個人としては、英米からの信頼も厚く、外交界の重鎮でもあった松平に絶大の信頼をおいていた。平沼は枢密院議長時代、林内閣崩壊時に、これからは対英関係が重要であるとの理由で、次期首相候補として近衛のつぎに松平を推薦していた。(42)

駐米・駐英大使の経験をもち、国際会議にも多く臨んでいる優れた外交官であった松平に、平沼が対米接近構想についての意見を仰がなかったとは考えにくい。事実、最近の研究があきらかにするところによれば、平沼は松平を非公式の連絡役として対英米関係問題で使っていたという。(43)

(1) Jonathan G. Utley, *Going to War With Japan, 1937-1941* (University of Tennessee Press, 1985), p. 43.
(2) 外務省外交史料館所蔵（A1103032）。以下の引用はこの史料からである。
(3) Utley, *op. cit.*, P. 49.
(4) 一九三八年一一月一〇日付斎藤大使→有田外相宛電報、『米国内政関係雑纂　議会関係』（外務省外交史料館所蔵、A63013）。
(5) 中野博文「第二次FDR政権期における革新派グループ」（『学習院大学政治学論集』三号、一九九〇年三月）二一頁。
(6) 一九三九年二月二一日付堀内（謙介）大使→有田外相宛電報、前掲『米国内政関係雑纂』所収。
(7) 「東京朝日新聞」一九三九年三月一八日付日刊。
(8) 田村幸策『太平洋戦争外交史』（鹿島研究所出版会、一九六六年）二二七頁。
(9) たとえば、アメリカ大使官参事官ドゥーマンは、平沼の「複雑怪奇」声明の意義を「防共協定のもとで独伊と共同してゆく政策の終わりを公然とあきらかにしたものであり、あらたに独立した政策のはじまりを表明したものであった」と評価している。FRUS, Vol. 3, pp. 64-69.

(10) 平沼がローズヴェルト大統領にメッセージをだし、さらに日本語に堪能な参事官と会見していたという事実の指摘は少なからずなされてきた。参照、ウォルドゥ・ハインリクス『日米外交とグルー』(麻田貞雄訳、原書房、一九六九年)、前掲『太平洋戦争外交史』、回顧録編纂委員会編刊『平沼騏一郎回顧録』(一九五五年)。

(11) 第三章を参照。

(12) 五月九日、天皇は参謀総長にたいして「参戦といふことは自分が許さん」とまで述べて陸軍の態度に牽制をくわえていた。『原田日記』第七巻、三六二頁。

(13) 前掲『原田日記』第七巻、三六七〜三六八頁。

(14) 前掲『真崎甚三郎日記』昭和一四年五月八日条に「橋本九時に来訪。平沼首相を激励せしこと、並に米国大使の帰国に際し、米国に日本の立場を諒解する如く談話を試むべく勧めたりと云ふ」とある。

(15) 橋本徹馬『自叙伝(私の昭和時代史)』(紫雲荘、一九六七年)。

(16) 前掲『原田日記』第七巻、三六八〜三六九頁。

(17) The Chargé in Japan (Dooman) to the Secretary of State (Hull), May 26, FRUS, Vol. 3, pp. 40-41.

(18) 前掲『原田日記』第七巻、三六九〜三七〇頁。

(19) The Ambassador in Japan (Grew) to the Secretary of State (Hull), May 18, 1939, *Foreign Relations of the United States: Japan, 1931-1941*, Vol. 2, pp. 2-4.

(20) The Chargé in Japan (Dooman) to the Secretary of State (Hull), June 7, *U. S. Congress Joint Committee on the Investigation of the Pearl Harbor Attack*, 4144-4167. 以下、本書をPHAと略記する。

(21) 井上勇一「有田の『広域経済圏』構想と対英交渉」(『国際政治』五六号、一九八七年三月)。

(22) 註(20)に同じ。

(23) The Chargé in Japan (Dooman) to the Secretary of State (Hull), July 31, PHA, 4191-4192.

(24) The Chargé in Japan (Dooman) to the Secretary of State (Hull), June 7, PHA, 4144-4167.

(25) The Chargé in Japan (Dooman) to the Secretary of State (Hull), May 26, FRUS, Vol. 3, pp. 40-41. また、Sir R. Craigie to Viscount Halifax, July 1, GBFP, Vol. 9, No. 277.

(26) The Chargé in Japan (Dooman) to the Secretary of State (Hull), May 23, FRUS, Vol. 3, pp. 171-172.
(27) The Chargé in Japan (Dooman) to the Secretary of State (Hull), May 26, FRUS, Vol. 3, pp. 40-41.
(28) Sir R. Craigie to Viscount Halifax, July 1, GBFP, Vol. 9, No. 277.
(29) The Chargé in Japan (Dooman) to the Secretary of State (Hull), May 26, FRUS, Vol. 3, pp. 40-41.
(30)(31) Sir R. Craigie to Viscount Halifax, July 1, GBFP, Vol. 9, No. 277.
(32) 前掲『原田日記』第七巻、三七九頁。
(33)(34) The Chargé in Japan (Dooman) to the Secretary of State (Hull), June 7, FRUS, Vol. 3, pp. 43-44.
(35) このように複雑な有田像を自覚的にえがいた論文として、臼井勝美「外務省と中国政策」(『中国をめぐる近代日本の外交』、筑摩書房、一九八三年)。
(36) 前掲『真崎甚三郎日記』昭和一四年二月五日条。
(37) 藤井実については、『昭和史の天皇』第二五巻(読売新聞社、一九七四年)一六一～一七二頁に、その抜群のスプリンターぶりについてのエピソードがひかれている。
(38) 『真崎甚三郎日記』昭和一三年一二月一四日条。
(39) GBFP, Vol. 9, No. 240, 251, 269.
(40) 前掲『原田日記』第七巻、二四七頁。
(41) 前掲『真崎甚三郎日記』昭和一四年二月二一日条。
(42) 木戸幸一日記研究会編『木戸幸一日記』上巻(東京大学出版会、一九六六年)昭和一二年五月三一日条。
(43) 三谷太一郎「独ソ不可侵条約下の日中戦争外交」(入江昭・有賀貞編『戦間期の日本外交』、東京大学出版会、一九八四年)三二四頁の註二〇。

第五節　アメリカの対応

ここで視点をアメリカ側に移すことにしたい。まず、この時期のアメリカ外交史研究の動向をおさえ、[1]ローズヴェルト政権の対外政策の眼目がどこにおかれていたのかを確認しておきたい。さらに、ローズヴェルトによる「欧州介入政策への転換」に批判的だった議会勢力の動き[2]に注目しながら、平沼の対米工作をアメリカ国務省がどのように受けとめたかを論じようと思う。

当時、ローズヴェルトが、ジョセフ・ケネディ（Joseph P. Kennedy）駐英大使の主張する〈イギリスは軍備不足であるから、ポーランドの譲歩によって戦争を回避する〉という路線を受けいれず、ブリット（William C. Bullitt）駐仏大使の主張する〈英仏の対独対抗とアメリカの軍事力増強〉という路線にたっていたこと、そして三月にチェンバレン（Neville Chamberlain）英首相によるポーランドの安全保障表明を歓迎したこと、この二点についての事実認識は学説上の正統派と修正派の両解釈ともに一致するという。

ところが、ローズヴェルトの第二次大戦直前の意向については、正統派と修正派の分析にかなりのへだたりがある。正統派の分析のあるものは、つぎのような解釈をおこなっている。

①ローズヴェルトは第二次大戦勃発まえにすでに積極的な措置をとっていたが、それはアメリカの参戦を予定

しておこなわれていたのではなかった。(3) ローズヴェルトの政策は、航空機を供給して英仏にドイツと対抗させることであった。航空機の増産のみに熱意を示すローズヴェルトは、当然のことながら地上戦力の増強を主張する陸軍と対立した。同時に、イギリスが航空機の供給を求めず、再びドイツと宥和する場合には、アメリカが国際会議を招集して仲介者の役割を果たす、という構想もすててはいなかった。

②こうして、一九三九年七月に日本にたいして日米通商航海条約の廃棄を事前通告するが、その措置をローズヴェルトは「コーナーに追いつめないで日本にアメリカの態度を思いしらせる」ために承認した。つまり、日本との紛争でヨーロッパ政策が妨害されないようにするのがローズヴェルトの政策であった。

いっぽう、修正派はニュー・レフトの立場で分析をおこない、第二次大戦直前のローズヴェルト外交についても、分析の焦点をアメリカとイギリスの対抗関係においている。修正派の論点はつぎのようなものである。(4)

①チェンバレンの宥和政策は、アメリカがヨーロッパへ介入しようとするのを阻止するものであった。

②それにたいして、ローズヴェルトは宥和に反対し、英独間の戦争によってイギリスを経済的軍事的にアメリカに依存させてゆく道を設定していた。

③ドイツとイギリスが宥和する場合には、アメリカがヨーロッパ問題調整の国際会議を招集し、その方向でもヨーロッパ政治に介入してゆく準備をしていた。

正統派と修正派の論点は、英米関係の意味づけの点でかなりのへだたりがあるが、両解釈を照合したとき、一致しているところがある。それは、イギリスとドイツが宥和する場合に国際会議を開催する意図をローズヴェルトがもっていたとする部分である。

ローズヴェルトの国際会議への執着は、四月一五日にヒトラー・ムッソリーニ両名にあてた親書で戦争拡大防止のための国際会議開催を提案していることでもわかる。しかし、この提案は四月二八日、ドイツ国会でなされたヒトラー演説により拒絶されていた。その演説中、ヒトラーは「ドイツは平和会議において苦き経験を嘗めたり。今後ドイツはいかなる会議にも抵抗力なき代表者を参加せしむることは絶対にせず[5]」と表明していた。このことは、将来的にドイツを国際会議へ参加させる道が閉ざされていることを予想させた。ローズヴェルトはといえば、一月四日の年次教書で、中立法廃止・軍備拡張など、全体主義国家に対抗するための国防体制強化方針、つまり中立政策の修正をあきらかにし、議会からの反撃を受けたばかりであった。ヒトラー演説は、ローズヴェルトの立場をより苦しいものにしたはずである。

このようなローズヴェルトの窮地に呼応した時期に、平沼による国際会議招請案はドゥーマンに示された。独伊両国もアメリカからの要請では参加しがたいだろうが、防共協定強化を協議中の日本からの要請ならば、容易には拒絶できまいと考えられた。おりから、四月一七日には、アメリカ巡洋艦アストリア号が前駐米大使・斎藤の遺骨を日本へ送りとどけるため、礼装して横浜に入港したという経緯もあり、日本では親米ムードが昂まっていた。ハル国務長官が評したように、平沼によって好機をえらんでなされた対米提案は「総理による私的な外交転換策[6]」だったのである。

さて、五月二三日の平沼＝ドゥーマン会談の内容は、ドゥーマン作成の電信にのってアメリカへ伝えられた。ドゥーマンは平沼の歩みよりを最大限活用することによって、悪化しつつある日米関係を正常化することこそが、日本のためのみならず、アメリカのためでもあると強い確信をもって本国に臨んでいた。

ドゥーマンの観測を裏づけていたのは、日本の穏健派にたいする期待であった。この場合の穏健派とは、「たとえば、樺山（愛輔）伯のように、欧米文化の影響を受け、欧米で教育を受けた〈我々と気ごころのあう、しかし、同時に無力なひとびと〉ではなく、原田男爵のように〈政策決定者と親密な交わりのあるひとびと[7]〉」をさしていた。日本は、民主主義陣営にはいるか、全体主義陣営にはいるか、二つの道のどちらかをいずれ選択しなければならなくなるだろうが、「穏健派の勢力は、たとえ支配的ではないにしろ強力であり無視できない存在だ」(8)とドゥーマンは判断していた。

では、平沼提案やドゥーマンの報告をアメリカ国務省はどのように受けとめていたのだろうか。国務省のなかで日本と中国をあつかうのは、極東部（Far Eastern Affairs Division）(9)の仕事である。当時、部長はハミルトン（Maxwell M. Hamilton）、次長はバランタイン（Joseph W. Ballantine）であった。また、極東部には属さないが、極東問題政治顧問に、ホーンベック（Stanley K. Hornbeck）がいた。

政策・意見がことごとく異なるハミルトンとホーンベックをもちいる布陣は、強力に部下を結束させた政策推進を好まないハル国務長官流のものだった。三八年末、中国への信用貸をおこなうかどうかの問題について、ハミルトンとホーンベックは全く異なる提言をハルにおこなった。戦略地点を日本に占領された今、中国を援助しても無駄であるし、その行為は日本を刺激するので反対であるとハミルトンは論じた。(10)ホーンベックは、いずれ日米は敵対するのであるから、ここで武力行使を覚悟しても、中国援助へふみきるべきであるとした。(11)

六月七日、バランタインは国際会議をアメリカが主催する件についての覚書を作成した。(12)覚書は、まず、なぜ日本がアメリカにイニシャティブをにぎってもらうように要請してきたかについて考察し、それはアストリア号の日本訪問により「アメリカはこのような国際会議開催の労を喜んでひきうけるだろう」という楽観が日本側に広くいだかれるようになったためであると推論している。さらに、国際会議開催についての日本の意図にふれ、つぎのような解釈をくわえた。

日本は中国との戦争を終わらせたいが、陸軍の面子を傷つけないで撤兵できるような、国内むけの説得的な口実がない。そこで、もし、アメリカ主催の国際会議が招集されれば、「アメリカへの敬意および平和希求の心から日本は喜んで会議に参加し、たとえ日本の権益を犠牲にしても会議の成功に尽力するつもりである」という趣旨の声明を発することとなろう。これによって日本は、中国との戦争終結を国民に納得させる大義名分をえることができる。この点がとりもなおさず国際会議によって日本側の享受する最大のメリットである――、とバランタインは判断した。

このように分析したバランタインは、一般的にいってアメリカは世界平和に貢献するためのいかなる手段をとることにも吝《やぶさ》かではないが、極東情勢と極東におけるアメリカ権益を考慮するとき、国際会議をアメリカの主催で招集するには不利益な点が多いと指摘している。それは、つぎの五点に要約できる。

①アメリカが日本と中国との和平交渉の仲介をおこなえば、日本単独の場合よりも日本を有利にしてしまう。

②アメリカが主導的であればあるほど、日本の軍国主義者の逃げ道を広げることになり、懸案の紛争から解放されたかれらは威信を傷つけられることなく、力を温存することになろう。

③どんな和平案にもふくまれている〈妥協〉という点については、日本人だけではなく中国人にも不満に受けとられるであろう。そうなれば、その妥協をもたらしたアメリカが両国の敵意の的となってしまう。

④平沼によって提案された、世界の不安定要因解決のためのどんな方法も、〈持てる国〉の譲歩という問題をふくんでいる。よって、国際会議を開催しようとする計画には、日本を満足させ現在の政策を放棄させるのに必要な譲歩はどれくらいか、という問題がからんでくる。

⑤恒久的な和平という点から考えて、アメリカが今動くのは時期尚早である。現在の日本はどんな和平案も受けとりそうにない。また、万が一蔣介石がそのような条件で和平案を受けいれたとしても、それを納得しない中国人たちを蔣がうまくおさえられるかどうか疑問である。

本覚書の結論としてバランタインは、中国側が受諾でき、しかもアメリカをはじめとする諸外国の権益を考慮した和平条件を日本側が準備しているというたしかな証拠が示されないかぎり、アメリカは日本側に満足な回答を与えることはできないと記した。そして、現在アメリカが提供できる好意は、アメリカの銀行家や貿易業者が日本に長期のローンやクレジットを与えることにつき、なにも干渉しないという保障を与えることぐらいである、と判断していた。

下僚の分析をうけてハルは七月一日、大統領へ覚書を提出している。(13) ハルは、国務省起案の日本政府宛回答案と平沼宛の私的な回答案を添付したうえで、つぎのように書いた。

ドゥーマンからの長文の速達便（添付書類NO.4）は総理のメッセージについて解説しています。その手紙には、ドゥーマンと平沼とのあいだに交わされた興味深い会話がのっています。九頁からうしろは読むにあたいするものです。そこに書かれているのは、実際のところ総理による私的な外交転換策といえましょう。文面によれば、独伊（日本から申入）仏英（アメリカから申入）のあいだで国際会議を開き、ヨーロッパの平和への合意を達成するためにまずは日米共同で努力しようというものです。もし、大統領がご賛成なら、私は日本政府への回答と、総理への返事の双方を送るよう計画するつもりです。

ここで注目されるのは、国務省の段階では回答は二種類用意されていたことである。ところが、現実の経緯では平沼の書面メッセージにたいしてのみ抽象的な回答が発せられているところから鑑みて、ローズヴェルトの反応は冷淡なものだったとみられる。

このように、調停者としてふるまうことを拒絶した国務省の慎重さは、対日共同経済制裁問題で英仏との共同行動をおこすさいに示された警戒心と同根のものであった。たとえば、一月にはイギリスから再三促された「法幣安定」のためのローン参加にアメリカは拒絶の回答をし、その結果イギリスは単独で政治借款に踏みきった。(14)

さらに、四月一一日にハミルトン極東部長を訪れたフランス大使からの申しで――日本の新南群島占領についてなんらかの共同行動をおこなわないか――にたいしても冷淡な態度をみせていた。(15)

国務省の気分を支配していたものは、日本との実質的利害対立の機会の多い英仏とともに、日本に強硬な態度をとって矢面にたたされる愚をおかさないようにしながら、しかし、いっぽうでドゥーマンの懇請していた宥和もおこなわない——宥和は穏健派を勇気づけるという〈収入〉よりも、軍部を温存させるという〈支出〉のほうがうわまわる事態を招く——という慎重論であったと考えられる。こうして、国務省全体の判断は、文書となった平沼のメッセージのみにたいして曖昧かつ抑制された表現をもちいた回答を発することに定まった。そして、平沼がドゥーマンに申しいれた構想にはなんら特別な回答をおこなわないことに決した。(16)

ローズヴェルトも〈英仏の対独対抗とアメリカの軍事力増強〉という路線を明確にし、六月にアメリカを訪問したイギリス軍人・ハンプトン（T. C. Hampton）中佐を相手に英米の海軍交渉をはじめるよう指示を与えた。(17) イギリスに航空機を大量に与えてドイツと対抗させるという方向が、大統領によって選択されたのであった。

（1）福田茂夫・義井博「アメリカと一九三九年——研究史の現段階——」（『国際政治』七二号、一九八二年一〇月）八八、九六〜九七頁。

（2）上院外交委員会の長老、H・ジョンスンの資料に依拠した最近の研究に、前掲「第二次FDR政権期における革新派グループ」、また中野「第二次大戦期孤立主義論争における戦時体制設立問題」（『学習院大学政治学論集』四号、一九九一年三月）。

（3）ウォルドゥ・ハインリクス教授は、最近の論文のなかでこのような見解を支持している。「日米関係におけるソ連要因」（前掲『戦間期の日本外交』）。

（4）チェンバレンと同様に、宥和主義者として名高いハンキーについては、塩崎弘明氏の詳細な分析がある。ハンキーにも、アメリカ警戒の念が強かったことがうかがわれる。『日英米戦争の岐路——太平洋の宥和をめぐる政戦略』（山川出版社、一九八四年）。

（5）一九三九年四月二九日付大島（浩）大使→有田外相宛電報、『欧米政情一般報告関係雑纂』（外務省外交史料館所蔵、

A200X10)。
(6) Hull's Memorandum for the President, July 1, PHA, 4146.
(7) The Chargé in Japan (Dooman) to the Secretary of State (Hull), Julle 7, PHA, 4145-4146.
(8) 前掲『日米外交とグルー』一九九頁。
(9) 国務省極東部の創立については、北岡伸一「国務省極東部の成立」（近代日本研究会編『協調政策の限界』山川出版社、一九八九年）。
(10) Hamilton memo, Nov. 13, 1938, FRUS, 1938, Vol. 3, p. 569.
(11) Hornbeck memo, Nov. 14, 1938, FRUS, 1938, Vol. 3, p. 573.
(12) Memorandum by Ballantine, June 7, FRUS, Vol. 3, pp. 181-185.
(13) Hull's Memorandum for the President, July 1, PHA, 4146.
(14) Mr. Mallet to Viscount Halifax, Jan.11, GBFP, Vol. 8, p. 384.
(15) Memorandum of Conversation by the Chief of Division of Far Eastern Affairs, April 11, FRUS, Vol. 3, pp. 115-116.
(16) The Secretary of State (Hull) to the Chargé in Japan (Dooman), July 8, PHA, 4169-4170.
(17) ピーター・ロウ「イギリスとアジアにおける戦争の開幕」（細谷千博編『日英関係史』、東京大学出版会、一九八二年）。

おわりに

本章であきらかにしたことをまとめておこう。第一に、日中戦争の早期解決のため、重慶の蔣介石政府との和平可能性が追求されたことである。具体的には、アメリカによる斡旋案を日本と中国が受けいれる形式が想定された。第一次近衛声明（「国民政府ヲ対手トセス」、一九三八年一月一六日）は、日中間の戦争状態を停止するためのネックとなっていた。蔣と交渉を開始しようとした平沼の試みは、この声明の実質的効力停止を打ちだした。さらに、アメリカを仲介にした和平という発想は、ドイツを仲介としたトラウトマン工作の失敗以来、第三国の和平仲介を謝絶してきた政府の態度変更をあらわしている。

第二に、日本は全体主義国家でも民主主義国家でもないと自己規定する平沼によって、対米接近工作がなされたことである。一九三九年五月末、平沼は、大統領あてのメッセージを一時帰国するグルーに託した。さらに、メッセージ発出の動機を伝達するため、アメリカ大使館のドゥーマンと会談をおこなった。平沼のメッセージは、ローズヴェルトのヒトラー・ムッソリーニあて親書（四月一五日）の趣旨（戦争拡大防止を要請し、国際会議開催を提案）に呼応したものであった。ローズヴェルトの親書は四月二八日のヒトラー演説で正式に拒否されていた。平沼は、この米独間の関係修復を申しでたのである。また、経済の互恵主義が徹底されるなら日中戦争終結のための停戦条件を緩和し、門戸開放原則へも復帰する、独伊との同盟は結ばないと言明した。

しかし、アメリカ側は、経済の互恵・国防の中立原則の遵守に一時的な変更をくわえるのをいとわなかった。日本に宥和政策をとれば、日本国内の軍部を温存することになる、というのがアメリカの考え方であり、平沼の提案には応じなかった。第二次大戦が勃発すると、ドイツに挑戦されていたイギリスを援助するために、アメリカは中立法を改正し、積極的に戦争に関与してゆく。アメリカはその時、自己の立場を、もはや中立であるとは、述べなかった。「非交戦状態」という言葉でそれを説明したのである。

第二部

第五章

陸軍中堅層の挫折

二・二六事件後の政治過程

●関連年表●

1936(昭和11)年	2月20日	第19回総選挙（民政党205　政友会171　昭和会22　社会大衆党18　国民同盟15　中立その他35）
	26日	二・二六事件
	3月 9日	広田内閣成立
	5月18日	陸海軍現役武官制復活
	7月 5日	特設陸軍軍法会議，二・二六事件第一次判決，17名死刑宣告
	10月ころ	近衛擁立，宇垣擁立の運動活発化
1937(　　12)年	1月29日	宇垣内閣流産
	2月 2日	林内閣成立
	6月 4日	近衛内閣成立
	7月 7日	日中戦争勃発
	9月25日	特設陸軍軍法会議，真崎甚三郎に無罪判決

はじめに

第一次世界大戦の結果、二つの強固な思想が生まれた。一つは、戦争の惨禍があまりに大きかったために、戦争を二度とおこしてはならないという、戦争違法化の思想が全世界に広がったことである。第二章でみたように戦争の違法化は、宣戦布告なき戦争形態を生み、その結果陸軍中央が参謀部よりも特務部を重視するような構造を生んだ。参謀部中心の戦争は、伝統的な、作戦＝統帥重視のものである。それにたいして、特務部中心の戦争は、政治に全面的にかかわらざるをえないものとなったろう。

いっぽうで、総力戦を戦うには政治と軍事が別々に存在してはダメだという、総力戦思想もまた全世界に広がった（第六章）。戦争違法化の思想と総力戦思想は、ともに軍事を政治化する作用を外側からもたらした。

では、時代の思想にもまれた陸軍中堅層は、どのような契機で、政治化を先取りした改革路線を設定してゆくのだろうか。中堅層による改革の成否が、一九三〇年代の変化のテンポを規定したと考えられるので、本章では、粛軍・軍部大臣現役武官制・親軍的新党をめぐる中堅層の動きを検討する。

第一節　粛軍の基本的特質

二・二六事件後の政治についての評価は、松沢哲成氏の論文「青年将校運動の概要」(1) のつぎの評価に代表させることができる。

すなわち、右翼と青年将校とによっておこされたクーデターにたいして、統制派＝陸軍中堅層のもとにカウンター・クーデターが着手される。さらに、かねて研究ずみの要綱（「政治的非常事変勃発ニ処スル対策要綱」、一九三四年一月五日、片倉研究会作成）(2) にしたがって、事件処理、政治的・経済的改革の立案がなされる。革新官僚との連携によって革新政策も実現した――。以上が、だいたいの既存のイメージであろう。なお、ここで中堅層という場合、事件後に粛軍・軍内改革を直接になった課長級のひとびとを想定し、その中核として（表8）のひとびとをふくんでいる。

シナリオどおりに中堅層(3) が二・二六事件後の粛軍・庶政一新をおこなっていったとの解釈は、たしかに説得力をもつものである。広田（弘毅《こうき》）の組閣に陸軍のくわえた干渉、あるいは、事件関係者の処罰のねらいが皇道派の完全一掃にあった、という点を理解するのに適している。調査局→企画庁→企画院という国策統合機関拡張へと動くその後の歴史の推移は、これらの機関に集中していた観のある革新官僚と中堅層との密接な提携の実態を示す証左とみなされるかもしれない。

しかしながら、上記の解釈はともすれば中堅層および革新官僚への過大評価にながれ、カウンター・クーデタープランの一部分と、現実の推移とのあいだにみられる一致点をその政治的担い手の異同に注意せずに、強調しがちになる。

さらに最近の研究成果は、二・二六事件後も軍部の政治支配が間接的・合法的な段階にとどまるものであったこと、(4)また個別には、国策統合機関の拡張過程が、軍および革新官僚の政治的発言力強化に結びつくものではなかったことをあきらかにしている。(5)

さきにしるしたカウンター・クーデター論でみおとされていたのはつぎの点であろう。クーデターをおこした右翼・皇道派・青年将校を邪とし、その弾圧鎮静化という大義をかかげるカウンター・クーデターの担い手である中堅層を正とする論理は、陸軍内部にしか通用しないということである。陸軍以外の政治勢力が、国民の率直な「軍への不信感」を後楯として陸軍全体への不信を中堅層にうったえた場合に、中堅層は苦しい立場にたたされざるをえない。よって、筆者は、「カウンター・クーデター」計画が正常なかたちでは発現しえず、二・二六事件初期に大きな軌道修正をよぎなくされたのではないかと考えてみることから出発したい。(6)

まず、松沢氏のあげている「政治的非常事変勃発ニ処スル対策要綱」(以下、「要綱」と略称

表8　陸軍中堅層

	期	肩　書
石原莞爾	21	参謀本部戦争指導課長
町尻量基	21	陸軍省 軍事課長
石本寅三	23	〃　軍務課長
秦彦三郎	24	〃　新聞班長
田中新一	25	〃　兵務課長
若松只一	26	〃　軍務課高級課員
岡本清福	27	〃　軍務課高級課員
佐藤賢了	29	〃　軍務課国内班長
稲田正純	29	参謀本部 要塞課長
岩畔豪雄	30	陸軍省 兵務課員
片倉衷	31	〃　軍務課満州班長
鈴木貞一	22	歩14連隊長
武藤章	25	関東軍参謀
影佐禎昭	26	野砲2連隊付

注：期は陸軍士官学校の期数，肩書は1936年末の時点のもの
出典：日本近代史料研究会編『日本陸海軍の制度・組織・人事』より作成

する）の検討からはじめよう。片倉衷《かたくらただし》(7)旧蔵の本史料の全体像を知るには、秦郁彦氏の『軍ファシズム運動史』の付録資料掲載のもの(8)が便利である。「要綱」は、「序」、「第一、政治的非常事変勃発ト軍ノ態度」、「第二、中央部ノ執ルベキ方策」、「第三、警備」、「第四、与論指導」、「第五、革新大綱」から構成されていた。それぞれの項目につき、方針と詳細な要領がふされている。「要綱」は、三三年秋頃より片倉を中心とする中堅層少壮幕僚の研究の成果として内外に配布されたものである。そのなかで、つぎの諸点は実際の事変収拾過程で既定の路線から逸脱した展開をみせたものとして数えられる。

すなわち、①「軍は其統制を堅持し、革新の原動力となるも事変の渦中に投ぜず」とした点、②「事変勃発に際しては希望する後継内閣の組閣を図り之を通じ革新を断行す」とした点、③「事変勃発するや直に左の処置を講ず。（中略）ハ、軍隊の事変に関係なき旨の声明、但社会の腐敗老朽が事変勃発に至らしめたるを明かにし、一部軍人の干与せるを遺憾とす」とした点、④「軍の警備は明確なる方針の下に実施し、特に対外的に軍の不統一を暴露せざる如く指導すること必要なり」とした点、⑤「軍が警備の為に動く場合、左右両翼の分子に対しては中正公平なる処置を講じてこれが策動を弾圧し、以て大衆をして深く軍の処置に信頼せしめ軍の行なう革新行為を容易ならしむ」とした点等々。これらの項目は実際の収拾過程でことごとく裏切られていったものばかりである。

片倉研究会の計画書の想定するカウンター・クーデターの、完全な成功をはばんだ最大の原因は事件当時の陸軍上層部の示した「叛乱軍」への玉虫色の対応にあった。中堅層のカウンター・クーデターの第一歩が、迅速な戒厳令発令でなければならなかったにもかかわらず、その発令は二月二七日午前三時にずれこんでしまった。戒厳令発令まえに、荒木（貞夫《さだお》）・真崎《まさき》（甚三郎《じんざぶろう》）両参議官の主導のもとに軍事参議官会議が、二六日午後三時三〇分「陸軍大臣告示」をだしてしまったことは、叛乱軍を勇気づけた。このように、陸軍上層は青年将校の決起を叛乱軍の暴動と認定しなかったのみならず、断固とした鎮圧の決意を欠いていた。

片倉の計画にもかかわらず、戒厳司令部によってではなく軍事参議官会議によって「陸軍大臣告示」が出されてしまったことは、カウンター・クーデター側にとって大きな痛手であった。しかも、二・二六事件をおこした青年将校側のみならず、カウンター・クーデター側でもその成立を予定していた暫定内閣構想が、実質的に木戸（幸一）のひきいる宮中グループの賢明な対応により、挫折をよぎなくされたことも、(9) 計画書の予想しなかったことであった。

カウンター・クーデター成功は、クーデターの断固たる弾圧によって生じるカウンター・クーデター側の正統性を大前提としていた。「陸軍大臣告示」の発表はカウンター・クーデター側にとっては、「錦の御旗」を汚されたことを意味していた。戒厳司令部第二・第三課長を務めた石原《いしはら》（莞爾《かんじ》）と参謀次長であった杉山（元《はじめ》）が「告示」発表に反対したにもかかわらず大勢におしきられた時点で、カウンター・クーデターの軌道修正は決定的なものとなったと思われる。事件後片倉が「告示」に関係したものを激しい言辞でつぎのように罵倒しているのは、(10) 皇道派一掃の奇貨をつかんだトキの声と解釈すべきではなく、以上の文脈から解釈されるべきである。

> 事件関係の責任者の処分を迅速明確にす。一日遅れるときは一日信を失う。即ち国民をして陸軍の旗幟《きし》鮮明なる態度に依り、其信頼を獲得す。（中略）「陸軍大臣より」の文書（告示?）に就ては、起案者、首謀者の責任を糾弾せざる時は、第二の相沢事件突発するを確信す。斯の如きは皇軍として聖代にあるまじき汚辱なり。況や次官通牒にて更に修正頒布するをや。今日如何に弁明するも皆遁辞《とんじ》のみ。如何に無定見、周章狼《しゅうしょうろう》狽《ばい》せるかを察知するに足る。

この引用からは、「要綱」のいうような「大衆をして深く軍の処置に信頼せしめ軍の行なう革新行為を容易ならしむ」ことが不可能な状態で二・二六事件終末を迎えなければならなくなったことへの、またその原因をなし

図3　二・二六事件経緯

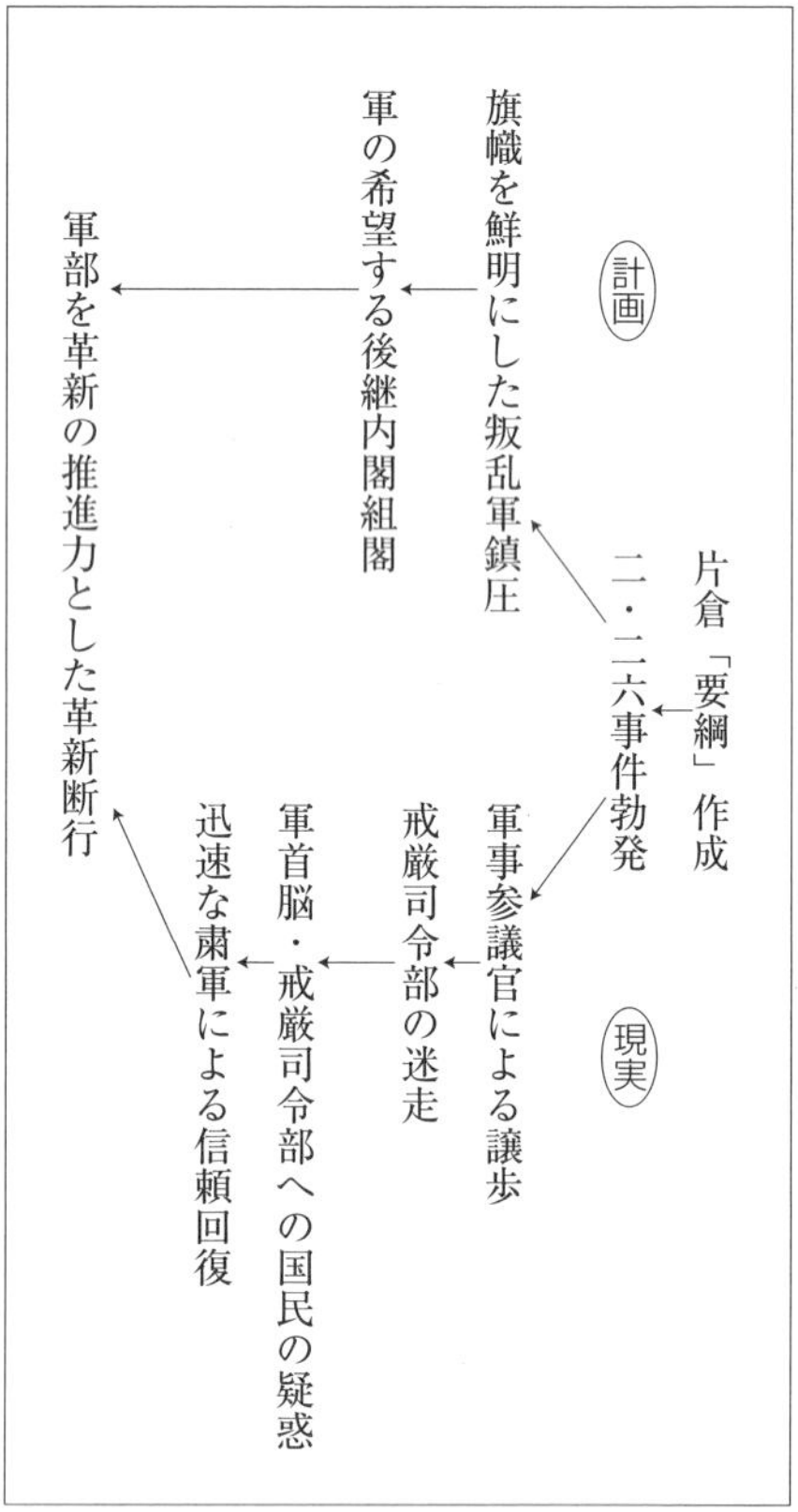

たものへの率直な憎悪の念を読みとることができるだろう。以上の経緯を図示するとつぎのようになる（図3参照）。上が計画どおりの場合であり、下が現実によぎなくされた軌跡である。

機あらば叛乱に乗じようとした陸軍首脳部をかかえて、国民の信頼回復をはかる道を中堅層は選択さぜるをえなくなった。これは、政治責任の自覚というよりは、徴兵制に完全に依存していた陸軍の基盤の動揺をおさえる必要からだった。[11] 笹山晴生《はるお》氏が『古代国家と軍隊』[12]に書いたように、「海行かば　水漬《ず》く　屍《かばね》　山行かば　草生《む》す屍　大皇《おおきみ》の辺《へ》にこそ死なめ」という皇軍意識は、軍隊の私兵化と対極にあるものである。青年将校の私兵としてつかえるのはごめんだという意識が根強く広まっては困るのである。

このような挫折をへなければならなかったことから、中堅層は責任者の処罰を政治的に最も有効なかたちで国民にアピールできる方途として特設軍法会議という粛軍劇の舞台を必要とする。片倉計画書＝「要綱」にはなにも規定がなかったクーデター側（叛乱罪）・鎮圧側上層（辱職罪《じゅっしょくざい》）の起訴および政治裁判が二・二六事件後の政治の柱となってくるゆえんである。また、これも「要綱」にはなかったが陸軍大臣の権限強化を主旨とする一連の軍内改革が浮上してくるゆえんである。特設軍法会議による事件処理と、人事処理機構の刷新を中心とする事件後の陸軍にかせられた二つの問題にたいする陸軍省当局の基本的態度を示すものとして、「極秘　事件処理要綱　昭和一一年二月二九日　陸軍省」[13]がある。

本文書は「第一、抜本的粛軍の断行」、「第二、人事の抜本的刷新」、「第三、後継内閣の件」、「第四、戒厳に対する処置」から構成されている。第一の部分において「東京陸軍軍法会議（緊急勅令）に於て厳罰主義に依り速に処断す」との基本認識がすでにみえている。また「抜本的に陸軍自体の粛正を断行する」ために、人事の刷新が中心にすえられ、それは①高級将校の人事の刷新、②憲兵の制度及び人事の根本的革新、③中央官衙《かんが》の人事の刷新、の三点からなっていた。

粛軍の進展するまで迂回路をとらざるをえないことは、陸軍中堅層に新首脳部とのある程度までの一致協力を強制した。粛軍を媒体とした新首脳部と中堅層の一致という視点は、広田内閣の時期を通じて革新政策への中堅層（町尻量基《まちじりかずもと》、石本寅三《とらぞう》、秦彦三郎《はたひこさぶろう》、岡本清福《きよとみ》、若松只一《わかまつただかず》、佐藤賢了《けんりょう》、田中新一、片倉衷、武藤章、影佐禎昭《かげささだあき》など）の傾斜が比較的抑制された理由の一半の説明を可能とするだろう。「要綱」の「第五、革新大綱」に書かれたような革新政策[14]を中堅層は潜在的に希望しながらも、陸軍全体の要求としては寺内（寿一《ひさいち》）陸相・梅津《うめづ》（美治郎《よしじろう》）次官ひきいる首脳部のレベルにそろっていたという事実は、寺内・梅津両者の指導力だけで説明されるべき問題ではないだろう。

（1）林茂他編『二・二六事件秘録』第一巻（小学館、一九七一年）所収。
（2）同前、八八、九五頁。松沢氏のほかに李炯喆氏もその著書『軍部の昭和史』上巻（日本放送出版協会、一九八七年）

において同様の主張をしている（一四六頁）。
（3）二・二六事件の粛軍をになってゆく側をさしている。
（4）前掲『軍部の昭和史』上・下巻。
（5）御厨貴「国策統合機関設置問題の史的展開」、『年報・近代日本研究1　昭和期の軍部』（山川出版社、一九七九年）所収。池田順「ファシズム期の国家機構再編――広田内閣期を中心に――」（『日本史研究』二八八号、一九八六年八月）。
（6）事件の鎮圧過程を利用して、ヘゲモニーを掌握するというレールが統制派によってしかれていたとする通説について疑問を呈したものには、すでに筒井清忠『昭和期日本の構造』（有斐閣、一九八五年）第六章「日本型クーデターの政治力学」がある。
（7）片倉衷の経歴はつぎのとおり。昭和六年一〇月関東軍参謀、八年八月参本部員、九年一二月軍務局付、一一年八月軍務局課員、一二年三月関東軍参謀、これ以降中央の重要な職にはもどることなく、一九年三月少将、二〇年四月第二〇二師団長を最終履歴とする。
（8）秦郁彦『軍ファシズム運動史』（原書房、一九六二年）三一二～三一一頁。原本は漢字カナ混じり文。以下の引用もとくにことわりのないかぎり、この部分からとっている。
（9）この指摘をおこなったのは、前掲『昭和期日本の構造』第五章「日本型クーデターの構想と瓦解」である。
（10）「極秘　控　組閣に関する片倉少佐の意見」（前掲『二・二六事件秘録』第一巻）一二九～一三〇頁。同様の危機感は、関東軍参謀副長板垣征四郎が二月二六日戒厳司令部におこなったつぎのような意見具申にもみられる。「今回の反徒に対しては断乎たる処置を取るを要す。然らざれば皇軍は政府より被告の地位に立つるに至るべし」、松本清張編『二・二六事件研究資料』第一巻（文藝春秋、一九七六年）三一頁。
（11）国民の不信が国民皆兵を理念とする徴兵制度を脅かすものとなるとの認識による。事件後陸軍は国防婦人会において「不祥事件に関する口演《ママ》」をおこない、「今回の事件を以て軍全般を律し、全国各軍隊共に皆な危険なる将校ばかりの様に考へ且つ斯の如き危険な将校の部下として、自分達の子弟を徴兵として出すことは出来ない、人殺しをする将校に教育されるよりは罰せられても徴兵を忌避した方がよい、という考へ方をする者がある様に思はれるが」（内務省警保局保安課『特高外事月報』昭和一一年四月号、一四〇～一四八頁）との懸念を述べ、そのゆえなきことを弁明している。
（12）笹山晴生『古代国家と軍隊』（中央公論社、一九七五年）。
（13）前掲『二・二六事件秘録』第一巻解題一七～一八頁。

（14）　たとえば、①政党の解散、②各省の改廃、③総理は枢密院の諮詢により選ぶ、④国務大臣は総理が推薦、⑤議院改革、⑥府県廃合など。

第二節　特設軍法会議

1　全般的処罰方針

軍が信頼にあたいすることを衆目へ示す（これはかならずしも公開でなくともよい。処罰への国民の充足感は、迅速・厳罰の二要因によって達成される）ために、特設軍法会議が日程にのぼってくる。全体としての方針は、二月二九日付「極秘　事件処理要綱」によって、厳罰・迅速な非公開裁判と定められた。「厳罰・迅速」という二要素は、迂回路からの脱却を可能とする要件だった。ことに「迅速」という点については、事件直前の第一九回総選挙（二月二〇日）後の特別議会が、五月初旬に開催されなければならないので、四月下旬には少なくとも起訴確定がおこなわれている必要があった。

そしてこの方針は、数年来の国体明徴型の全国運動[1]を根絶する機会として期待する、天皇・元老・宮中グループの強い支持を受けるところともなってゆく。

三月一日、二・二六事件の特設軍法会議を緊急勅令によって設置することを、岡田（啓介《けいすけ》）は閣議決定した。(2)そのとき、天皇は「軍法会議の構成も定まりたることとなるが、相沢中佐に対する裁判の如く、優柔の態度は、却って累を多くす」る、「軍法会議の裁判長、及び判士には正しく強き将校を任ずるを要す」、と陸軍に注意を与えた。(3)「相沢に対する裁判云々」とは、つぎのような経緯をさしたものである。

相沢（三郎）事件審理のさい、軍法会議裁判長・判士は通常の軍法会議法にもとづいて、相沢所属の第一師団の長であった柳川《やながわ》（平助《へいすけ》）によって任命された。柳川は皇道派系の将軍と目されていた。そのため、裁判が皇道派ペースでおこなわれた、(4)と天皇はかねて考えており、その轍《てつ》を今回踏まぬよう注意を与えているのである。

今回の特設軍法会議法の第二条で、陸軍大臣をもってその長官としたのは、この種の懸念を排除するためであった。さらに、天皇は三月一一日、とくに寺内陸相を呼び、昨今の陸軍の不祥事につき「実ニ勅諭ニ違背シ我国ノ歴史ヲ汚スモノニシテ憂慮ニ堪ヘヌ」との主旨の文書を下付し、「此際部内ノ禍根ヲ一掃」することを強く要求した。(5)

また、元老西園寺《さいおんじ》（公望《きんもち》）は原田を介して、「貴下が真剣に御努力中のことについて非常に敬意を払つてゐる」(6)、あるいは、「やつぱり今度の事件の始末は、世間が、思つたよりよくやつたといふ風に、比較的速くしかも重く刑に処した方がいゝ」(7)との言葉を寺内陸相に伝えさせ、厳罰・速決という処罰方針のゆるがぬようサポートした。

では、軍法会議を主宰する側、陸軍の認識はどのようなものだったのだろうか。彼らは天皇の期待するような「正しく強き将校」だったのだろうか。それには、軍法会議法務官（軍における法律の専門家、陸軍文官）が下士官組の裁判を担当した判士にむかっておこなった審理方針の説明が参考になる。(8)

3、処罰方針

六月三日。山上〔宗治〕法務官説述。（中略）

厳罰主義、急速に処理すべし。（中略）

5、粛軍

直接関係者の厳罰、事件の真因を徹底的に究明し、責務は軍上層に及び、又、責任上官の監督指導を難詰するを要す。

事件に直接関係するもの以外に、たとえ上層部であってもその責任を問題とするとの方針が確認できる。事実、三月六日、荒木・林（銑十郎）・真崎・阿部の四軍事参議官の待命が発令され、同一〇日川島前陸相も予備役に編入されている。(9) 寺内陸相の任命にかかる裁判官は省部の幕僚が多かったが、彼らが裁判終了時の一九三六（昭和一一）年八月の異動で、軍務局の枢要な地位を充てられている点は興味ぶかい。(10) その点からみても、当然のことながら裁判官・判士が粛軍をおこなう首脳部と同様の立場のものであったことが知られよう。そして天皇のいう「正しく強き判士」とは「真崎をかく首」(11) できる判士を意味していたことも忘れてはならない点である。

ひきつづき、辱職容疑の取り調べが四月中旬よりはじめられた。その対象は、鎮定作戦に関係した各級指揮官である。事件に直接参加しなかった者も叛乱幇助《ほうじょ》の容疑で三月下旬より四月上旬にかけて送致されている。(12) 前者については、陸軍大臣「秘密命令」が憲兵隊へ下ったことによって捜査が開始された。(13)

そのなかで、最も注目されるのは、元教育総監真崎起訴の問題であろう。真崎は四月二一日に憲兵の初取り調べを受け、それは五月三日にまで及んでいる。(14) 憲兵隊が真崎の起訴事実を固め、軍法会議に送致したのは五月一一日、第六九特別議会の最中だった。

本節では、陸軍省の処罰方針が、比較的早くから厳罰・迅速な事件処理をかかげたものであり、その方針が天皇・元老からの支持（或いは牽制）を受けるものであったことをあきらかにした。天皇の直接的関与は、陸軍省に、さきの方針の堅持を強制するであろう。

2　粛軍演説

第六九議会において、斎藤（隆夫《たかお》）が粛軍演説をおこなったことはつとに有名である。この斎藤演説と当時の陸軍上層部が考えていた真崎起訴をめぐる特設軍法会議の方針との相関関係を検討したい。演説は二万字に及ぶものであり、その内容は、総理大臣にたいする質問と陸軍大臣にたいする質問とに大別される。前者にむかっては、①革新的な政治改革が云々されているが、強いて不自然な改革をする必要はない（以上、約六〇〇〇字分）、②国策の樹立に関しては積極的に外交の大工作をなすべきときである（以上、約二四〇〇字分）という点をただしている。ついで陸軍大臣へは、③軍人の政治運動は断じて禁止しなければならない（以上、約三六〇〇字）、④二・二六事件にたいしてどのような処置をとるか。五・一五事件後の裁判のような不十分なものではだめだ、裁判の厳正中立が保障されなければならない（以上、約六六〇〇字分）、との点をただした⑮。

注目されるのは④にあたる部分で、つぎの点を強調していたことである。

即ち古賀清志《こがきよし》等が彼の五・一五事件を起して、彼等の計画する戒厳を宣告せしめたならば、何れの所よりか大勢力が現はれて来て、之を収拾して呉れる、斯《こ》う云ふ確信を以て彼等は旗挙げをしたのである、或は上司たる者は、部下の者に対しては事の是非曲直を明にして、彼等を迷はしめないやうにしなくてはならぬに拘らず、言語及び態度を曖昧にして、何となく上司が彼等の行動を容認して居るかの如く誤解せしめて居ると云ふ事実を、四五年前の五・一五事件の公判に於て山本検察官が既に論じて居るのであります。故に斯の如き疑を起すと云ふ者は、唯非国民であるとか、或は軍民離間を策する者であるとか言うて一蹴しただけでは、国民の疑ははれるものではない（拍手）。若しさう云ふことがあったならば、是は極めて重大事件であります。故に事件の跡始末をするに付ては、先以て此の方面からして洗ひ去るにあらざれば、事件の根本的清掃と云ふものは断じて出来るものではないと思ふのであります（「ヒヤヒヤ」拍手）。

この部分は、「大臣告示」に関係したものへの片倉の激怒、裁判官・判士に「正しく強き」将校を要求した天皇の憂慮、「速くしかも重く」との処罰方針を示唆した西園寺の意向、軍上層の責任・上官の監督指導を難詰することを要求した山上法務官の説明、などと同一のトーンをもっている。ここで、斎藤が陸軍大臣に要求している第一の点は、真崎を叛乱幇助罪で、あるいは戒厳司令部関係者を辱職罪できちんと厳正に処罰しろ、という点にあった。よって寺内は「只今斎藤君の御質問、軍部に関しまする御質問、真に熱誠適切なる御所論を承りまして、私はその論旨に付きましては同感でございます[16]」という答弁をなし、斎藤演説に同意を表したのである。

一九三六年七月六日、真崎は第一師団軍法会議に叛乱幇助罪の容疑で拘引され、同夜東京衛戍《えいじゅ》刑務所に収監された。本節においては、陸軍当局の軍法会議方針が迅速・厳罰主義であったこと、その方針は、天皇や宮中グループの意思に鞭達されるところ大であったこと、それゆえに陸軍省の処罰方針は堅持されるべき根拠のあったことをたしかめた。斎藤演説に代表されるように、議会もまた真崎起訴に積極的であった。

次節では、それではなぜ真崎にたいして軍法会議は無罪判決をくだすことになってゆくのかを考えたい。そのためには、軍法会議を主催する陸軍省への「外圧」がどのようなものであったのかを検討する必要があろう。

（1）これらの運動が全国型になりやすかった理由は、主たるにない手が在郷軍人や隊付将校であったからである。
（2）本庄繁『本庄日記』（原書房、一九六七年）二八三頁。
（3）同前、二八三〜二八四頁。
（4）相沢裁判については、松本清張『昭和史発掘』第八巻（文藝春秋、一九七八年）が参考になる。
（5）下付文書の全文は、前掲『二・二六事件研究資料』第一巻、四六頁。
（6）原田熊雄述『西園寺公と政局』（岩波書店、一九五一年）第五巻、三六頁。以下、本書を『原田日記』と略称する。

（7）同前、四六頁。
（8）松本清張『昭和史発掘』第一二巻所収、「中尾金弥元判士のノート」、二四二〜二四三頁。
（9）四軍事参議官待命へ強力な動きをみせたのは、陸軍省軍務局軍事課高級課員武藤章と、同課員有末精三であったという。これについては前掲『昭和期日本の構造』第七章の一「二・二六事件後の陸軍官僚制」を参照。
（10）石本寅三は軍務局軍務課長、若松只一は同高級課員。
（11）木戸日記研究会校訂『木戸幸一日記』上巻（東京大学出版会、一九六六年）三月三日条、四七三頁に、天皇の言葉として「真崎はかく首することを要すべし」とある。
（12）前掲『二・二六事件秘録』第一巻、二五頁。
（13）同前、二六頁。
（14）前掲『二・二六事件研究資料』第一巻所収の戒厳参謀長安井藤治による「備忘録」（四九頁）に、鈴木孝雄大将の話として以下の記述がある。「坂本（俊馬）憲兵隊長午後二時三〇分より今日迄の憲兵業務及其進捗に関し報告、昼夜兼行、検挙も順調、警視庁との精神的協同も良好にして四月上旬には大物に手を着け得る見込なりと」。この大物とはもちろん真崎をさしている。
（15）社会問題資料研究会編『帝国議会誌』第一期第二五巻（東洋文化社、一九七七年）四〇四〜四一四頁。
（16）同前、四一五頁。

第三節　粛軍の帰結

1　復活待命《たいめい》

秦郁彦氏は、寺内陸相が「粛軍の徹底」を強調し、事件処理を推進せざるをえなかった理由として、国民各層の「皇軍」への不信感を一掃する必要があったということ、これまで軍当局が利用さえした青年将校達の革新運動が首脳部を乗りこえて進む気配を察して、これ以上放置することが許されなかったということをあげている。(1)これは納得できる見解である。しかし、その部分につづけて、事件時の首脳部の言行が、叛乱幇助にあったことを隠蔽《いんぺい》するために、裁判を非公開とし、叛乱の責任を北・西田と青年将校の一部に転嫁したと述べられている(2)のには疑問を感ずる。

事件時の首脳部の言行を隠蔽する意図を、陸軍がまったくもたなかったとはいわないが、同時に、第一節においてみた片倉の発言、第二節でみた山上法務官の発言からして、事件時の首脳部への、明確な処断が、長期的には陸軍に有利であるとの認識が、中堅層を中心として陸軍部内にあったこともまた事実であろう。

①戒厳司令官香椎《かしい》（浩平《こうへい》）の処分についても、陸軍新首脳部の処断方針が、はじめは復活待命（一時的に待命

になるだけであとで復活できる）ですませようとしたのにたいして、中堅層の突きあげによって、待命→予備役《よびえき》という経過をたどったということは、香椎の「手記」(3)によって跡づけられる。

②起訴されたにもかかわらず真崎が無罪とされたことは、陸軍首脳部の方針が、はじめから厳罰主義でなかったというよりは、むしろ真崎に厳罰主義をもってのぞんでいた陸軍首脳部にたいして、ある種の「外圧」がくわわり、既定の方針がゆがめられたとみるべきだと考えられる。

③北《きた》（一輝《いっき》）と西田（税《みつぐ》）はたしかに直接行動に無関係だったろう。しかし、事件のリーダーである磯部《いそべ》（浅一）の「余の所信は『日本改造法案大綱』を一点一画も修正することなく完全に之を実現することだ」(4)との言明からもわかるとおり、北の著作の影響力が問題とされたのは予想される。のみならず、北の調書を読んだ真《さな》田《だ》（穣一郎《じょういちろう》、軍務局軍事課員、当時は戒厳司令部参謀として事件後の情報収集にあたっていた）が「反乱部隊の真の司令官は北と思はる」(5)との心証を語っていたことからすれば、当局として確信をもって処断したとも考えられ、軍内の病根を隠蔽するためという主張は根拠に欠けるように思われる。

このように、粛軍の評価が錯綜するには理由がある。それは、事件後の政治を、中堅層＝統制派の独走とみるむきには、粛軍は無実のものもまきこんで、十二分に貫徹されたと過大評価されがちとなり、いっぽう民間に責任転嫁して組織維持をはかったという、軍隊の本質露呈とみるむきには、粛軍は真崎さえ有罪にできなかった不徹底なものと過小評価されるからである。

ここでは陸軍省当局の方針をめぐるさまざまな「外圧」について検討することによって、錯綜した視点に整理をくわえてゆきたい。

さて、①については、香椎「手記」をもとに、香椎の予備役編入過程をみてゆくことによって、陸軍新首脳部の処断方針が中堅層の働きかけによって変化したことをたしかめる。②については、軍法会議への陸軍省の「外圧」ではなく、陸軍省への他の政治勢力の「外圧」についてあきらかにする。特設軍法会議のための捜査にたずさわる関係各省の若手が、事件当時の首脳部への厳罰を求めようとしていたこと、いっぽう真崎の無罪にむけて、近衛（当時貴族院議長）が陸軍省方針を牽制する方向で動いたことをみてゆこう。

香椎は事件当時東京警備司令官であったことから、戒厳令布告とともに戒厳司令官に就任した。[6] しかし、事件鎮圧後、その事件処理過程を批判され待命になった（四月二日）。だが、この待命は復活待命にすぎなかった。[7] この事実は、複数の史料から確定できる。戒厳参謀長安井《やすい》（藤治《とうじ》）の「備忘録」には、「待命なるも復職を条件とする」[8] とあるし、実際に香椎の予備役編入に関与した畑の「日記」にも、「何か前大臣との申継には、一二月迄現職にある約束ありしとのことなり」[9] とある。

しかし、陸軍省首脳の処置にたいしてはただちに批判がおこる。その一つとして、新井《あらい》（匡夫《くにお》、戒厳司令部において石原のもとで参謀を勤めた）の香椎宛書簡（四月一〇日付）をあげることができる。それは香椎によれば「中央、特に参謀本部の空気変はり、待命者多数中、一名も拝辞者なきは遺憾と云ふ声起りたること、陸軍省の苦境、地方師団よりも復活の不都合につき進言あること」[10] を述べたもので、香椎に自発的な復活待命拝辞を勧めたものである。

この新井の行動は中堅層の意向を代弁したものとみなされる。それは、畑の日記「復職取消は所謂中堅将校達の意見にして下克上の表はれなり」[11] との記述からも確認できよう。また、地方師団からの進言もあった。畑は「果して之（復活待命のこと、引用者註）が世上に伝はるや批判少なからず、特に在郷将官方面にて之を非とするもの少なからず。陸軍省当局も之に動かされ、復職を取止めとなさんとする」[12] と書いている。

以上の香椎の「辱職」容疑追及の事例から、厳罰主義を当局にせまったグループとして、中堅層や在郷軍人をあげることができる。

さらに、当局の方針に影響を与えたものとして「軍官捜査連絡会議」（事件後の戒厳司令部内の事務当局者の会議）のメンバーが注目される。メンバーには、武藤章（軍務局軍事課高級課員）、有末精三（同課員）、真田（同課員）、田中新一（軍務局兵務課高級課員）、安倍源基《げんき》（警視庁特高部長）、毛利基（同特高課長）、坂本俊馬《としま》（東京憲兵隊長）、大谷敬二郎《おおたにけいじろう》（同憲兵大尉）、島田朋三郎（法務官）、匂坂春平《さきさかしゅんぺい》（同）、木内曾益《きうちつねのり》（検事）、戸沢重雄（同）がいた[13]。

これら事務当局者の考えは、厳罰主義を基調とするものだった。たとえば、木内は四月一日の会議で「軍は、徹底的に粛軍すると称し、却って稍鈍りあるにあらずや」[14]といい、ある内務省事務官・警視庁特高課員は同五日「大臣の告示は、誰れが見ても反乱幇助と見らる」[15]といっている。また安倍は同一五日の時点で「軍上層部に疑惑あるものは、徹底的に清掃することが反軍思想を取締る根本なり。全部の発表が出来ないにしても成るべく事実を明瞭ならしむることが大乗的に見て一大着眼なり」[16]との認識であったという。ここからは、陸軍省当局の処罰方針に督促をくわえるグループとして軍官捜査連絡会議の事務当局者をあげることができる。

このような厳罰主義の主張に支えられて、七月一〇日、陸軍省当局はさきの方針を転換し復活待命ではなく、香椎を予備役編入で処分した。しかし、いまだ行政処分のみで処分が完了したわけではなかった。予備役編入をまち、七月一九日、法務官が香椎のもとを訪ね真崎関係の聴取をおこなった。その後香椎は、一〇月八日に東京軍法会議に出頭を命ぜられ、その取調べにあたった匂坂法務官の態度は、香椎によれば「派閥関係を聞き、又統帥関係に深く立入って聞く」[17]というものだった。さらに匂坂は一〇月二四日香椎から事件期の手帳を提出させ、一一月一四～一七日にも取調べをおこなった[18]。ここからは、行政処分のみならず辱職罪を構成しようとする捜査陣の意図がうかがわれる。捜査陣の側の大谷はつぎのように回想している[19]。

匂坂検察官から、ちょっと来てくれとのことで東京軍法会議に出向いたところ、そこには判士の藤室良輔大佐が同席しており、藤室氏から『大物検挙』の切要を訴えられ、かつこれが捜査の協力を要請された。（中略）結局、藤室氏らの『大物検挙』は荒木大将や川島大将や香椎中将らに手をのばすことにあったようで、その第一着手として、匂坂氏が香椎を呼んだというのが真相のようであった。（中略）右の香椎取調は、彼の「利敵」容疑か「辱職」容疑にあったもので、本件辱職容疑取調の延長として一部幕僚達の「むし返し」がなされようとしたものと理解されたことであった。藤室大佐（のちの中将）は当時陸軍の優秀とされ参謀本部の課長だったと記憶している。軍法会議判士達をリードしたことは、間違いないことでしょう。

陸軍省当局がこのような厳罰主義方針に強く規定されながら処罰をおこなっていったさまがわかる。香椎の取調べは、三七年一月一七日に不起訴ということで帰結をむかえる。復活待命を各グループの突きあげによって予備役編入に変えた陸軍省当局が、数度の取調べをおこないながらも香椎を起訴にもちこめなかったのはなぜだろうか。これに答えるためには、寺内陸相に主導された陸軍当局を逆方向に牽制するあらたな勢力として、近衛の動きについてみてゆく必要がある。

2 近衛の介入

政友会長老の一人で、対中政策で近衛の相談にあずかっていた小川（平吉）の日記[20]の伝える近衛の動静によれば、一九三六（昭和一一）年一〇月二一日の段階で、近衛はすでに事件の処罰方針について、牽制をはじめていたことがわかる。

「此日真崎・久原《くはら》起訴の報を薩摩《さつま》氏より聞く・寺内は一人相談する人ありと答へたりと。察するに其一人は湯《ゆ》浅内府《あさないふ》ならん」（「寺内は……」以下が近衛の発言、引用者註[21]）。「大物検挙」の動きは一〇月七日の香椎にたいする東京軍法会議への出頭命令ではじまっていた。よって、近衛の寺内への干渉は方針が報復的厳罰主義へ傾斜することへの警戒の意味をこめて、時期を失することなく対抗的手段にでたものと解される。

近衛は寺内の相談相手を湯浅（倉平《くらへい》、内大臣）と推測していたが、この推測は正しいものであった。というのは、寺内宛南（次郎、朝鮮総督）書翰のあるものによれば、寺内支持グループは、軍人関係ならば小磯国昭《こいそくにあき》(22)・河合操《かわいみさお》(23)・鈴木孝雄(24)、文官関係なら湯浅(25)・児玉秀雄(26)とされているからである。(27) 近衛の寺内への干渉の重みを理解するためには、一〇月という時点で近衛がどのような政治的位置にいたのかを考える必要がある。一〇月といえば、既成政党の一部や軍部の画策する新党に、近衛がかつぎだされるころである。

新党とは、小川の書くところによれば、「各方面（政党・上院・有志家・軍人等）の情報を交換す（新人団体よりの会見の申込あるべき旨先触ありとのこともあり。新団体の顔触は少々面白し。一二日若宮よりも聴く）。人事の評議を為す。人材難なり」(28)というように、「新人団体」との名で表現されるものであった。有馬《ありま》（頼寧《よりやす》、第一次近衛内閣農相）の日記(29)において、「一〇月六日　山崎達之輔《やまざきたつのすけ》氏来訪。近衛公出馬の事につき相談あり」、「一〇月八日　中島・木舎《きしゃ》氏と会ふ。中島氏より、新党問題に関する意見をきく」、「一〇月二九日　東［京］日［日新聞］の今尾《いまお》氏(30)来訪。近衛氏擁立に関する相談あり。賛成す」と、しるされていた動きであった。

この新党運動は、前述の勢力のみならず陸軍の支持をも受けるところとなっていた。このように、近衛の発言に重みを付与したものがあったとすれば、それは新党運動の党首として近衛が擬せられていたということにある。それでは、東京特設軍法会議最後の法廷で真崎が無罪を宣告されるまでの経緯に、近衛は具体的にはどのように関与したのだろうか。

一九三七（昭和一二）年六月に内閣が成立するや近衛は首相としてはやくもつぎのように奏上していた。(31)

聖上陛下に奏上。

・政治は公平ならざるべからず。

・三月事件の宇垣大将と仮に真崎大将が二月事件に関係ありとしても其両者の状況は如何。一は大命降下、一は囹圄《れいご》にあり。
・南大将も宇垣大将は関係あり、杉山大将も亦関係ありと称す。
・真崎大将の問題は此関係に於て最も考慮を要すべきものなり。

このときの奏上内容と同様の近衛の真意を緩和して発表したものが、六月四日記者団に語った施政方針声明中の「利害による対立、情実党派因縁による対立は出来るだけ非常時局に鑑みて各人の自省によって摩擦を少くすることが望ましい」(六月五日付日刊各紙)との言葉だったとみられる。近衛は六月二〇日前後に再びつぎのような趣旨の奏上におよんでいる。(32)

真崎大将問題は其罪の有無如何に拘らず、既に政治問題なり。此処置如何によりては再び混乱の場となり、相克解消の任務に対し、恐懼《きょうく》に堪へざる次第なり。叡慮《えいりょ》を煩はし奉るは万死に値するも、寛大の聖恩に浴し奉り度、真崎大将とは何等の私情なく、特別の御処置は一に政治問題としての上よりなり。

近衛の訴えにたいする天皇の態度は「龍顔《りゅうがん》曇らせらるが如く拝せられ、此問題の過去を拝察被為」(33)といったように、困惑を顕わとしたものであった。この時点で近衛は恩赦或いは大赦との言明を避けてはいたが、それらの方法をとることによって真崎問題を政治的に解決する意志をもっていた。近衛は湯浅内府・牧野(伸顕《のぶあき》)前内府・杉山陸相に了解を求めたが、反応はよくなかった。湯浅の反応は「極めて冷徹にして厳罰を以て臨み、真崎大将に好意なきもの丶如く、極めて困却の様子」(34)というものであった。(35)

牧野は「真崎大将の処置に就ては憂慮し此問題之政治的解決を意と」(35)するというもので近衛の立場に多少の理解を示すものではあったが、牧野はあくまで治安上の不安から急速な処断を求めたにすぎなかった。(36)西園寺は「筋の立たないことをやるくらゐなら、辞めた方がい丶ぢやあないか。別に総理大臣が近衛でならんといふこともないのだから」[37]という程の絶対反対論であった。また、杉山陸相は「司直の手に掛りたるが故に如何ともし難し」[38]との態度を示し近衛の政治的解決方針に消極的ながら反対の意を表していた。

大赦奏請の場合その措置にあずかるはずの内大臣・前内大臣・元老・陸相がそろって近衛に同意しなかったので、近衛は単独で強硬手段にでる。七月二七日に近衛は「昨日参内の節、真崎事件に関連し大赦云々を奏上せし趣」を木戸に漏らした。[39]驚いた木戸は、近衛の上奏文を内大臣府にゆき、確認することさえしている。近衛の言動は大赦の必要を正式に上奏し、実際に大赦がだされずとも裁判の審理を上奏ずみという点で牽制してゆく意味をもつものだった。

近衛の行動は、近衛が荒木や平沼（騏一郎《きいちろう》）の教唆により真崎救済に乗りだしたとする説を裏ぎって鬼気迫るものがある。それはたとえば、大赦の正式の奏上をなす前の七月中旬、近衛と天皇がつぎのような対話をなしたことにも示されている。[40]

天皇「真崎の問題は考へは変らざるや」

近衛「依然変りません。其手続の折には宜敷願ます」

こうなれば刑の軽重は別として真崎に有罪判決がだされた場合、近衛は「聖慮を悩ませた」責任によって辞職をよぎなくされることとなり、大衆的人気をはくした近衛を辞職に追いこんだ責任を陸軍は負わねばならなくなるという事態が予想される。天皇・陸軍当局・重臣の反対によって、大赦による政治的解決が困難であるという「逆境」下にあって、あえて上奏におよぶという近衛の「解決方策」が局面を大きく逆転させてゆく。[41]さらに、近衛は慎重に六月二六日に荒木を、そして八月一七日には林をつかって、軍法会議裁判長である磯村年《いそむらとし》の説得にあたらせていた。近衛は荒木にたいして「磯村大将に一度面会する事も必要ならん」[42]と要請し、それにしたがって荒木はただちに磯村を訪ねている。つぎにひくのは荒木による会見記録である。[43]

過去の経緯に就て［荒木から］一応軍の内容を説明す。
［磯村］大将は
・何者にも左右さるゝ事なし。公正無私を期す。
・長びけるは自己の責任也。
・起訴せりとて無罪になれりとて責任誰にもなし。
・真崎大将之陳述明瞭を欠くは遺憾。
（中略）有利なる所は明瞭に、不利なる所は不明にするが如き。（中略）其心証は必ずしも宜からず。
之に関しては真崎大将之表現之下手なるに因するを［荒木より］弁じ、其精神の他の同期生よりも清明なるを説明したり。

荒木訪問の結果、裁判官の心証の予想外に悪いことが判明した。林もただちに磯村を訪問し[44]、近衛との約束を実行した。いっぽう林の遺したメモ「挂冠《けいかん》三年[45]」によれば、近衛が林を動かすことによって最終的な政治的解決をはかろうとしているさまがうかがえる。

八月一六日、夕、近衛公の招致を受く。実川［時次郎］連絡。
会談の要旨　一、南との会見談
一、内府の意見　三点　時期不可、右翼動静、一部の不公平
一、前内府の意見
一、二は問題に非ず、三のみ。
一、陸相は明答なし。寺内は不同意なるが如し。
林の努力を求む。之が達せずば、既に七月二六日上聞に達したることなれば、近公は其位置を去るの決心な

りと。

依って何分の努力を約し分る。

ではなぜ林かといえば、まず磯村と林とが懇意であったという点があげられる。さらに、林は陸相時代たしかに真崎を罷免しはしたが、皇道派に敵対的な行動をとってはこなかった。派閥にたいする自己のスタンスのとりかたが一種独特だった。三四年二月一五日のこととして鈴木（貞一）がしるすところによれば、林は「（近衛と面談の折、引用者註）自分は、軍内部に於ける宇垣、荒木両派の対立の如何に深刻なるやに驚き入りたり。過般五相会議の時には軍の首脳者の間に意見を一致して強硬に進まんとして会議を開きたるが、其時永田の意見六分の勝ちなりしに、荒木は小畑《おばた》を抑圧する能はず、遂に五相会議には少数意見を出したるなり、自分は此二大抗争を調和する考えなり」(46)と語っていた。

この林の言辞を近衛のまえでおこなった建前論と読むのは早計である。竹山護夫氏の論文「昭和一〇年七月陸軍人事異動をめぐる政治抗争」(47)は、林銖作《れんさく》氏所蔵文書をもちいて林の派閥認識を実証的に跡づけた労作であるが、そこであきらかにされたことは、林が陸軍の派閥を宇垣系・荒木系・中立系と分類したうえで、自己の中立の堅持によって軍全体の中立化をはかって統制を回復しようとしていたということであったからである。(48)

真崎罷免の責任をとって陸相辞任の決意をかためた九月二日当時の林メモも、「一、今後の工作は、両者首脳部の協力か、一律の引退なり。（中略）両首脳部の間の融和を計るには、林尤も適任なり。之が要位にありては、動作困難なり。一、如何にしても大英断を行ふの必要あらば、首脳部の自発的退却に如くなし。此時は、林は同時に双方の首脳部を伴って野に下るを最も可とす」(49)とあり、派閥解消に自己の存立意義を認めていた林の意図をうかがうことができる。林の目に裁判が統制派による皇道派粛正とうつったとき、真崎を罷免したその同じ林が真崎無罪へ尽力するのは、林の派閥認識からすれば十分にありうるものだった。

このようにみてくれば、近衛が裁判長への仲介者として林を最終的にえらんだことは、真崎無罪への政治局面を決定的に有利に導いた。こうして、真崎へ九月二五日無罪判決がくだされた。その判決理由は、周知のように、「按ずるに以上の事実は、被告人においてその不利なる点につき否認するところあるも、他の証拠によりこれを認むるに難からず。然るにこれが叛乱者を利せむとするの意志より出でたる行為なりと認定すべき証拠十分ならず」というように、無罪と言明することの困難さをとどめたものであった。

判士として判決に関わった間野俊夫の「手記」[50]によれば、派閥対立の根本的解消のために、無罪もやむなしとした磯村裁判長にたいして、小川（関治郎、法務官）・松木（直亮、判士）の二名（真崎裁判はこれら三名で構成された）が判決直前まで反対していたことがうかがわれ、大赦方針が不可能な状況、かつ、多数意見では有罪という「逆境」にあったにもかかわらず一転して真崎が無罪判決をうけたという点は注意されるべきであろう。

つまり、真崎の無罪判決から遡及して、陸軍当局の粛軍方針の不徹底を説明することは「外圧」＝近衛の干渉を度外視した評価であるという点で適切ではないのである。真崎無罪をかちとるために近衛が天皇・宮中グループに展開した論理の一つは、さきにみたような三月事件との均衡論であった。これは天皇・宮中グループを動かすために採用され、失敗に終わった論理だった。

だが、近衛が陸軍当局にむかって使った論理は別のものだった。近衛は「政治と統帥は一体」[51]であるから総理大臣は審理過程に介入できるとして、杉山陸相（軍法会議長官）のいう「司直の手に掛りたるが故に如何ともし難し」[52]との干渉拒絶にくいこんでゆく。軍法会議における審理は、軍隊の使用についての権限である統帥権とは原理上無関係であったにもかかわらず、近衛はこのような論法に及んだのである。中堅層が庶政一新をおこなってゆく前提であった、迅速・厳罰を旨とする政治裁判は、近衛のまきかえしによって、期待された効果を十分に生まないまま終結してしまった。これは最終的に中堅層のこうむったダメージとなった。

（1）前掲『軍ファシズム運動史』一二八〜一二九頁。
（2）同前。
（3）香椎研一編『香椎戒厳司令官手記　秘録二・二六事件』（永田書房、一九八〇年）。以下、本書を註記する場合は『香椎手記』と略称す。
（4）河野司編『二・二六事件』（河出書房新社、一九七三年）二八〇頁。
（5）「備忘録」（前掲『二・二六事件研究資料』第一巻）五九頁。
（6）一九三五年一二月一日のこと。香椎の経歴については、前掲『香椎手記』二七一〜二七四頁所載の年表参照。
（7）香椎は「予の待命は、実は復活待命であって、之は内命拝受当時当然の恩典だと考へて居たのである」と書いている。同前、一一四頁。
（8）前掲『二・二六事件研究資料』第一巻、六〇頁。
（9）伊藤隆・照沼康孝編『続・現代史資料　四　陸軍　畑俊六日誌』（みすず書房、一九八三年）七五頁。以下、本書を註記する場合は『畑日記』と略称す。
（10）前掲『香椎手記』一一七頁。
（11）前掲『畑日記』七五頁。
（12）同前、七四頁。
（13）前掲『二・二六事件秘録』第一巻、二〇〜二一頁。「軍官捜査連絡会議」は一般に各省少壮官僚の活動の舞台とみられていた。『解剖時代』一九三六年七月号所収の杉原正己「事件後の軍部中堅と少壮官僚」には、「戒厳令下の故に存在する、戒厳司令部、陸軍省、憲兵隊、内務省、司法省、警視庁との連絡委員会は官僚少壮部の活発な動きを見せる舞台となってゐる。本省よりはこゝに各省少壮官僚は進歩性ある職場を発見してゐるやうである」（一六頁）との評価がみえる。なお、『二・二六事件研究資料』第一巻所収の「備忘録」で確認される参加者は、本文中にあげたほかに、戒厳司令部より福島久作、内務省より相川勝六保安課長、秋吉威郎事務官、警視庁より上田誠一特高部長、高野源進刑事部長である。また、「備忘録」には田中新一、島田朋三郎、匂坂春平の名がみえない。
（14）安井「備忘録」（前掲『二・二六事件研究資料』第一巻）七四〜七五頁。
（15）同前、七七〜七八頁。
（16）同前、八九頁。安倍の発言は安井「備忘録」のほかにも、たとえば「中尾金弥判士メモ」（前掲『二・二六事件研究資料』第一巻）三七二頁にも記録されている。「取調べ発表は客観的に正視して小細工政策は一切不可、然らずんば将来に禍根を遺す」、「援助的言動をなせしものは軍上層部も徹底的に検挙を要せん」、「呑舟の魚を逸するが如きことなく大岡裁判の妙諦を発揮す」などの発言にみられるように軍上層、とくに真崎・香椎への処断を要求している。

(17) 前掲『香椎手記』一五七頁。

(18) 同前、一六二頁。

(19) 前掲『二・二六事件秘録』第一巻、二八～二九頁。

(20) 小川平吉関係文書研究会編『小川平吉関係文書』第一巻（みすず書房、一九七三年）。以下、本書を註記する場合は『小川日記』と略称す。

(21) 同前、三一三頁。

(22) 昭和一〇年一二月～一三年七月、朝鮮軍司令官、一四年四月～八月拓務大臣。

(23) 昭和二年五月から枢密顧問官。

(24) 昭和一三年四月より靖国神社宮司。

(25) 昭和八年二月～一一年三月宮内大臣、その後一五年六月まで内大臣。

(26) 昭和九年一〇月～一一年三月拓務大臣、一二年二月～六月逓信大臣。

(27) 「寺内寿一関係文書」（国立国会図書館憲政資料室所蔵）、昭和一四年七月一三日付南次郎書翰。

(28) 『小川日記』昭和一一年一〇月二一日条（三一九頁）。

(29) 「有馬頼寧関係文書」（国立国会図書館憲政資料室所蔵）。

(30) 今尾登。明治三二年八月生まれ。同志社大学政治科卒。東京日々新聞政治部記者、横浜支局長をへて昭和一七年衆議院当選。追放解除後、日本企業株式会社顧問、日本再建連盟理事。昭和一一年末から一二年はじめにかけて数度おこなわれた、近衛擁立のための「荻窪会談」のメンバーを参集させたのは同氏であったらしい。

(31) 「荒木貞夫関係文書」（国立国会図書館憲政資料室所蔵）所収の「荒木日記」昭和一二年六月五日条。荒木関係文書の発掘にあたっては、荒木護夫氏、石田亮一氏、広瀬順皓氏のご援助をえた。しるして感謝の意を表したい。史料の整理にあたっては、東京大学伊藤隆教授をはじめ、学部・大学院のゼミ参加者のご協力をえた。なお、「荒木日記」の一部を活字化したものに、伊藤隆校訂・解説「荒木貞夫日記」（『中央公論』一九九一年三月号）、野島陽子校訂・解説「続・荒木貞夫日記」（『中央公論』一九九一年四月号）。

(32)(33) 同前、六月二二日条。
(34)(35) 同前、六月二六日条。
(36) 『木戸幸一日記』上巻の昭和一二年六月一八日条に「朝牧野伯より電話にて面会の希望あり。出勤がけ九時半に往訪す。伯より真崎大将の処分が一向判然せざる為、少壮軍人中不穏なる状況にあるものあり、との相当確にして信頼し得べき情報あり。深憂に堪へず」(五七二頁)とみえる。
(37) 『原田日記』第六巻、八一頁。
(38) 「荒木日記」昭和一二年六月二一日条。
(39) 『木戸幸一日記』上巻、五八〇頁。
(40) 同前、同年七月一九日条。
(41) 磯村の経歴は、つぎのとおり。明治三三年一一月陸大卒。第一八師団参謀長、参謀本部課長、広島湾要塞司令官、歩三旅団長、砲工学校長、第一二師団長、東京警備司令官を経て、昭和三年大将。
(42)(43) 「荒木日記」昭和一二年六月二六日条。
(44) 宮村三郎『林銑十郎』上巻(原書房、一九七二年)、五九八~六一〇頁に部分的な引用がある。
(45) 同前「年君訪問、意見を聞き、其結果により更に近公に会見を求む」、六〇〇頁。
(46) 伊藤隆・佐々木隆校訂「鈴木貞一日記」(『史学雑誌』第八七編四号、一九七八年四月)、六四頁。
(47)(48) 竹山護夫「昭和一〇年七月陸軍人事異動をめぐる政治抗争(その三)」(『山梨大学教育学部研究報告(人文科学系)』第二七号、一九七六年三月)七一頁。
(49) 松本清張『昭和史発掘』第七巻(文藝春秋、一九七八年)文庫版一六六頁。
(50) 「間野俊夫手記」(前掲『二・二六事件研究資料』第一巻)三三一頁。
(51) 「荒木日記」昭和一二年六月三〇日条。
(52) 「荒木日記」昭和一二年六月二一日条。

第四節　軍部大臣現役武官制復活の歴史的経緯

二・二六事件後、陸軍中堅層が、粛軍裁判へ厳罰主義をもってのぞむよう陸軍首脳部を牽制していたことはすでに述べた。「革新」政策を断行できる正統性を自身の手に獲得してゆくための間接的な一階梯が粛軍裁判であったとすれば、つぎに述べる軍内改革は直接的な一階梯であった。

1　大正二年「現役」規定削除と陸軍の対応

陸海軍の大臣・次官の就任資格に「現役」という要件が再びくわわったのは、一九三六（昭和一一）年五月一八日のことであった。では、それまでの要件はどのようなものだったかといえば、単に武官（大・中将）であればよかった。一九一三（大正二）年に現役という要件が削除されていたためである。大正政変後の政党勢力伸長の時期における現役規定削除に陸軍はどのような対応をとったのだろうか。まず、考察の対象を大正二年の削除時点にもどしたい。

そのころ、陸軍省・参謀本部・教育総監部（以上を陸軍の三官衙《さんかんが》とよぶ）のあいだには、大正二年七月一〇日に決定された「陸軍省・参謀本部・教育総監部関係業務担任規定」（以下、『担任規定』と略す）[1]があり、それぞれの分担すべき職掌についてとりきめがなされていた。この大正二年版『担任規定』は、山本（権兵衛）内閣の時、大臣・次官の任用資格から現役の二字が削られたことをうけて、あらたに作成されたものであった。政党勢力が軍部大臣へ及ぶのを嫌った陸軍は、それまでの『担任規定』（明治四一年制定のもの）に大幅な改訂の手をくわえ、あらかじめ大臣権限を縮小し他の長官に分与しておくとの挙にでた。つまり、軍令系統に属し、内閣や議会の介入をうけない参謀総長と教育総監とに本来の大臣の権限を分与させたのである。

大正二年六月六日、三官衙は連名で「陸軍省参謀本部　及教育総監部業務規定制定ニ関シ予メ上奏ノ件」[2]との文書を作成し上奏した。これは、『担任規定』についての仮案を内奏したものであり、のちに正式の案が上奏されることを天皇に約したものである。この時用意された仮案は二系統からなり、甲号「『担任規定』ノ要旨」、乙号「人事ニ関シ陸軍大臣、参謀総長及教育総監ノ協定事項」（以下『協定事項』と略称）となっていた。甲号は、三官衙の権限について要約的に述べたもので『担任規定』の準備案というべきものであった。[3]甲号にもとづいた大正二年版『担任規定』のうち、人事についての部分は、「将校同相当官の任免、進退、補職に関する事項及抜擢候補者決定の件は、陸軍大臣より参謀総長及教育総監へ協議の上、陸軍大臣に於て取扱ふ」に代表させることができる。人事権が最終的に大臣の管轄であることを認めているが、他の二長官との協議を要請している点に、明治四一年版『担任規定』とは異なる特徴があった。

では、もうひとつの仮案である乙号はどうなったのだろうか。乙号は、もともと甲号の「事務ノ敏活ヲ図ル為、陸軍大臣、参謀総長、教育総監協議ノ上、細部ニ関スル規定ヲ設クルコトヲ得」という条文にもとづいて用意された。つまり、『担任規定』の細則が、乙号＝『協定事項』である。『協定事項』中、重要部分は左のとおりである。

当分の内、将校同相当官の任命進退及補職は、左に掲くるものを除くの外は、参謀総長及教育総監に協議を経ずして、陸軍大臣に於て取扱ふこと。

（イ）将官の人事に付内奏する場合は参謀総長及教育総監に協議す。

（ロ）参謀総長所管内の者の人事は参謀総長、教育総監所管内の者の人事は教育総監より陸軍大臣に移牒す。

まわりくどい表現をまとめると、陸相は、将官人事について総長と総監との協議をかならず必要とするのみならず、参謀本部と教育総監部の人事には法理上関与できないということになる。陸軍省官制第一条に明記された、三官衙全部の軍人にたいする大臣の人事権を強度に制限しようとしたもの、そして『担任規定』の人事についての規定を実質的にしばるもの、これが『協定事項』であった。

ところが、この乙号＝『協定事項』は、七月八日に裁可を仰いだ上奏案からは除かれ、当然のことながら七月一〇日の裁可も、甲号『担任規定』にたいしてくだされただけであった(4)。裁可を受けた大正二年版『担任規定』は、甲号を成案化したものであり、乙号、すなわち『協定事項』をふくまなかったことは記憶されてよい。それでは、『協定事項』は消えてなくなってしまったのか。答は否、それは三長官のあいだの内規あるいは申合わせとして、部内に引きつがれることとなる。陸軍省・人事局長を長く勤めた額田《ぬかた》（坦《ひろし》）の回想がある(5)。

累を避けるため三長官の交代ごとに（中略）三長官の覚書が作られていた。ただ宇垣大臣は『人事は当然大臣の管掌すべきものである。その必要なし』として覚書に署名されていなかった。

『協定事項』は、三長官の交代ごとの覚書というかたちで生きつづけていた。『協定事項』が、勅令・軍令といういずれのかたちをもとらず、また天皇の裁可をへた『規定』ですらなかったにもかかわらず存続したのは、予後備大臣はもとより将来的に文官大臣が生まれるかもしれないという、僅少ではあったがまったく否定してしまうには「危険すぎる」可能性に陸軍として対応するためであった。大正一一年二月、元老山県が死んでからはとくに、現役武官が大臣となっているあいだも、『協定事項』にしたがって人事を他の二長官との合議のうえ大臣が管掌するという慣習が生まれた。ただ、額田の回想にあったように、宇垣陸相時代のごとき運用上の例外は当然あったろう。大正二年の「現役規定廃止」を許しがたいものととらえていた宇垣は、山本内閣にたいする陸軍の屈服と本筋からはずれた対応——陸軍省官制第一条に明記された大臣権限を制限することによって陸軍を「守ろう」とする奇妙な対応——を一貫して批判していたために、このような慣習にあらがったのである。(6)

2 三長官会議と陸軍派閥対立

より強度に大臣の人事権を制限した『協定事項』という内規が必要になる事態はおこらなかった。文官はもとより予後備からも大臣はあらわれず、そうであれば宇垣の痛憤からもうかがえるように『協定事項』は逆に大臣にとって人事異動の迅速な実行をはばむ最大の障害物に転じうる。荒木の陸相就任以来の皇道派人事を可能とし、その派閥的人事の排除を主観的にはめざした林陸相の人事案の実現を不可能としたものこそ、『協定事項』でありその内規にもとづく三長官会議である——。このような認識は、二・二六事件の統制派＝陸軍中堅層に少なからずいだかれていたことだろう。

というのも、『担任規定』や『協定事項』の解釈をめぐり——たとえば教育総監が陸相の示した人事案に不同意の場合、陸相は参謀総長との同意のみでそれを強行することができるかいなか——真崎罷免問題がおこり、(7)それを統帥権の干犯であると信じた相沢によって統制派のシンボル永田（軍務局長）が殺害され、相沢公判の最中に二・二六事件が勃発するという一連の経緯があった。

つまり、中堅層にとって真崎は内規をたてにとって高級人事をあつかう三長官会議を利用したとみえていたのである。粛軍の名のもとに皇道派・清軍派を一掃してゆくこの時期、軍内改革がこの問題をはずしておこなわれたとは考えにくいのである。片倉も三月二日（一九三六年）、つぎのように述べていた。(8)

今次事件の本質は、国法軍紀竝統帥権の根本に関する思想的重大犯罪なるを以て、之が善後処理に就ては、思想的根本対策を必要とす。（中略）林大将の人事は、断じて統帥権の干犯にあらざる旨、軍部内外に明示するを要す。

片倉は事件処理を根本的におこなうためにも、まず林陸相時代の人事行政の正当化をはかるべきだと主張しているのである。粛軍人事で皇道派・清軍派を一掃してゆくということは、真崎罷免にからむ一連の事態と同様の火種を将来にわたって軍部内にかかえることをも意味していたために、林による真崎罷免の時点にもどって禍根を断つべきだ——。これが片倉の発想であった。この点に関しては、真崎罷免直後、陸軍省・人事局補任課で陸相の措置の法的正当性を主張するため「人事ニ関スル三長官ノ権限」（一九三五年七月）と「人事取扱ニ関スル省部担任規定ニ就テ」（同年七月二二日）[9]を起案していた[10]。ここでいう「省部担任規定」とは、今までみてきたところの『担任規定』にほかならない。この文書の述べているところも片倉の「断じて統帥権の干犯にあらざる旨」との主張と同じである。

此種規定は、大正二年以来今日迄に二十二年間、現役将官を以て陸軍大臣に任ぜられある実状より見て必要なく、寧ろ廃止すべきを理想とす。特に、事務の敏活を図る為設けられたる細部の規定の如きは、允裁《いんさい》を経たるものにあらず、（中略）故に若し現状に即せざれば、此機会に於て大臣は諸法令に基き拘束せられざる権限を発揮し得る如く協定するを可とすべし。

傍線をふした「細部の規定」とは、いうまでもなく『協定事項』のことである。「允裁を経ていない」との指摘も事実にそくしている。このような解釈がたとえば相沢裁判を乗りきるための論理となっていったことは、裁判の証人喚問にのぞむために林の用意した想定問答用メモによってもあきらかになる。林メモは、「中合事項（『協定事項』をさす、引用者註）は現実の如き問題の発生を予知せず、寧ろ大臣権限の制限にありし事」、「三長官の一身上の問題の発生の如き特種の場合は、常識判断によるべきものたる事、即ち当事者は問題の渦中に入らざる事、多数決によるべき事、主任者の意見を尊重すべき事」との解釈を展開していた。[11]二・二六事件後、現役規定の復活と陸軍大臣の人事権の確立とが、軍内改革の主要な柱として浮上した背景には、以上のような経緯があったのである。

事件後、陸軍の中心にいた石原は三月一二日（一九三六年）、将来の陸軍についてつぎのような提言をおこなった。[12]

軍部自ら実行力絶大なる強力主義に則り、其組織に一大革新を加ふるを要す。蓋し、現下の組織は合議制、弱体主義に堕しあればなり。

陸軍を「弱体」とする石原の認識の当否はひとまずおき、「合議制、弱体主義」からの脱却という視点が、すでに三月二日、陸軍局長・課長会議で決定をみていた基調方針――「方針ハ軍カ崩壊シタルモノトシテ根本的ニ建直ス」[13]――のもとに、ほぼ半年にわたって実行された軍内改革の基調となっていったことは事実であると思われる。

（1）（2）（3）「陸軍省　参謀本部　教育総監部　関係業務担任規定」（防衛庁防衛研究所戦史部図書館所蔵）。
（4）同前。一九一三年七月一〇日の裁可が『担任規定』にたいしてのみであり、よって裁可のない『協定事項』の法的拘束力は『担任規定』に劣るとの点から真崎罷免の合法性を説明したのは、高橋正衛『昭和の軍閥』（中央公論社、一九六九年）二〇三～二一六頁の功績である。
（5）額田坦『陸軍省人事局長の回想』（芙蓉書房、一九七七年）四一頁。
（6）宇垣は匿名で「陸海軍省官制改正に対する研究」というパンフレットを書き反対論を展開した。「宇垣日記」への後年の付記でも「私はこのやり方に絶対反対だつた。そんなことをしたら建軍の基礎がゆるむ、軍が政党の玩弄物になると思つた」と述べている。参照、角田順校訂『宇垣一成日記』第一巻（みすず書房、一九六八年）八七頁。

(7) 一九三五年七月、林と閑院宮との合意で真崎を罷免したこと。
(8) 「事変前後処理要綱ニ対スル片倉少佐意見ノ骨子」(『歴史と人物』一九八一年二月号) 一〇二〜一〇三頁。
(9) 陸軍省編『自明治三七年至大正一五年　陸軍省沿革史』上巻(巌南堂、一九六九年) 二三〜二六頁。
(10) 「人事ニ関スル三長官ノ権限」(同前) 二四〜二五頁。
(11) 松本清張『昭和史発掘』第八巻(文藝春秋、一九七八年) 一二三頁。
(12) 角田順校訂『石原莞爾資料　国防論策篇』(原書房、一九八四年) 五一三〜五一四頁。
(13) 前掲『二・二六事件研究資料』第一巻、三三頁。

第五節　現役規定復活にともなう軍内法体系の改変

1　枢密院審査報告

軍部大臣現役武官制復活問題は、一九三六年四月二四日、「陸海軍省官制中改正ノ件」として枢密院にふされた(勅令公布は五月一八日)。審査委員長を務めた河合(操)の審査報告は、つぎのように改正理由を説明している。(1)

大臣の説明に依れば(中略)陸軍に在りては、前記大正二年の官制改正に伴ひ陸軍省と参謀本部及教育総監部との間の、業務分担及取扱手続に重大なる変更を加へたる結果、事務の重複・人員の不経済を来し、不便少からざるものあり。加ふるに、今次勃発せる不祥事件の善後措置として、大に統率威力の確立、軍紀の粛正、団結の強化を実現すると共に、努めて従来の諸制度を改善して、人員の経済・庶務の簡捷を企図するの緊切なる必要に逢着した。

さらに、審査委員会にひきつづく枢密院会議の席上、寺内陸相も「現行の官制に於ては、何時非現役の将官が、大臣に任ぜられるや知るべからざるに由り、統帥に関係ある編制、動員、人事の事項は、陸軍省のみにて之を取扱ふを得ず、参謀本部及教育総監部に於ても其の一部を取扱ふことと為り、事務の重複を来し不便を生じたり」(2)と、改正理由を陳述している。河合・寺内両者の論理は、大正二年に大臣資格から現役規定を削除したことによって改正をみた『担任規定』と細則『協定事項』は不能率のもとであるから、大正二年以前のように大臣の現役規定自体を復活させたい、というものである。

ここで検討すべきことは、現役規定復活の軍部の意図についての従来の評価である。それは、①二・二六事件の引責辞職で予備役編入された皇道派将官が復活して陸相になる道をあらかじめ断つため、②陸相になれるものの資格を厳しくすることによって内閣にたいする生殺与奪の権を軍部がにぎることを可能にするため、との二つに代表させられる。(3)①についてはすでに五百旗頭《いおきべ》真《まこと》氏による明快な反論(4)があるので再論しない。②についていえば、今後予想される事件処理への部内からの不満を封殺できるような法的裏づけを陸相の人事統督権（統督の意味については後述）に付与すること、つまり『協定事項』を必要としない大正二年以前の体制を再現して陸相の権限強化をはかることに、より直接的で本質的な改正の意図があったと考える。現体制の欠点を「合議制、弱体主義」とみる石原や片倉の論（彼らの意見を示す資料が、対外的な文書ではなく部内の意見を同じくするものにむけて書かれているということは、説得やプロパガンダを意図して書かれたものではないという点で注意されてよい）を河合・寺内の論理と重ねあわせたとき、この評価はここまでの論究でもかなりの説得力をもつであろう。

2　参謀本部条例改正

現役武官制復活直後の法改正をみてみよう。『協定事項』は三千人を一時に異動させたといわれる八月の粛軍人事の迅速な遂行のためにも、もはや廃止の対象以外のなにものでもなくなっていた。もともと允裁もへず、三長官の交代ごとに覚書として確認しあうといった申合せ事項であったために、今後『協定事項』を廃止するむねの公文書は作成されなかった。しかし、『協定事項』が無効になったことは、たとえば、七月二四日軍令陸第一一号をもって改正された、参謀本部条例第三条から確認することができる。旧第三条は「参謀総長は参謀の職に在る陸軍将校を統督《とうとく》」するという総長の権限を規定していたが、新第三条では「参謀総長は参謀の職に在る陸軍将校を統轄」(5)するという規定に変わっている。たかだか「統督」→「統轄」への変化にすぎないようにみえるが、陸軍の法理概念ではそれはつぎのように説明される重大な変化であった。(6)

従来参謀の職にある陸軍将校は、参謀本部たると各師団たるとを問わず、総て本属的に参謀総長の人事上の統督を受け、陸軍大臣の専管的措置は行はれなかつた。しかるに陸軍大臣は広く陸軍軍人軍属を統督し、その人事上の権限を持つてゐるので、今回参謀将校に対しても本属的人事統督の権限を陸軍大臣に統一し、参謀総長は教育その他に関し参謀将校を統轄し、人事に関して陸軍大臣に種々意見具申し得ることに改正されたものである。

人事を専管的に掌握する権限をもつ場合に「統督」という表現が使われ、人事権をもたない一段下位の権限として「統轄」がもちいられていることがわかる。条例改正の結果はあきらかに『協定事項』(ロ)の部分に背反するものとなっている。内規である『協定事項』からすれば、上位の法である参謀本部条例によってその内容が否定されていることになるから、その無効は実質的に宣言されているとみてよいだろう。

3　陸軍省官制改正

以上の点は陸軍省人事局の分掌の変更をおこなった七月二四日の陸軍省官制（勅令第二一一号）[7]からも裏づけることができる。本官制が枢密院において審議されたさい、寺内は顧問官の質問に答えるかたちで「人事行政の統一に関しては、今回の事件に依り、陸軍に於て統率系統に依らずして横断的団結を為すが如き事実ありたること判明し（中略）之を一掃する為には、統率系統の強化を図るの必要あり。殊に人事に於て一層の必要あることを痛感したり。就ては、従前参謀将校、技術将校等各部将校の人事の取扱は統率系統に依らざるに由り之を統一」[8]するためであると改正理由を説明している。

また、軍務局の一部課であった徴募課をこの改正で人事局へ移したのは、在郷軍人に関する事務を取扱う徴募課を人事局のもとにおくことによって、在郷軍人会への人的統制の強化をはかったものと推測できる。人事関係の官制の手なおしにともなって改正された関連法は、陸軍技術本部令・経理部条例・軍医部条例・獣医部条例[9]であった。改正の主旨はいずれも、各部局でおこなっていた人事をすべて人事局長のもと、ひいては大臣のもとに集中することにあった。また、地方に影響力をのばしがちであった青年将校運動の抑圧を目的として、陸軍将校分限令の第七条二項に「陸軍大臣統督上の必要ありと認むるときは、停職を命ぜられたる者に対し、其の定むる所に依り、居住及私行を制限することを得」との条文（勅令第二九一号）もくわえられた。

このような一連の法や組織の改正は、統制派中堅層によって推進されたものである。そして、その改正の根本には、参謀本部条例・陸軍省官制という、陸軍部内における最高の法によって人事ルールを定め、従来の『協定事項』の効力を停止し、大臣中心の「強力主義」の実現をはかるという意図がこめられていた。

(1) 「枢密院審査報告　昭和一一年」(国立公文書館所蔵)。

(2) 「昭和一一年五月一三日　陸海軍省官制改正ノ件会議筆記」(同前所蔵)。寺内の説明のもととなったのは、陸軍省軍事課起案「陸軍大臣および次官の将官現役制の閣議請議案」中の説明書とみられる。参照、上法快男『陸軍省軍務局』(芙蓉書房、一九七九年)三八四頁。

(3) たとえば、広田弘毅伝記刊行会編『広田弘毅』(同刊行会、一九六六年)は寺内が閣議において「もし現役制を復活しなければ、今次辞職した将軍達がいつまた復活して軍の派閥を再現するようになるかもしれない。それではわれわれは安心して徹底的に粛軍することはできない」(一九七頁)と訴えたとの記述がある。また、宮本盛太郎「広田内閣―準戦時体制の確立―」(林茂・辻清明編集『日本政党史録』第三巻、第一法規出版、一九八一年)所収は、「軍部大臣現役制は、その後軍部が内閣の死命を制する道を制度的に確立する道具となるのである」(四〇二頁)との評価をくだしている。

(4) 五百旗頭論文は「それは、当時の陸軍指導者に対する侮辱であろう。彼らがすでに敗北した皇道派の亡霊にうなされて、この改正の政治的効果にまったく気づかないほどに痴呆的であったとでもいうのだろうか。それは当時にあって説得性をもちやすい議論であったにすぎない」と反論を展開している。前掲「陸軍による政治支配」二七頁。

(5) 『偕行社記事』一九三六年一〇月号一一六頁。

(6) 「東京朝日新聞」一九三六年七月二八日付夕刊。

(7) 軍事課起案「陸軍省官制改正ノ件外六件改正ノ件」(『陸軍省密大日記　昭和一一年〜一』防衛庁防衛研究所戦史部図書館所蔵)。この官制改正は参謀将校・技術将校の人事とりあつかいが陸軍省人事局において専管的におこなわれることを意図していた。

(8) 同前。いずれも改正理由は「人事ノ取扱ヲ隷属系統ニ帰一スルノ要アルニ由ル」となっている。

(9) 「陸軍将校分限令中改正ノ件」(前掲『陸軍省密大日記　昭和一一年〜一』)。

第六節　議会の対応

1　新聞報道

つぎに、現役規定復活にあたっての議会の態度を考えてみたい。それは同時に、陸軍中堅層が現役規定復活のさきになにをみていたのかをあきらかにすることでもある。それにしても、現役規定の削除以来二三年間、一度も予備役からの大臣を生みださなかったとはいえ、護憲運動を背景として軍から獲得した記念碑的意義を消しさってしまうかのような現役規定復活問題を、政党がなんの抵抗もなく認めてしまったのはなぜだろうか。すでに政党は「軍部に対する戦意を喪失していた」(2)からなのだろうか。私たちもまた、宇垣のいうように「夫れに就ても、あれ程力を入れて争ひ来りし政党者流が、ギューの音も出さぬは、其無力の程に呆れ入りたる次第」(3)とみなしてしまってよいのだろうか。

その問いに答えるために、この問題に関する新聞報道がどのようになされていたかをおさえておきたい。ことの性質上報道の九割方は、三月（一九三六年）に新聞班長に就任した秦彦三郎（表8参照、一八三頁）の「指導」のもとにつくられたはずである。陸軍当局談として報道される記事が各社とも同じなのは当然であるとして、その解説部分についても、たとえば、「東京朝日」と「東京日日」とが一字一句まで同じであり、「読売」もほぼ同内容となれば、紙面から逆に陸軍の「指導」の内容を推測できるというものである。(4)

そこからは、武官制の復活とともに『協定事項』は必要なくなり、それにもとづいて慣行として開催されていた三長官会議も廃止にむかうという点を強調することに、陸軍が意をもちいているさまがうかがえる。皇道派将軍が復活して陸相になる道をふさぐためという説明が表面的な説得材料としてももちいられていないこと、そして、武官制復活と三長官会議の廃止とを関連させて論じていること、この二点をさしあたり注目しておきたい。例をとれば、「東京朝日」と「東京日日」は、つぎのような解説を載せている。(5)

陸軍三長官会議／今後解消せん／陸相の閣内地位強化

（中略）よつて、従来慣行によつて開催されて来た陸軍三長官会議も、今後は自然開催されなくなる模様で、陸軍大臣は官制に規定してある如く、陸軍軍政を管理し、陸軍軍人軍属を統督し、所轄諸部を監督するという、大臣本来の職務遂行に専念することとなつた。

また、「朝日」は社説でもこの問題をとりあげ、「却てこの制度の表面だけの改正が結果したところは（一九一三年の官制改正のこと、引用者註）、陸軍にあつては、陸軍最高部人事のための三長官会議の慣例を生じたのである。（中略）予後備大中将の陸海軍大臣たるの途を断ち、三長官会議の慣例をやめることが、必要であることは十分認められるのである」といい、三長官会議の慣例をなくしてゆく第一歩として、この改正を評価する論陣をはっている。(6)

いっぽう「読売」も、「三長官会議を廃止」とのリードのもとに、三長官会議についての特集をくみ、従来、どうかすると三長官会議の本来の意味が忘れられて将官の人事に関し、三長官が同等の権限を有するような誤解も生まれたので、今回の改正で人事行政を大臣のもとに統一、よって三長官会議は自然消滅するという趣旨の解説をおこなっている。(7) この「三長官が同等の権限を有するような誤解」という部分は、林陸相の人事案を三長官会議席上ではばんだとして伝えられた真崎教育総監の行動をさしたものだろう。

この、人事がもめたときの岡田内閣は挙国一致とはいいながら、政友会と皇道派とを野党として存在していた(8)から、この内閣のもとでの真崎および三長官会議のイメージが、軍の統制をいたずらに乱すもの、というステレオタイプであったことは疑いえない。まして、総監罷免が永田暗殺、相沢裁判、二・二六事件の根源であると中堅層によって説明されればなおのことであろう。このように中堅層は現役規定復活を発表するさい、三長官会議廃止→陸軍の統制回復という展望を世間に示した。「三長官会議廃止」という新聞発表は現役規定復活のための、またとない説得材料ともなったのである。

2 議会での応酬

では、議会との折衝はどのように進められたのであろうか。この点については、広田と寺内の取引説(9)が参考になる。取引説の根拠となっているのは宇垣による戦後の手記「組閣工作一〇九時間」(10)のつぎの部分である。

私が最近聞いた話によれば、当時(宇垣に大命が降下した一九三七年一月、引用者註)、既に三長官会議の決定なるものは政府にとつて無効であつたとの事。即ち、小磯内閣成立の為の重臣会議を終えて、参内せんとする小磯国昭大将を呼び止めた広田弘毅は「小磯君、実は私が内閣をやつていた時に復活せしめた陸軍大臣現役武官制は、総理は三長官会議を経ることなしに陸相を任命し得る、との交換条件の下で立法化したものであると云う事を記憶していたゞきたい」と彼に告げたのである。

これだけでは、宇垣が小磯から直接聞いたものかどうかも明確にしえず、根拠にとぼしい。しかし、引用中の「総理は三長官会議を経ることなしに陸相を任命し得る」という点についての広田の言明は、実際に第六九議会

の予算委員会でなされている。広田と植原《うえはら》（悦二郎《えつじろう》）のつぎのような問答である。（11）

植原―「従来の慣例に依りまするると云ふと、陸軍部内に於ては陸軍大臣たる候補者を、参謀総長と教育総監と在職の陸軍大臣とで御相談為すって、御推薦為さることに御決めになって居ると承知して居ります。（中略）内閣総理大臣になる人から申せば、据膳《すえぜん》を食わせられると云ふことになる。陸軍の大中将の中から何処《どこ》からでも総理大臣、之を拾って来られるやうにならなければ、どうも国政の運営上に支障を来すぢゃなかろうかと思ひますが、是等に付て御体験の上から改正しなければ、立憲政治の運用の完全を期することが出来ないといふやうな御考が付きましたか、左様な御意思があるか」

広田―「大命を拝しました本人は、例へば軍部に於きましては自分の適当と認める人を、陛下に推薦することが出来ると思ふのであります」

植原―「軍部は国務大臣を軍部自ら推薦出来る、さう云ふ御解釈でありますか、それならば私は大変な間違であると思ひますが、其御答弁を其儘受取って宜しうございますか、軍部は軍部自ら国務大臣を定めることが出来るとさう解釈して宜しうございますか」

広田―「私の申しましたことは、大命を受けました者が任意奏薦《そうせん》して宜い、陛下に御推薦申上げて宜いと云ふことを申したのであります」

広田の一回めの答弁が、植原の意見に合致していたことはあきらかであったにもかかわらず、植原が二回めの質問で意味のとりちがえをしてみせたのは、広田からより明確な言明をとるための所作と考えたい。それにたいする広田の二回めの答弁は、植原を満足させるだけの明解さをもっていた。そして、植原と広田の答弁に陸軍が異議をとなえた形跡はない。この問答のあったのが五月九日のことであり、その日が、現役武官制復活問題にたいする枢密院審査報告の完成した五月六日と枢密院本会議の開かれた同月一三日のあいだであったことにも注意してほしい。

ちなみに、枢密院が各省の官制についての諮詢に答えることが制度化されたのは一九〇〇年以降のことである。以来、陸軍省の官制改正は数度おこなわれてきたが、改正案はかつて一度も枢密院にふされたことはなく、それは前述した一九一三年の大改正の場合も例外ではなかった。[12] にもかかわらず、今回の現役規定復活の改正案は枢密院の審議にふされている。その経緯と理由は不明だが、軍部にとって、それは、改正案実現のためにはらうべき労力や犠牲が倍加し、政治的妥協の必要性がたかまることを意味していよう。

3　二つの三長官会議

予算委員会議録に軍部大臣選定方法についての政府解釈をのこしたこと、枢密院審査書類に現役規定を必要とする改正理由を明記したこと、この二点が議会と内閣の「抵抗」の痕跡であった。しかし、この「抵抗」の意味を過小評価してはならない。陸軍が廃止を表明したのは、部内の高級人事を決定するための三長官会議であり、後任陸相を大命降下したものに推薦するための三長官会議ではなかった。この点、広田と植原の問答は、後者の解釈の三長官会議廃止を明確にしている。議会や内閣側は、『協定事項』失効と同時に三長官会議による陸相推薦の慣習も廃止され、そうなれば大命の降下したものが陸相を選任でき、奏請をめぐって過去に何度も繰りかえされてきた陸軍の政治的関与を最小限に抑えうると考えて復活を是認したのであろう。

ところで、陸相選任における事実上の権限を大命降下者がもつべきであるという考えかたは、当時けっして唐突なものではなかった。首相候補ナンバーワンとされていた近衛が、広田内閣の更迭直前に「板垣（征四郎《せいしろう》）陸相と末次《すえつぐ》（信正《のぶまさ》）海相を考へて居る。軍部へ寧ろ条件をつける位に考へている」[13] といい、宇垣内閣流産のあと大命の降下した林が「どうしても、陸軍大臣は陸軍の推薦による者ではなく、結局板垣関東軍参謀を、海軍大臣には末次大将」[14]をえようとしていた事例からもそれはわかる。となれば、陸軍は、いや、少なくとも陸相は、首相のコントロール下におかれうるという解釈も当然なりたつであろう。

では、現役武官制復活を主導した中堅層はそれでよかったのであろうか。答えはイエスである。理由も複雑ではない。中堅層は国策案や組閣人事構想を共有する、あるいはさせた首相候補自体と結び、上層部の意向や軍内の序列を無視した陸相選任を実現したかったのである。それは、陸相の権限強化とも連動してその政策構想を強力に前進させるであろう。

ここまでくれば、内閣の死命を制した現役武官制復活という評価の、結果論的判断にもとづいた一面性もみえてくる。中堅層にとって、推薦をめぐり内閣に圧力をかけるという拒否権発動方式は、あまりに消極的な選択肢であった。中堅層の構想を文章化するという点で特異な才能をもっていた片倉が、一九三三年の時点でいまだ漠然とした不安の表明という形ではあるが、「説者曰く、来るべき政変に際し軍部の要求する政策を実行せざれば、斯くの如き内閣は成立せずと。果して現役軍部大臣入閣せずとの威嚇《いかく》要求のみを以て総ての所求を充足し得るや」[15]と述べているのは、中堅層自身が拒否権発動方式の限界に気づきはじめていたという点で注目にあたいするだろう。のちに宇垣流産のさい、たしかにそれは選択されることになる（その経緯は後述）が、その選択は中堅層にとっては決して唯一最良のものではなかったのである。

現役武官制は、このような同床異夢のもとに復活した。あるものはこれを陸軍のブレーキに転化しうると考え、あるものはこれで中央突破の地ならしがすんだと考えた。どちらにも成算があったのであろう。事実、この両者のちからのせめぎあいがその後の政治過程の基調をなすことになる。

（1）第一次山本内閣における陸海軍官制問題についての記述として、山本四郎『山本内閣の基礎的研究』（京都女子大学、一九八二年）一八一～二〇七頁。

（2）前掲『軍部の昭和史』上巻、一四九頁。

（3）前掲『宇垣日記』第二巻、一九三六年五月一七日条、一〇六四頁。

（4）「東京朝日新聞」・「東京日々新聞」・「読売新聞」一九三六年五月一八日付日刊。

（5）「東京朝日新聞」・「東京日々新聞」一九三六年五月一八日付日刊。二つとも同文。

（6）「東京朝日新聞」一九三六年五月一九日付日刊社説。

（7）「読売新聞」一九三六年五月一八日付日刊。この記事のベースになっているのは同日にだされた陸軍声明である。声明文については前掲『陸軍省軍務局』三六六頁を参照。

（8）酒井哲哉「『大正デモクラシー体制』崩壊期の内政と外交（2）」（『国家学会雑誌』一〇一巻―三・四号、一九八八年四月）、のちに酒井『大正デモクラシー体制の崩壊』（東京大学出版会、一九九二年）、坂野潤治「政党政治の崩壊」、坂野潤治・宮地正人編『日本近代史における転換期の研究』（山川出版社、一九八五年）。

（9）これと同様の説として伊藤正徳『軍閥興亡史（全三巻）』（文藝春秋新社、一九五七～五八年）、矢次一夫『昭和人物秘録』（新紀元社、一九五四年）がある。矢次は、政府と軍部とのあいだで「現役規定復活」のかわりに「三長官会議による陸相推薦慣例の破棄」を認めるとの申合せがあったと書いている（二〇二頁）。

（10）『文藝春秋』一九五四年臨時増刊、一一〇頁所収。

（11）一九三六年五月六日第六九予算委員会（第三回）議録（前掲『帝国議会衆議院委員会議録』）。

（12）「陸海軍大臣及次官任用資格沿革」（前掲「陸軍省海軍省官制改正中改正ノ件」）。

（13）前掲「有馬頼寧日記」一九三七年一月二三日条。

（14）『原田日記』二四七～二四八頁。

（15）片倉衷「筑水の片言」（片倉『片倉参謀の証言　叛乱と鎮圧』、芙蓉書房、一九八一年）一一二頁。

第七節　近衛擁立型新党か宇垣擁立型政民連携か

1　二・二六事件と政党

中堅層が、現役規定復活をてことして三長官会議によらない軍部大臣選定方式——大命の降下したものが選任する方式——を軌道にのせようとしたことまでふれた。この方式は、結果的には宇垣に大命降下したことをもって破綻をきたすのだが、その破綻の経緯を考えるためには、中堅層がどのような方法でその政治的野心の達成をめざしたかをあきらかにしておく必要がある。

よって、つぎに軍内改革から再出発した中堅層の、外部への具体策を軸にその破綻のプロセスを検討していこう。結論からいえば中堅層は、政友会中島《なかじま》（知久平《ちくへい》）派・民政党永井《ながい》（柳太郎《りゅうたろう》）派とが、財界の結城《ゆうき》（豊太郎《とよたろう》）をもまきこんで近衛を擁立しようとした新党運動、これに合流してゆく。既成政党による近衛擁立運動が比較的早い時期から地下水脈をもちつづけていたことは、従来の研究の指摘する(1)とおりである。ただ、二・二六事件後、政友会反総裁派として最大の派閥をもっていた中島が新党運動をおこした意味は、軍部におされぎみの既成政党が近衛擁立によって政界のなかで安定した地位をしめようとしたもの、というような説明をややこえていると思われる。そこでまず、政友会にあっての中島派の位置と、民政党にあっての永井派の位置を確認することからはじめたい。

一九三六年四月、総裁派・中島派とならんで政友会のもう一つの派閥の領袖《りょうしゅう》であった久原《くはら》（房之助《ふさのすけ》）が、二・二六事件容疑者として東京憲兵隊に拘留され、取調べの結果、叛乱幇助の嫌疑で軍法会議に送致されるという事態にまで発展した(2)。政友会は、これに対処するため久原派を排除し、鈴木（喜三郎《きさぶろう》）・鳩山《はとやま》（一郎）などの総裁派、中立および中島派で総務を独占するという措置をとった。久原検挙のために混乱をきわめた政友会のなかにあって久原に対立し、かつ一九三五年ころより反総裁派色を強めつつあった中島派は(3)、検挙を奇貨として久原派を攻撃し、有罪確定のあかつきには総裁派の責任追及に動きだすかまえをみせていた(4)。内田（信也《しんや》）の伝える政友会の内情は「『粛軍も粛軍だが、同時に粛党もやらなければいかん』と言ってなかなか喧しい(5)」というものだった。これについては、戒厳参謀長安井の「備忘録」の憲兵司令部情報に「前田米蔵《よねぞう》、中島知久平ノ一派ハ、久原ノ罪状明瞭トナレハ同人ノ除名問題モカラミ一大粛党運動ヲ起サントシアリ(6)」との記録もある。

同時にこの憲兵司令部情報は、民政党の情況についてつぎのように伝えている(7)。

最近党内では、故川崎卓吉《かわさきたくきち》対永井柳太郎の二大勢力形成しあり。表面は平静なるも、内部的には次期総裁問題を廻り、両者の間に暗闘ありと称せらる。川崎卓吉の死去と共に、大幹事長主義に基き永井柳太郎が幹事長に就任せるも、今次総選挙費用の大半は永井に依り策出せられたる。永井が党に提出せるは、半分にして他は自分の子分に分配せる為、同人の不信任を叫ぶものもある。

粛正選挙となった第一九回総選挙後であり、選挙費用を調達しうる政治家・永井の派閥重視の姿勢に党内の反感の目がむけられている。このように、粛正選挙と二・二六事件という二つの要素が、それぞれ、中島派を政友会から永井派を民政党から浮かびあがらせる要因としてはたらいた。中島派はその後、政友会の行革特別委員会をリードするかたちで、軍部の行政機構改革への要求に応ずべき案を多数立案することに主力を注ぐようになる。これらの案は、久原の起訴をみこして久原派・総裁派の退却後の政治舞台への準備案とみなされるべきものだった。(8)

いっぽう、政友会総裁派や民政党主流派は、宇垣を擁立するための政民連携運動を展開しつつあった。一九三六年五月一日の宇垣日記にも「近時余に対する政党の担出し空気が若干濃度を加へ来らんとするの感じがする」(9)とある。具体的には、政友会からは砂田《すなだ》(重政《しげまさ》)・鳩山、民政党からは池田(秀雄)・川崎(克)・富田(幸次郎)らが中心となっていた。(10)この政民連携の遅滞要因となったものは、政友会と正式に連携することへの民政党側の躊躇にあったと思われる。民政党は久原への判決の帰趨をみきわめて行動したかった。時評類の一つ『政界秘帖録』の分析がある。(11)

何れ近く○○問題が発表されその真相なるものが天下に判って来ると、ドウしても非難が政党といふよりも、政友会に向って来ることはいまからでも予見し得る問題で、その場合に、「政民連携」といふ名の下に、その「楯」になることは御免蒙りたいといふ。

ところが、実際には久原は不起訴処分になる(一二月一四日)。これについて、久原の取調べにあたった大谷(敬二郎、憲兵)は「彼が軍法会議で不起訴となったことも、また、地方裁判所で無罪を判決されたことも、共に陰の力が動いていた」(12)と暗示している。その「陰の力」とはおそらく、三月事件と二・二六事件の均衡論にたって真崎無罪に奔走していた近衛をさすのだが、久原不起訴についての近衛の運動は一〇月にはすでに開始されているから、(13)このころには民政党主流派もゴーサインをだすことができたと考えられる。のみならず、電力国営論をとなえた内閣調査局・逓信省にたいする財界の反対運動も、政党に行動を求めていた。(14)また、陸軍中堅層の議会改革案が意図的にジャーナリズムにリークされたことも(15)政民両党を結束させることに役だった。政民連携は、こうして活発化してゆく。そして一二月、そこに釈放された久原がくわわった。

今日非常時に対する持論たる挙国一党またの名は愛国協和党論を提議し、既成政党の改組を要求すると同時に、これを民政党その他にも呼びかけるはずで、政民両党内の同臭者はむしろこの際久原氏の態度に拍車をかけている風が見えている。(16)

ここからは、久原の不起訴が連携論を一挙に具体化させ、宇垣推戴派を活気づけたことがうかがえる。宇垣の側近であった今井田《いまいだ》（清徳《きよのり》）が「近く宇垣内閣成立の見込」(17)と同志達にもらした時期が一〇月六日であったことは、以上の考察と符合するであろう。二大政党が交代で政権の座につくという慣例＝「憲政の常道」の崩壊以来、宇垣を戴いた一大政党の結成を考慮していた久原を接合符として、政友会の総裁派・久原派と民政党主流派とのあいだに提携関係が生まれ、宇垣政権成立は現実味をおびつつあった。このような政治的求心力は、必然的に中島や永井を、宇垣よりも強力な首相候補・近衛のための新党運動へと追いやるであろう。とりわけ政友会中島派は久原不起訴によって、粛党運動・総裁派攻撃のための大義を消失した。

当時、この新党運動の中心的動きを表面でになったのは、産業組合運動に関係の深かった貴族院議員有馬である。「有馬日記」(18)の一九三六年一〇月の記事からは、政友会反総裁派の中島・前田による従来からの近衛擁立があり、そこに昭和会の山崎（達之輔）や、陸軍中堅層がくわわるようになったことがうかがわれる。二九日の記事――「東日の今尾氏来訪、近衛氏擁立に関する相談あり。賛成す」――にみえる今尾とは、政友会や軍部と独自のパイプをもっていた「東京日日新聞」政治部記者今尾《いまお》登《のぼる》であり(19)、「荻窪会談」参会者の実質的なコーディネーター役をつとめた人物である。今尾と中堅層との密接な関係は「有馬日記」のなかで、中堅層の意向を有馬に伝えているのが常に今尾であることからもたしかめられる。そして一一月二五日、「中島知久平氏を訪れ、例のあっせんの事を依頼された故、少しはやらねばならぬかと思ふ」との決意をしるした有馬が、その直後から「荻窪会談」に参集すべき各界の代表者の説得にまわっていることから、軍部・財界・法曹界・政界・産業組合・新官僚を網羅した、横断的な背景をもつ新党のイメージを有馬に説いたものは、中島だったといえるかもしれない。

　このような下準備をへて、一二月二四日（一九三六年）、有馬邸に「六時より林大将、結城氏、中島氏、山崎氏、永井氏、後藤（文夫《ふみお》）氏、小原《おばら》（直《なおし》）氏集り、政治改革に関する種々なる談話の交換を」するというところまでこぎつけた。しかし、コーディネーターの今尾が「先日の集会の結果はあまり期待出来ず。中堅の会合をやる必要あり」と、早くも消極的な評価をくだしていたとおり、三度めの一月一七日の会合で確認されたことも、「新興勢力組成の必要と近衛公の出馬を希望する事を個々に公に申述べること、時期、方法、其他を考究することとす」という、はなはだ曖昧なものにとどまった。

　「有馬日記」の検討からあきらかなように、政治諸勢力を横断的に網羅するタイプの新党プランは、一九三七年初頭にはいくつかの理由から暗中模索状態に陥る。が、この運動のプランは、その支持層を陸軍中堅層にスライドさせながら持続力を発揮してゆく。まず注目すべきは「荻窪会談」への林の参加の意味である。後日談として近衛が「その全体の案（日満財政経済研究会による五カ年計画案を意味する、引用者註）を鵜呑みにして引受けたのが林大将であった。そこでまあ石原なんかは林が出れば思ふやうになると思つて、しきりに林大将を自分の思ふやうに動かすつもりで、『林大将』といふことを言つておつた(20)」と述べているように、林の参加のうらに、中堅層の代表・石原のバックアップがあったと考えることは妥当である。

　事実、「有馬日記」にもこの時期から、中堅層や満州協和会メンバーが登場するようになる。例をとれば、三月二日（一九三七年）には「午後二時半より満州国協和会のことにつき片倉少佐と浅原健三《あさはらけんぞう》(21)、五郎丸《ごろうまる》氏等来訪。千石《せんごく》(22)と共に話をきく。協和会なるものや、わかった」とあり、四月四日「今尾から朝電話あり。板垣(23)中将との面会の事か」、四月三〇日「六時大番町に行く。浅原氏来談。午後九時半まで話す。組閣当時の話や満州移民に関する話あり」と続く。有馬と中堅層との交流が深まり、中堅層の支持によって新党運動は、協和会の経験をも学ぶことになった。

この両者の接近を一九三七年初頭の新党運動の一側面としてみるという視角は、当時の時評類にも例がある。(24)

軍部が庶政一新の方法論として、行政府を強化しそれを国策機関として全面的に政党に対立してくるならば兎も角、軍部はもはやさうした方法論は問はない。国防充実と言ふ点にのみ力を集中し、それから生ずる矛盾は為政者が解決すべきであり、その矛盾解決の方法論も為政者が樹立すべきだと主張してきたのであるから、新政党結成による国防政策の支持と、庶政の一新的政策の採用と言ふ妥協的方針は決定される必然性を持つてゐた。新党運動はその故に有馬邸に於る会合・其他の具体的形をとつてきたのである。満洲に対する積極的産業家との交渉さへもが順次つきつゝあった。

引用文中の「軍部」という用語は、寺内や梅津などの上層部をさしているのではなく、石原にひきいられた中堅層のことをさしている。ここでは、同じ時評中に「資本主義であらうが、企画経済であらうが、その方法論は問はない。出来るだけ速かに満洲の現地調弁・産業五ケ年計画による生産力の拡大、内地軍需工業生産力の拡大を遂行する事が急務であると考へられてきた。この考へは、満洲現地、作戦を主とする参謀本部の一部に生じた」(25)とあることを指摘しておこう。

これまでの考察によって、当時の政界には二つの大きなうねりがあったこと、その一つの新党運動においては、既成政党中の新党派にくわえて陸軍中堅層が次第に影響力をましてきたこと、そしてその運動は大陸派（森矗昶《のぶてる》ら新興財閥）などの財界の一部を包含しながら、満州をモデル・ケースとして横目ににらみ政治力再編を企図したことがほぼ確認されよう。そこでは、中島派や中堅層の庶政一新案(26)がたたき台として議論にふされていたにちがいない。

2　第三勢力としての右翼と社会大衆党

近衛政権をめざす親軍的新党（陸軍中堅層＋財界大陸派＋中島派＋永井派）と宇垣擁立の政民連携（政友会総裁派・久原派＋民政党主流派）とに政治勢力が二分され、両者間のちからが拮抗すればするほど、キャスティング・ボードをにぎりうるものとして、右翼と社会大衆党（以下、社大党と略称）の存在価値はたかまる。まずは右翼に目をむけてみよう。

粛軍は、従来から右翼運動とかかわりの深かった軍人たちをも、待命というかたちで処分した。そのなかで、橋本（欣五郎《きんごろう》）・小林（省三郎《せいざぶろう》）・建川《たてかわ》（美次《よしつぐ》）は、とりわけ注目される。彼らは、右翼の横断的連合体として誕生した時局協議会（以下、協議会と略称）へと結集してゆくからである。

橋本は予備に編入されると、右翼戦線を統一し、議会進出をはかるための準備にとりかかった。九月一五日、国策産業協会の名で「一新の具体目標」という政綱を発表する。[27] この政綱の特徴は、①選挙権資格の引きさげ要求に代表される議会制度擁護主義、②徹底した国有化を柱とする経済改革の二点に集約される。これにもとづき、陶山《とうやま》（篤太郎《とくたろう》、元・愛国政治同盟員）、松延《まつのぶ》（繁治《しげはる》、元・神武会）ら八名を中心に結成されたのが大日本青年党であった。[28] 政綱と中核組織を準備した橋本は、つぎに横断的連合準備のための懇談会を開催した（一一月二一日）。参会者は、小林（順一郎、愛国労働農民同志会・三六倶楽部）、吉田（益三、大日本生産党）、中野（正剛《せいごう》、東方会）、橋本（欣五郎、大日本青年党）、江藤（源九郎《げんくろう》、淡交会）、永井（了吉、純正日本主義青年運動全国協議会）、小池（四郎、愛国政治同盟）、井田（盤楠、日本社・三六倶楽部）、井上（清純、三六倶楽部）、風見《かざみ》（章《あきら》、国民同盟）など二〇名を数えた（中野・風見は懇談会への参加のみ）。

この懇談会において、①「愛国団体」（前述の（　）内にかかれた諸団体をさす）統一の連絡機関を設置すること、

表9「原案」と「声明」の比較

	「原　案」	「声　明」
帝国議会	皇謨翼賛の一機関	立法予算等を通じて宏謨を翼賛すべき機関
日本主義	団体の本義に基く憲政確立の運動	憲政確立の運動
既成政党との関係	現在の諸政党を速に清算し，明朗なる皇道政治を確立することは，皇国として真に危急存亡の重大問題である。之れとの妥協は最早如何なる形式に於ても絶対に排撃しなければならない。	既成政党の清算を要求するは当然であるが，斉しく至尊の赤子たる個々の政党員が，本来の日本主義に覚醒し来たるならば，是れ又温かき手を伸べて歓迎するに決して吝なるものではない。

②その連絡機関は一二月上旬の総会において正式に発足すること、の二点が合意され[29]、これをうけ、一二月一五日、発会式がおこなわれた。同月二一日の総会（第一回）で、橋本の読みあげた「声明」[30]は会員の承認をえたものであり、この「声明」の原案が懇談会の時に作成された「運動第一著指針（案）」（以下、「原案」と略称する）である。この「原案」と「声明」のあいだには少なからぬ差異がみられ、それはそのまま右翼運動統合における橋本の足跡の意味ともなるので、差異の内容を（表9）にまとめてみた[31]。

この対照表から、「声明」では議会に積極的な位置づけが与えられ、既成政党との協力可能性が付与されていることが読みとれよう。「協議会」の性格づけも、一九三六年末の第七〇議会をめざした共同闘争機関という色あいを濃くせざるをえない。そして、国家主義的団体のみからなる新政党をイメージしていた小林（順一郎）らの論を封じて議会重視・組織戦型の「声明」発表へと牽引したのが、ほかならぬ橋本なのであった。

橋本をキイとして協議会の性格をおさえてきたが、ここで、時評類に一瞥をくわえておこう。『現代政治の動向』[32]の著者・佐々《さっさ》（弘雄《ひろお》、朝日新聞論説委員）は、協議会について「漸次国民的政党として発足するのでは無かろうかと推察される」[33]として、直接行動に訴えがちであった右翼が議会に進出することは政治の安定化につながるとの観点からこれを歓迎していた。いっぽうで、武藤をはじめとする軍務局軍人と関係の深かった『解剖時代』主筆・杉原（正巳）は、「協議会」が社大党と類似性をもつ革新党であると判断し[34]、合法的革新政党の誕生を佐々とは違った意味で評価していた。「国民的政党」か「革新党」かという視点の相違はあるものの、両者の洞察は既成政党の大分解にあたって右翼が一定の意味をもちうる地点にたっているという認識で共通している。

しかし、事態はやや意外な展開をみせる。一九三七年初頭の政変のさい、「協議会」は宇垣擁立にまわって政民連携派との協力をも辞さないかまえをみせるいっぽうでは、親軍的新党を猛烈にたたいた[35]。この行動と「協議会」の「声明」――「個々の政党員が、本来の日本主義に覚醒し来たるならば、是れ又温かき手を伸べて歓迎するに吝なるものではない」――をだぶらせれば、橋本の作成した「声明」のもつ意味も、一段と鮮明さをましてくる。「協議会」のなかで、宇垣擁立にもっとも積極的な動きをみせたのは、小林（省三郎）であった。南にちかい立場にいたジャーナリスト御手洗《みたらい》（辰雄《たつお》）は「強硬派の頭目と噂の高い小林省三郎まで、宇垣によって昭和維新を断行すればいゝじゃないかと、人物本位で態度が豹変して来た[36]」と驚いている。軍部側の情報「軍務課政変日誌」にも「小林省三郎が、政民両党の巨頭を水交社に招待したる際、秘かに対軍硬化倒閣を煽り、次期は宇垣にして同時に政党の天下なることを漏らしたる[37]」とある。「協議会」に結集した橋本・小林・建川らは、右翼団体をまきこむかたちで、政民連携派とともに宇垣擁立勢力となったのである。

以上で右翼への考察を終え、社大党の検討に移りたい。社大党にとって、政民連携→宇垣擁立路線はとうてい乗れない相談であったから、親軍的新党への対応が問題となる。この新党にたいして近衛が消極的だったことはすでに指摘があり[38]、「有馬日記」からも「既成の政治家でなく、新しき人達によってなされる新党なら進んでやる[39]」との近衛発言がひろえる。たしかに、このときの新党には、新官僚の後藤（「荻窪会談」の参会者のひとりで

社会大衆党	政治的非常事変勃発ニ処スル対策要綱
○	●
改革	改革
9	約5
内閣総理大臣の直属官庁，世界政策部，調査局（現行），予算局（大蔵省主計局の移転，予算編成の総合化），統計局，資源局（現行），宣伝局（情報委員会改組），人事局，法制局，賞勲局，印刷局　長官は内閣総務長官	総理大臣の帷幄機関として国策審議会を置く　内閣には経済統制局，情報局，統制局，主計局を置く
●	●
貿易省，航空省，産業省，財務省，社会省，公共省，交通省，教育省，自治省	内務，外務（外務・拓務合併），陸軍，海軍，文部，産業（農林・商工合併），交通（鉄道・逓信合併），財務（現大蔵省より主計局を除く）

1970年，日本近代史料研究会，第1巻19～89ページ），「極秘　昭和12年2月国策要綱」（同前，311～334ページ）からとった。社会大衆党の案は，「選挙法改正要綱」（『特高月報』1936年7月号），「政治機構改革案」（同前，11月号）よりとった。「政治的非常事変勃発ニ処スル対策要綱」は，「昭和9年1月5日改訂　政治的非常事変勃発ニ処スル対策要綱」（秦前掲書312～321ページ）からとった。

表10

政　　治	政友会中島派	日満財政経済研究会
国務大臣≠行政長官	○	○
内閣制度	改革	廃止〈国務院〉
国務大臣数	6～9	5
国策統合機関	内閣の下に調査局，予算局，法制局，統計局を置く。長官を無任所大臣が管轄する調査局は，現行制度を改組し，内閣のブレーントラストとする 予算局（大蔵省主計局を移転）法制局・統計局（現行）・人事局を置く	総務庁　長官は国務大臣兼任　企画局（調査局の拡大改組），予算局（大蔵省主計局移管，予算の編成），考査部（行財政・人事の監督），公務局（宣伝省の機能），法制局・資源局（現行の儘），帝国経済会議（総務庁の機能を助け，政府と民間との連絡）
総理大臣の各省長官への指揮命令権	○	●
省庁の統廃合　新設	貿易省（外務省通商局，商工省貿易局，大蔵省関税課） 社会省（内務省衛生局・社会局，司法省官房保護課の事務の統一） 交通省（鉄道省，逓信省，内務省土木局） 精神文化に対する行政機構の拡大強化，移植民局の新設，外交参謀本部の新設	組合省，国防産業省（農林・商工の一部），貿易省（外務省通商局，商工省貿易局，大蔵省関税課），航空省，社会省，金融省（大蔵省銀行局預金部，外国為替管理部の拡大強化） 改組・廃止（以下のもの） 大蔵省の権限縮小，内務省の権限縮小，逓信省の権限縮小，農林・商工・拓務省

注：○は左欄の項目についての肯定的言及のあること，●は何ら言及のないことを示している。
出典：政友会中島派の案は，加藤久米四郎「地方行政機構改革の重点」（『政友』1936年6月号），木村正義「行政機構改革私案」（同前10月号），助川啓四郎「税制改革と農村及び地方自治」（同前12月号），船田中「行政機構改革私案」（同前）からとった。日満財政経済研究会の案は，「昭和11年8月17日　昭和12年度以降5年間歳入及歳出計画　極秘　付　緊急実施国策大綱」（『日満財政経済研究会資料』

社会大衆党	政治的非常事変勃発ニ処スル対策要綱
国家資本を以て生産及販売を営む事業は，省組織より分離し，独立の損益計算にて運営される「国営」トラストに委譲する ①国有鉄道トラスト ②国営電信電話トラスト ③国営保険トラスト ④国営煙草･塩･樟脳トラスト その他，重要産業国営化の場合，原則として国営トラスト組織を採る 国営トラストは，主務省長官を通じて，政府及び議会の監督を受るも，業務・人事については自主権を保有する	国営・公営に移管すべき範囲（専売事業） 電力，水道，ガス，人造肥料，製塩，製糖，鉱業 監督制を確立して，漸進的に国営・公営に移管すべき範囲(作戦準備となるべき重要産業) 海運，機械工業，化学工業，製薬等 監督制を確立して統制を加えるべき範囲 農業，牧畜，漁業 これらの中央計画機関は，内閣直属の経済統制局
●	国内商業は仲買機関を公営化し，貿易事業は資本主義の為，経済統制局は貿易振興に主眼を置きつつ貿易の統制を行う アジア経済ブロックの確立強化に努める
●	強度に統制する 大銀行を国営に 庶民低利金融を励行

表11

経　済	政友会中島派	日満財政経済研究会
重要産業の統制	国家の統制すべきもの 　金融・交通・信託保険 国民の自治により統制すべきもの 　各種専売 一般論 　国家と資本家の共同経営，若しくは資本家と自治体との共同経営 〈以上，田村実「国策問題私見」より。田村は中島派〉	国営（一般的形態としない） 　電力・航空機・軍用自動車・兵器製作・燃料造船の一部 　〈「一般の統制形態とせず」とある〉 認可制度による大合同体 　石油・石炭・鉄鋼・自動車・化学工業の一部 自主的カルテル・統制カルテル 　一般の重要産業 〈以上の外〉全国産業の団体化組織化を図り，この組合は職能代表議員の選出母体とする
貿易の統制	●	半官的国策的貿易会社（国防産業生産品輸出・重要原料輸入管理） 輸出入業務の認可制，輸出組合・輸入組合
金融の統制	●	公債消化力拡大のための統制 　①公社債・株式発行の認可制度 　②為替管理・貿易管理による海外投資統制 　③銀行・信託・保険会社の国債保有割合増加 　④個人・公共団体・会社の公債所有奨励 社会政策的見地よりする金融統制 　①農村金融機関の改善（信用組合の機能発揮） 　②中小商工金融の改善 　③庶民金融機関の設置

社会大衆党	政治的非常事変勃発ニ処スル対策要綱
●	税制の整理
●	農村救済→義務教育費の国庫負担，肥料の国営，農産物価の維持 土地問題→耕作権等の借地権の保護を主眼，遠き将来に国営
●	保険の普及
●	
国家予算を経常会計予算と資本会計予算に分ける 経常会計予算の歳出（内閣各省所管経費の内，経常的なもの） 経常会計予算の歳入（租税・経常的納付金） 資本会計予算の歳出（公共事業経費・軍事費中の再生産部分）	災害保険，失業の予防・救済，最低賃金の設定 健全なる労働組合法の制定，適正なる争議調停機関の設置

表11つづき

経　済	政友会中島派	日満財政経済研究会
		金融機構の整備統制 ①金融省に資金運用局を設け資金運用指導にあたる ②日本銀行条例を改正し機能を拡大する ③勧業銀行・興業銀行の機能発揚・統制強化
税制改革	地租と家屋税の市町村移譲を意味する馬場財政に賛成〈この論は，中島派の助川啓四郎の「税制改革と農村及び地方自治」より〉	増税・新税は現改革案〈12年2月の時点〉
農民更生	●	農村負担の軽減 ①租税の軽減→戸数割廃止 家屋税中央移管 ②農村の個人負債の半額12億5千万を5年で整理 各年割2億5千万の低利借換・貸付期限延長のため，毎年250万円を補助 農民生活の向上 ①自作農創設・維持拡大 ②小作法制定 ③国有林野の解放
国民保健	●	①農村健康保険組合の創設 ②各種保険衛生施設の拡充
労働政策	●	①工場法の制定 ②労働保険の充実 ③賃金保護法の制定
国家予算形式の改革	●	●

注・出典：表10に同じ

あるが、態度留保を有馬に伝えている）、国民同盟の風見、社大党の麻生《あそう》（久《ひさし》）・亀井《かめい》（貫一郎《かんいちろう》）、東方会の中野、瀧《たき》（正雄《まさお》）など、いわゆる「革新」派の参入がみられない。[40]このうち、後藤・風見・瀧は、大蔵《おおくら》（公望《きんもち》、宇垣側近の今井田とともに内閣成立準備に奔走）の日記からも知られるように、むしろ宇垣への大命降下を予想し、国策研究会・昭和研究会で政権の受けざらづくりに熱中していた。[41]また、さきにみたように、中野・風見は右翼勢力による協議会の準備会にも出席していた。

こうしたなかで社大党は一月二四日（一九三七年）、「解散に対する注意喚起の文書」を麻生の名で発表し、「政界の一部に、新聞の報道するが如く新党計画が進められつゝあるが、次期内閣を無条件に支持するファッショ的新党が結成さるゝと否とに拘はらず[42]」、解散→選挙への準備をおこたってはならないと説いた。明確さを欠くところが、このときの社大党の微妙な立場を物語っている。林内閣成立時の「今次の政変は、急進ファッショ、現状維持両勢力の必死の抗争を展開したが、結局林超然内閣を成立せしむるに至った[43]」というコメントも、第三者的なさめた分析である。

本来、陸軍パンフレット「国防の本義と其強化の提唱」（一九三四年）以来、社大党にとって、陸軍中堅層とは、その経済思想の共通性ゆえに、親密性をもちうる勢力であったはずである。[44]リヒアルト・ゾルゲが「陸軍にとって特に重要な問題は、国民の物的状態をよくすることである。（中略）集団経済の考えをとり入れるようにしなければならない。（中略）新しい経済機構はわが帝国の根底に横たわっている思想に立脚し、国民全体の福祉を増進するものであらねばならない[45]」と、陸軍パンフレットをみごとに要約してみせたように、中堅層が資本主義の本格的「改造」をかかげたさいには、社大党はそこに一致点をみいだすことができた。[46]いったい、なにが障害だったのであろうか。

このころの陸軍中堅層が参画した日満財政経済研究会（以下、「日満」と略す）の経済構想と[47]、社大党のそれを比較（表11参照）すると、そこにはある種の差異が読みとれる。社大党が国営トラストによる重要産業統制を構想するのにたいし、日満のものは、国営を一般的形態としないカルテル方式をとり、「半官半民事業及民営事業に対する国家管理の強化」による統制を考えていた。国営方式によらない理由は「国家的統制機構の支障なき運営の為には、官（軍）、民の協力は絶対的に必要」だからであり、「国家管理の強化」という言葉は「全資本主義経済機関と之を運営する人物との国家的統制下に於ける総動員の完成」に通じていた。さらに、「政治的非常事変勃発ニ処スル対策要綱」（一九三四年）のころの中堅層は大銀行の国営化を主張したのに、この日満のものでは、日本銀行の機能拡大、勧業銀行・興業銀行の組織拡大など、軋轢回避型のプランへと転じている。中堅層の劇的な転換によって生じたこの社大党との差異は、やはり大きかったといわなければなるまい。

社大党は「斯くして金融資本の産業制覇を促進し、資本平均利潤率を維持することに依つて狭義国防の達成に急ぎ国民生活は蹂躙して省ない」(48)という批判を陸軍中堅層になげつけ、中堅層およびその推進する新党との距離をとってゆくしかなかった。麻生発言にもあったように、この時期の社大党が「ファッショ」という攻撃を多用する時、(49)それは多分にこの親軍的新党を主要な対象としていた。

こうして社大党は、親軍的新党への賛同を示しえず、かといって、既成政党を主敵とする従来の立場(50)から政民連携→宇垣擁立路線にも乗れないという、不安定な位置に身をおくことになった。社大党の不安定なスタンスが近衛の出馬意欲を失わせる一因となり、右翼の統一化ともあいまって、親軍的新党か政民連携かという二つの政治的選択肢は、一段と宇垣推戴派有利へと傾いてゆく。

3　宇垣内閣不成立の代償

再開後の七〇議会は、親軍的新党派と宇垣推戴派のあいだで大きくゆれた。前者は解散→選挙→新党（近衛あるいは林政権）を、後者は解散封じ→外交問題による倒閣、というルートで宇垣政権をめざしていた。(51)寺内・梅津ら陸軍上層は、粛軍の第二段の実行（真崎起訴は一月二五日）を理由として劈頭解散を説き、(52)前者に与した。(53)寺内の解散への意志はかたく、(54)また、解散は元老西園寺の支持するところでもあった。(55)一月二二日、内閣としても閣議で解散をけっするまでになった。(56)

これにたいして宇垣推戴派は「政党政治復活の方針」(57)を用意し、解散回避に努めた。その方針は①政党とは関係を断ったうえで組閣、②政党員の入閣者は入閣時に脱党、③残りの党員は内部より既成政党を分割崩壊させ、④各政党の同志による横断的大政党を樹立、⑤この大政党を宇垣政権の与党化、⑥次期政権へ継続、というものであった。そして、解散回避工作下の最大の爆弾が、じつは腹切り問答としてつとに有名な浜田《はまだ》（国松《くにまつ》）演説である。解散をさけるためには、そのもっとも強力な推進力である陸軍中堅層の希求している新党成立を阻止すればよい。

浜田演説の真のポイントは、中島や永井や結城の進める新党が、関東軍の指導する満州・協和会(58)のやっていることと同じであると明言した点にあった。満州で着々進行している「一国一党」化をバック・アップする「政治思想」（これを浜田は「ファッショ」とよんでいる）が、現在の日本にもすでに蔓延《まんえん》していると警告した。(59)有馬邸の新党運動をスクープしたのが一九三七年一月一九日付の「福岡日日」新聞であり、(60)この新聞が政友会（総裁派）機関紙にちかかったことを考慮すれば、(61)浜田の爆弾は、軍部に無計画になげつけられたというよりも、既成政党内の新党派へ計算のうえでなげられたものという説明、(62)つまり新党派の分断を意図的に策するものだという評価は、かなりの妥当性をもつであろう。政変の意図的な作為のために、浜田質問は軍部によって奇貨おくべしとして利用されたという解釈(63)は、政党勢力を過小評価し、宇垣推戴派のここでの成功をかきけしてしまう。

新党派は屈服をよぎなくされ、解散のみとおしをうしなった陸軍上層が解散回避に動いた海軍上層とともに総辞職に賛成したことから、(64) 大命は宇垣におりた。宇垣は、決定的には①陸軍中堅層の反対と、②後継首班奏請にちからを行使するようになった内大臣及びそのアドバイザー木戸の消極的反対（＝かなりの部分天皇自身の意向が反映されていよう）によって組閣することができなかった。(65)

ここで問題にしたいのは陸軍中堅層の反対についてである。彼らは解散→新党→近衛擁立の成功を疑わなかったために、宇垣への大命降下にあたって稚拙な対応をした感がある。(66) 中堅層の宇垣拒絶は、財閥との関係・三月事件・ロンドン軍縮の際の言明を表むきの理由としていたが、(67) じつのところ宇垣推戴派による政党政治復活を敵視していたのはいうまでもない。

しかし、拒絶するに急なあまり、中堅層はみずからの基盤をこのときにほりくずしてしまっていた。三長官会議による陸相候補非推薦という拒絶方式を陸軍上層部が再びもちだし、最も容易な宇垣反対の方法を示したとき、中堅層はこれを容認してしまうのである。

自分が組閣するときの陸相は板垣――というように、大命降下したものが陸相を指名できることのメリットをみぬいていた近衛は、この点を憂慮した手紙を寺内にだして一言、警告を与えている。(68)

大命已に降れる後に於て大命を承れる人、其者を排斥するは任免大権の発動其者を拒否する事にして大義の上に於て、甚穏ならずと存候。無論かくいふは別に宇垣内閣の成立を希望するといふ意味ニては無之、宇垣内閣ニ対する賛否好悪に拘らず、国体の上より大権を仰ぎ大義を論じ候のみ。（中略）今こゝに僅かの汚点を印する時は、将来或は上下顚倒《てんとう》秩序紊乱《びんらん》を馴致《じゅんち》せん事深憂ニ堪えず。

さきにもみたように、後継首班が自由に陸相を指名できるとの構想は、中堅層の運動の一つの結実であった。この構想は、中堅層サイドの首相を獲得できさえすれば、年功序列ではない実力主義の（つまり中堅層の意向を反映させられる）陸相選出を可能にした。しかし、一月二六日に宇垣の組閣本部を訪れた寺内があげた候補者は、杉山（一二期）、中村（孝太郎・一三期）、香月《かずき》（清司《きよし》・一四期）というように、みごとに序列化されたものであった（ただし、全員が辞退しているとつけくわえたのだが）。林の組閣のさいも陸軍上層は、即座に三長官会議を開催し、だれが首班であっても中村を陸相に推薦するとの、いちはやい言明をおこなった。これにたいし、中堅層の代表として、林に三長官会議の疑義を説いた十河《そごう》（信二）が「国務大臣たる陸軍大臣の銓衡は大命を拝したる林大将の責任であります」(69)と強弁しても、それが、三長官会議を是認することによって宇垣排撃をおこなってしまった中堅層の言葉であるかぎり、もはや容易なことでは説得力をもちえなかった。

(1) 伊藤隆「挙国一致内閣期の政界再編成（1）」（『社会科学研究』二四巻一号、一九七二年一月）。同『昭和期の政治』（山川出版社、一九八三年）第二章「昭和一三年近衛新党問題」参照。
(2) 久原房之助翁伝記編纂会編『久原房之助』（同会刊、一九七〇年）四五六、四六六頁。
(3) 前掲「挙国一致内閣期の政界再編成（1）」八〇頁。
(4) 永田辰二「政友会の新陣容」（『日本評論』一九三六年七月号）には「久原問題の表面化、従って鈴木総裁の進退問題、ひいては党の全面的革新問題の嵐が七・八月ごろから秋にかけ当然予想される」とある。
(5) 『原田日記』五二頁。
(6)(7) 前掲『二・二六事件研究資料』第一巻、一三一〜一三二頁。一九三六年六月二〇日の情報。
(8) 表10・表11の中島派のものを参照のこと。
(9) 前掲『宇垣日記』第二巻、一〇六一〜一〇六二頁。
(10) 前掲「組閣工作一〇九時間」。宇垣流産内閣の組閣ブレーンとして名前をあげられている政党人は川崎と砂田である。そのほか「石原莞爾資料」（国立国会図書館憲政資料室所蔵）の「宇垣支持派系統」、「松本学関係文書」（同前所蔵）、佐々弘雄『続人物春秋』（改造社、一九三五年）を参照。
(11) 前掲『政界秘帖録』五一〇頁。
(12) 大谷敬二郎『憲兵秘録』（原書房、一九六七年）二一七頁。
(13) 前掲『小川日記』第一巻（みすず書房、一九七三年）三一九頁。

(14) 前掲「石原莞爾資料」の「特殊情報」に、「国営電気反対の運動があったので、貴衆両院議員頗る裕福の由」とある。また、内閣書記官長であった藤沼庄平の日記には、「電力問題をケイキに、財閥は政党に働きかく。政党も是にのる。全産聯が働きかく」との記事がみえる。参照、「藤沼庄平文書」(国立国会図書館憲政資料室所蔵)。

(15) 一〇月三〇日、「軍部案」として新聞紙上に発表された議会改革案は、①政党内閣制の否定、②政党法の立案、③貴族院を経済参謀本部として改変、④選挙権を戸主のみに制限、⑤府県廃合、町村合併をその内容としていた。この案は、軍務課国内班長の佐藤がつくったといわれる。

(16) 前掲「石原莞爾資料」の「聞人会情報」。

(17) 前掲『大蔵公望日記』第二巻、二二七頁。

(18) 前掲「有馬日記」。

(19) 今尾登の子息哲也氏の御教示によれば、今尾は、①政友会関係の政治家と非常に親しかったこと、②財界のなかでは、森矗昶と非常に親しかったこと、この二点はたしかであるという。有馬は、一九三七年二月四日の「自由日記」において、有馬に新党運動の斡旋を頼んだのは、中島の意向をうけた今尾にほかならないと書いている。

(20) 『原田日記』二五三頁。

(21) 宮崎正義・十河信二とともに石原派の政治家。林の組閣本部に出入りしていた。

(22) 千石興太郎は一九三五年一〇月産業組合中央会常務理事、三七年六月同会副会頭兼常務理事等々、産業組合一筋の人間であった。

(23) 板垣は一九三六年三月~三七年三月関東軍参謀長。

(24)(25) 杉原正巳「今次政変の歴史的意義——軍部政治方法論の亀裂に乗じた大陸派・新党派——」(『解剖時代』一九三七年三月号)。

(26) 中島派・陸軍中堅層の庶政一新案については、表10・表11を参照。

(27) 『特高月報』一九三六年九月号一九六~二〇一頁。なお、筆者の利用した『特高月報』は、東京大学文学部国史学科所蔵版であり、マイクロフィルムからの焼付を、月ごとに製本してあるものである。

(28) 同前、一〇月号三五~三八頁。

(29) 同前、一一月号一八~二四頁。

(30) 同前、一二月号三四~三六頁。

(31)「原案」は『特高月報』一一月号一九～二〇頁。「声明」は同前一二月号三四～三六頁。
(32) 佐々弘雄『現代政治の動向』(朝日新聞社、一九三七年)二四五頁。
(33) 同前、二四九、三〇四頁。
(34) 杉原正巳「粛軍・吏道振粛・庶政一新」(『解剖時代』一九三六年九月号)。
(35) 一月二二日、協議会は「既成政党員の新党樹立運動に対する時局協議会の態度」との文書を発行した。その内容は、「一月二〇日読売紙上に、既成政党領袖の一部が軍民一致、日本主義的強力政治の美名を潜称して、新政党組織の計画あることが報道された。(中略)政党員にして、既成政党の非を自覚したならば、先づ脱党して悔俊の誠意を披瀝すべきものであると信ずる。然るに之を成さず、今日の如き情況となりて、自己保存の為に、更に進んで斯かる策謀に熱中するが如きは、大義を蔑如し国民を愚弄する」という、親軍的新党派への非難であった。『特高月報』一九三七年一月号七八～七九頁。
(36) 城南隠士「政界夜話」(『文藝春秋』一九三六年一〇月号)。
(37) 前掲『軍ファシズム運動史』三七四頁。
(38) 前掲「挙国一致内閣期の政界再編成(一)」七八頁。
(39) 前掲「有馬日記」一九三七年一月一三日条。
(40)「革新」派については、伊藤隆『昭和初期政治史研究』(東京大学出版会、一九六九年)を参照のこと。
(41) 前掲『大蔵公望日記』第二巻、一九三六年一一月二六日・一二月二三日、一九三七年一月二三日条。
(42)『特高月報』一九三七年一月号。
(43) 同前、同年二月号。
(44) 社大党と陸軍革新派との親密性については、吉見義明「戦前における『日本ファシズム観』の変遷」(『歴史学研究』四五一号、一九七七年一二月)。社大党の本格的分析として、山室建徳「社会大衆党小論」、近代日本研究会編『昭和期の社会運動』(山川出版社、一九八三年)所収。
(45) リヒアルト・ゾルゲ「日本の軍部　その現状――日本の政治におけるその役割――」(『地政学雑誌』一九三五年八月号、マリヤ・コレスニコワ『リヒアルト・ゾルゲ』、朝日新聞社、一九七三年、巻末資料所収)。
(46) 麻生久「陸軍のパンフレットについて」(「社会大衆新聞」一九三四年一〇月二八日号)。麻生は、「このパンフレットの内容に沿つて反資本主義勢力の拡大強化に努力して、党の拡大強化を図るべし」といっていた。

(47) 「昭和一一年八月一七日　緊急実施国策大綱」(『日満財政経済研究会資料』第一巻、日本近代史料研究会)一九～八九頁、以下はここからの引用。

(48) この時期もふくめて、社大党の「ファシズム」観については、前掲「戦前における『日本ファシズム観』の変遷」論文。

(49) 『特高月報』一九三七年三月号。

(50) 前掲「社会大衆党小論」八五頁。

(51) 書記官長藤沼庄平の日記には「政党内の宇垣熱のタイ頭。政民両党内の宇垣党の会合。而して外交問責の談合。即宇垣擁立。外交攻撃は有田が目標にあらずして、軍部なること」とある。一九三七年一月一二日条。この藤沼の追想を裏がきするものが、同年一月二〇日付「読売新聞」一面の「集まるもの百余名／外交失敗を総攻撃／政府に善処要望の申合せ／共同陣気勢上る」とのリードのもとに報じられた記事である。

(52) 一月二二日、寺内は広田に、三月の陸軍定期異動を解散中におこないたいとの理由から解散を希望している。『原田日記』二二三七～二三八頁。

(53) 有馬頼寧「自由日記」(国立国会図書館憲政資料室所蔵)一九三七年二月四日条。

(54) 「南次郎日記」一九三七年一月一七日、一八日条。なお、日記の閲覧にあたっては立教大学北岡伸一教授のご厚意をえた。しるして感謝の意を表します。

(55) 「今度の議会にはよほど強い態度に出て、やはり解散をどこまでもやる決心でいかなければいかん」、『原田日記』二二一頁。

(56) 城南隠士「政界夜話」(『文藝春秋』一九三七年三月号)。

(57) 「南次郎日記」一九三七年一月一一日条。

(58) 一九三六年九月一八日植田(謙吉)司令官による「満州帝国協和会の根本精神」という講演は、衝撃をもたらしていた。前掲『現代史資料　続満州事変』九〇七頁。

(59) 「第七〇帝国議会衆議院議事速記録」(『帝国議会誌』、東洋文化社、一九七七年)一期二七巻所収。浜田は「軍民一致協力の新体制に依り、強力政治を断行して、憲政常道論を排斥すると言へば、其精神にすっかり嵌って居るではありませぬか。此『イデオロギー』は玄海灘を渡り、黄河を横断って日本の内地に既に上陸を致したものであります」と述べる。

(60) 前掲「有馬日記」には、「福日にも出たとの事」とある(一九三七年一月二一日)。「福岡日日」の記事は、一九三七年一月一九日「冷言熱語」。

(61) 内務省警保局「新聞雑誌及通信社ニ関スル調」(『新聞雑誌社特秘調書』、大正出版、一九七九年)六六八頁。

(62) 紫法師「新党運動の意義」(『日本評論』一九三七年五月号)。同様のみかたは、馬場恒吾「時勢は変化した」(『改造』同年四月号)で、馬場は「新党運動の輪郭が新聞に出た為めに、それに関係した人々を尻込みせしめたことも與つて力があつた。だがそれよりも重要なことは、この新党運動が陸海軍の予後備軍人を通して、軍部と関係がある如く云はれたことだ」という。また、前掲「政界夜話」は、「政友会の幹部派が急に強硬論を煽つたのも、この新党牽制の意味が大いにあつた」という。

(63) 前掲『軍財抱合』の政治過程」二九頁。

(64) 「嶋田繁太郎日誌」(前掲『軍ファシズム運動史』所収)。

(65) 内大臣湯浅(倉平)が、宇垣に対して積極的賛意を表していなかったことは、『原田日記』二二五頁、『木戸幸一日記』上巻、五三〇~五三一、五三八、五四〇頁、「宇垣一成関係文書」(憲政記念館所蔵)A四の二一。木戸の消極的反対は、「日記に関する覚書」(木戸日記研究会編『木戸幸一関係文書』、東京大学出版会、一九六六年)一〇七~一〇八頁。

(66) 秦新聞班長が内閣情報委員会で説明した反対理由は、三月事件、ロンドン軍縮のさいの「大権干犯」、二・二六事件との関係の三点。町尻軍事課長は嶋田にたいして、財閥との腐れ縁を指摘している。前掲「嶋田繁太郎日誌」。

(67) 片倉の回想によれば、一月二四日夕刻から偕行社に集合した中堅層のやったことは「宇垣首相から陸相入閣要請を受けた場合は、陸軍大臣として部内統制の責に任じ得るものなし」との決議をおこなったこと、そして中島(今朝吾)憲兵司令官を宇垣のもとにつかわして拝辞を具申したことであった。部内の「不穏」を伝えて宇垣の自発的拝辞をねらったものであろう。参照、上法快男編『最後の参謀総長 梅津美治郎』(芙蓉書房、一九七六年)。

(68) 寺内宛近衛書翰(一九三七年一月二五日付)、「寺内寿一関係文書」(国立国会図書館憲政資料室所蔵)。

(69) 「林内閣成立の経緯」(前掲『軍ファシズム運動史』三九一頁)。林・近衛は三長官会議の推薦ではない板垣を陸相にとることに固執している。松平内大臣秘書官長は、「近衛から『どうしても板垣・末次を出すやうにしてやつたらいゝぢやないか』といふことを内大臣府に電話がかゝつて、実は困つている」(『原田日記』二四七頁)と、原田に述べている。

おわりに

二・二六事件と粛軍裁判は陸軍をもみくちゃにした。部内の中堅層・在郷軍人は処罰の甘さに抗議し、天皇・宮中グループ・捜査関連省の官僚グループは、真崎の厳罰を求めた。中堅層にとっては、胸中にある政治改革をおこなうにたるだけの正当性を回復するために、粛軍裁判を迅速・厳罰主義でおこなう必要があった。いっぽう近衛は、稀有《けう》な政治力を用いて、「政治と統帥は一体」という論理で陸軍当局の厳罰方針にブレーキをかけた。こうして真崎無罪の判決がでた。たしかに、二・二六事件は、政局に多大の影響をあたえた。しかし、その後始末である粛軍過程が、各政治勢力に、陸軍への政治的介入の余地をあたえるものであったことも事実なのである。粛軍裁判と同時に、陸軍中堅層は、陸軍の伝統的官僚的体質（合議制・年功序列）からの脱却をめざした一連の軍内改革をもおこなった。軍部大臣現役武官制復活はその柱であった。

歴史は少しさかのぼる。一九一三（大正二）年、ときの山本内閣は軍部大臣の任用資格から現役規定を削除した。この改正は憲政史上記念碑的意味をもったのだが、同時にそれは軍内に混乱をまきおこす要因ともなってゆく。大臣のポストが政党勢力の影響下におかれ、そのポストを通じて部内への干渉がくわえられるのを事前にはばむために、陸軍のとった防御策は、本来官制によって定められているところの大臣権限をあらかじめ他の二長官（軍令系統であるために原理的に政党勢力は関与できない）に移しておくというものであった。

この措置によって最も劇的に影響をこうむったものが部内の人事取扱いであり、陸軍はそれ以降、内規として「人事ニ関シ陸軍大臣、参謀総長及教育総監ノ協定事項」を取りきめ、本来は大臣の専管である人事を、三長官の協議事項とした。山縣有朋の存命中や、強力な大臣の在任中は、この三長官会議の存在は問題とならなかった。しかし、長閥打破をかかげる種々の横断的団体（木曜会・双葉会）が陸軍内にあらわれるようになった、大正末年・昭和初年から問題が生じてきた。横断的団体の支持によって陸軍の最高ポストをえた荒木や真崎は、自己の正統性を、その出自ゆえに、公議性＝合議の重視、にもとめなければならなかった。真崎が三長官会議を重視したのは、なにも権力欲からばかりではないのである。真崎は人事取扱い内規を最大限に活用して、三長官会議の布陣をかためようとしただけである。

中堅層は、この人事取扱い内規に、昭和の陸軍の一連の抗争——皇道派人事・真崎罷免・永田暗殺・二・二六事件——の元凶があるとみなした。このような判断には、妥当性があろう。膨大な数の粛軍人事の断行・事件への政治裁判を目前にひかえて、大臣の人事権の行使の結果に一点の疑義もゆるさないような秩序を組みたてること、つまり第一義的には、内規の効力を停止させて本来の大臣権限を回復すること、そのために現役規定の復活は要請されたのであった。

規定復活にあたって中堅層は、「今後人事は大臣の専管事項となるので三長官会議の慣例はなくなる」、との展望を示すことによって政府や政党を納得させた。政府や政党が復活に同意したのは、三長官会議がなくなれば陸軍大臣も他省の大臣と同様に、大命降下者によって選任することができるようになると判断しえた点が大きい。中堅層にとっても、大命降下者による大臣選任という路線は、年功序列式に大臣推薦をおこなう三長官会議よりも魅力的なものにみえた。

なぜなら、中堅層の希望する政治構想をもたされたか、あるいは共有する首相候補者自身を直接戴く方式を＝親軍的新党を、中堅層は考えはじめていたからである。かれらは、後継首班に陸相推薦を拒否するという、三長官会議による拒否権発動方式の限界に気づいていた。

中堅層が、いくつもの陸軍内の制度改革を実現しながらも、ここで最終的に挫折をよぎなくされるのはつぎのような事情からだった。

第一に、帝国議会を中心にした宇垣推戴派が右翼をふくめた予想外の広い基盤をもっていたことである。中堅層はかつては、生産手段の社会化や社会政策を重視する姿勢を打ちだしていたために、社会大衆党の支持を期待できた。しかし、一九三六年にあっては、目前の、満州における重工業育成、軍拡の効率的達成のために、中堅層の経済構想は社大党のそれとはかけはなれたものになっていた。

第二に、大命降下した宇垣を拒絶する方法が、陸軍首脳部の示した旧来の方法、すなわち後継陸相推薦を三長官会議でサボタージュするという方法しかなかったことである。これはみずからが捨てた方式にほかならなかった。中堅層は首脳部の手にからめとられ、しばらく独自の政治改革路線をとることができなくなる。

こうして、中堅層は、日中戦争開始後の大本営設置問題を、つぎのチャンスとして選びとってゆくことになる。現役制復活・親軍的新党へいたる、軍事の政治化といわれる事態は、このような種類のものであった。

第六章

権力一元化構想の展開

日中戦争初期の制度改革

●関連年表●

1937(昭和12)年	7月 7日	日中戦争勃発
	10月15日	臨時内閣参議官制公布
	25日	企画院官制公布
	11月 5日	トラウトマン工作開始
	18日	大本営令公示
	12月13日	南京占領
1938(　　13)年	1月11日	大本営，政府首脳による御前会議「支那事変」処理根本方針決定
	16日	「国民政府ヲ対手トセス」声明

はじめに

政治と統帥の一致を求める思想の起源は、第一次大戦にさかのぼることができる。第一次大戦は世界初の総力戦として日本軍部に深甚な衝撃を与え、参戦諸国の戦争指導と戦時体制の研究をはじめさせる契機となった。研究の成果を日本風にアレンジして活用しようとする試みもなされていた。事実、一九一五年には臨時軍事調査委員会ができ、調査報告である『欧州交戦諸国の陸軍に就いて』[1]や、『参戦諸国の陸軍に就いて』[2]がまとめられていた。なかでも、同調査委員であった永田《ながた》（鉄山《てつざん》）が、一九二〇年五月に「国家総動員に関する意見書」を提出していることは[3]注目にあたいする。

さらに、大戦中フランス軍に従軍した経験を生かして、参謀本部で研究をつづけていた酒井（鎬次《こうじ》）[4]は、一九二六年五月、「戦時大本営編制・戦時大本営勤務令改正案」[5]を完成させ、参謀本部内と陸軍省の一部の意見をきいている。その結果、陸軍部内では「異論沸騰底止《ママ》する所を知らざる」[6]情況となったが、当時陸軍省軍務局軍事課高級課員だった永田が、回覧中の同案に「本案の趣旨に異存なし　九月一日　軍事課」との付箋をつけてきた[7]ことは記憶されてよい。

酒井案（図4参照）は、「国軍作戦の中枢をなすものは実に人物の精鋭を集めたる小数の人を以てせざれば所謂小田原評議に流れ果敢潑溂たる作戦を行ひ難し」(8)との考えのもとに、大本営と内閣の上部にあって戦争指導をおこなう「戦時国家最高機関」を構想したものだった。同案によると、「戦時国家最高機関」の構成員は、内閣総理大臣、参謀総長、海軍軍令部長、その他勅命によって参加を要請されたものに限定されている。(9)大本営よりも上部に最高機関を設置し、しかも国務大臣である内閣総理大臣をその機関にふくむという点に、特徴がある。酒井案は個別に回覧されただけでなく、同年七月九日に永田によって主宰された作戦資材整備会議に付議されている。(10)会議では、「速に大本営編制の前提たるべき戦時国家最高機関の体系及陸軍省、教育総監部其他中央部の官制の大要を研究し大本営編制をして之と調和せしむるを要す」(11)との方針が全体として確認された模様であり、ここに酒井案は、今後の大本営研究の基本となった。

図4　酒井案

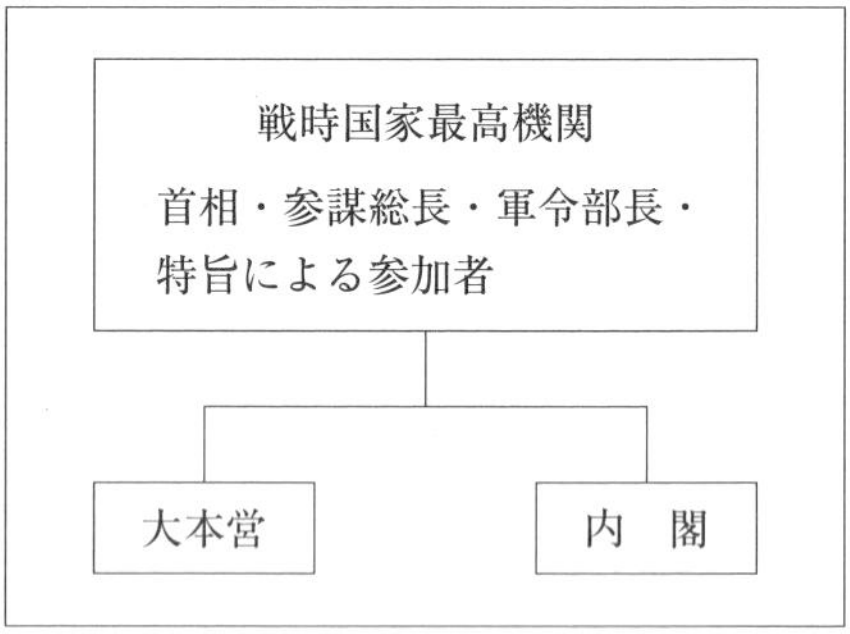

また、政戦略の強力な統合を目指す酒井案をあとおしした永田は、同年九月三〇日に新設された整備局の動員課長になってゆく。総力戦時の戦争指導のあらたな型式がここでいったんは展望されたといえるだろう。しかし、その後戦争違法化の思想が、軍縮政策によって具体化されつつあったために、総力戦思想の具体化は一時凍結された。

酒井案から一〇年をへた一九三七年一一月に大本営は設置されるのだが、その起案にあたったものは、永田時代の整備局に通算五年いた経験をもち、当時軍務局軍務課国内班長であった佐藤（賢了《けんりょう》）と、同じく軍務局軍事課高級課員であった稲田《いなだ》（正純《まさずみ》）であった。佐藤は起草にあたっての抱負をつぎのように語っている。(12)

大本営を設置するに当たって、従来通りの大本営を設置するか、或は支那事変の本質に鑑みて、その機構を変えたがよいかに就いて検討して見た。（中略）従来考えられた戦争に於ける政略と戦略との関係は一層政略を重しとする。だから今度設置する大本営は純然たる統帥機関ではなく、大本営内に首相、外相、蔵相、商相等主要な閣僚を入れて、政戦両略の完全なる一致体としてはどうかという意見を持った。

稲田も佐藤と同様に、第一次大戦時の列国の戦争指導機構を研究して、日本でも戦争指導機構をつくらねばならず、統帥権の独立があったり、陸海軍がわかれているような状態で戦争指導はできないという主旨の発言をのこしている。第二章でみたような、日中戦争初期の戦争指導のありかたに危機感をもち、あたらしいタイプの大本営設置を企図していたことがうかがえる。(13)

二・二六事件後、陸軍中堅層は大臣権限強化・三長官会議廃止のさきに、親軍的新党を展望したが挫折した（第五章）。日中戦争勃発という非常事態をまえにして彼らは再び参議制と大本営の制度改革に、軍事を政治化する糸口をみいだしてゆこうとする。

（1）陸軍省臨時調査委員会編、一九一七年。
（2）陸軍省臨時調査委員会編、一九一九年。
（3）永田鉄山刊行会編『秘録　永田鉄山』（芙蓉書房、一九七二年）四三五頁。
（4）酒井鎬次の著作には、『戦争指導の実際』（改造社、一九四一年）がある。
（5）稲葉正夫解説『現代史資料　三七　大本営』（みすず書房、一九六七年）三〇三〜三〇九頁。
（6）同前、三二一頁。
（7）同前、三〇九頁。
（8）同前。
（9）同前、三〇四頁。
（10）作戦資材整備会議は一九二一年設置、二三年から永田が幹事をしていた。この会議のメンバーがのちの資源局にながれてゆく。

(11) 前掲『大本営』三一七頁。

(12) 佐藤賢了『東条英機と太平洋戦争』(文藝春秋、一九六〇年)八一〜八二頁。

(13) 『稲田正純氏談話速記録』(木戸日記研究会・日本近代史料研究会編刊、一九七〇年)一五三〜一五五頁。

第一節　内閣参議制の成立過程

1　内閣強化・派閥解消

参議制の発端を示す史料の初出は、一九三七(昭和一二)年八月二七日の『西園寺公と政局』(以下、本書を『原田日記』と略称)であろう。首相であった近衛(文麿《ふみまろ》)は「国策審議会でも作つて、宇垣、荒木、末次といつたような連中を入れ、それに対しては日本の陸軍も一致して、派閥なんかの関係もだんだんなくなつてきたといふことが判るやうに、所謂ゼスチュアにさういふものをつくりたい」(1)との意嚮をもらしていた。この発言からは、対内的には現陸軍のトップの陣容から排除されている宇垣(一成《かずしげ》)系・荒木(貞夫《さだお》)系の不満を緩和しつつ、逆にこれらのひとびとを内閣のもとにおくことによって現陸軍陣容の牽制をねらい、対外的には中国側に国内不一致をみすかされないよう、との近衛の配慮がうかがわれる。

このときの陸軍首脳部は杉山（元《はじめ》、大臣）、梅津《うめづ》（美治郎《よしじろう》、次官）、畑（俊六、教育総監）といった顔ぶれで、当時は粛軍派と称されていた。これらのひとびとのうえには、当時北支那方面軍司令官だった寺内（寿一《ひさいち》）がいた。いったい、杉山と寺内の関係は宇垣・荒木にたいする姿勢をこそ同じくするものの、微妙な緊張を孕んでいた。たとえば石原（莞爾《かんじ》）の回想録には「寺内閣下が東京に居られる事は杉山閣下に勝手が悪い」のだという石原の観測とともに、本来阿部（信行《のぶゆき》）が北支那方面軍司令官に任ぜられるはずであったにもかかわらず、杉山が参謀次長に相談もせず総長との談合だけで、寺内を転出させたという内幕を載せている部分がある(2)。また『続・現代史資料　四　陸軍　畑俊六日記』（以下、本書を『畑日記』と略称）は、一九三七年八月の異動で小磯（国昭《くにあき》）を引退させるはずだったのが「小磯を引退せしむるならば大臣も亦同罪なるべき」と寺内が反対したため、できなかったことを載せている(3)。第二章で述べたような新旧の戦争観の対立を背景に、分裂的な戦争指導を陸軍中央はおこなっていた。また、近衛と陸軍の関係は、第五章でみたように粛軍裁判への近衛の介入以来、冷却したものであった。

ついで、九月三日から九日に開かれた第七二回帝国議会での動きが問題を進展させる。各派交渉会の取りきめで質問者を各派より一名と限定したこの臨時議会では、五人の議員が質問者としてたった。そのうち第一議員倶楽部の秋田（清）、東方会の中野（正剛《せいごう》）が、戦争遂行のための内閣強化を提言した。なかでも、中野は「支那事変」が宣戦布告をおこなわない戦争であるゆえに大本営設置が不可能であるならば、日露戦争のときの首相桂（太郎）が一旦総辞職をおこなったうえで、大命再降下から改造内閣を樹立した故事に近衛内閣もならうべきであるという主旨の発言をしている。

改造を断行して戦時内閣をつくるべきであるとの含意である。注目されるのは秋田、中野の質問にたった近衛の答弁ぶりであろう。近衛は「此内閣は決して万能の力を持って居るとは思っておらぬのであります(4)」と語り、なんらかの内閣強化策を実行する意欲を示した。秋田はのちに内閣参議のメンバーにもなってゆき、この時期しきりに近衛に献策をおこなっている人物であるから、この問答はおたがいの了解のうえの所作であったかもしれない。[5]

しかし、たとえそうではあっても、近衛が議会という場で政党の面々にたいし内閣強化策へふみだすことに確約を与えたということには大きな意味があった。この政治的演出は、内閣参議制の全貌があきらかになってくるとともに顕著になってきた、おもに陸軍首脳部よりの反対をかわすのに十分効果を発揮している。当時、陸軍省軍務局軍事課長であった田中（新一）の記録には、つぎのような陸軍大臣の対応ぶりが述懐されている。[6]

内閣参議制に対しては陸軍大臣として絶対不同意で三回にわたって所信を総理に開陳す。その理由は責任内閣制の本質に違反し責任分離の結果となる疑いあり、責任が取れねば国務大臣としては辞任する外なしというにある。

近衛総理としては陸相の趣旨には同意なるも前議会において民政、政友両党その他に対して明言した言質上どうしても何物かを造らねばならぬ立場に在り、陸相の趣旨は諒としつつも実際は内閣参議制の実現に牢乎《ろうこ》たる決意を示しあり。

ここからは「政党に言質を与えた」という理由づけをもって陸相をおさえつつ、参議制を断行しようとする近衛の態度がうかがえる。ところで、陸相が参議制に反対したのは、記録にあるような「責任内閣制の本質に違反」云々ということだけを理由にしていたのではない。陸相や教育総監のレベルで問題とされたのは、参議予定者の宇垣・荒木という陣容についてだった。この陣容をみた陸軍側では、参議制がその実、近衛による陸軍牽制ではないのかという懸念を顕わにしていたのだ。

『畑日記』をみると、九月一三、二二、三〇日といったところに参議制（正確には九月の時点では審議会）に関する情報があるが、そのいずれの部分でも宇垣と荒木そして小磯と柳川《やながわ》（平助《へいすけ》）をそれぞれ握手させるためのもの、つまり派閥解消をねらった時局審議会のようなものを総理が考えているという書きかたがなされている。さらに杉山が近衛に、「宇垣、荒木は不適当なり。阿部は如何」といったところ、近衛はこれには不同意であったという記述もある。(7) つまり、阿部のように現陸軍陣容に適合的な人物であれば、陸軍はかならずしも反対ではなかった点に注意を要する。実際、陸軍の希望が世間にもれて、阿部参議説も巷間には流布していたという。(8)

ここまでが、八・九月のだいたいの経過である。この時期にはいまだ参議制という言葉はあらわれておらず、またその実態もあきらかではなく「内閣強化のための審議会」という内容で語られていたようにみえる。審議会から参議制へという変化は、一〇月の二日ころおきた。

2 参議制の要件

一〇月一日、馬場（鍈一《えいいち》）内相は宇垣を訪ね出馬を要請しているが、そのときは委員制のごときものをつくると述べていた。ところが三日に再び宇垣を訪問した馬場は「二元対立にならぬ為参議制でも設け時局問題の中核、機務に参画する様になしたしとも思う」(9) との意見をあきらかにし、はじめて参議制という名称をもちいた。

ここで考えたいのは、審議会という場合と参議制という場合とでは、いったいどこにその本質的な差異があるのか、ということである。馬場や近衛にとって、参議制という名称と形態をとることにいかなるねらいがあり、メリットがあったのだろうか。

おそらく、審議会と参議制の差はちょうど天皇大権を補佐するための機関である枢密院と内閣の差に擬することができるものだったのではないかと思われる。両機関とも大権を補佐するということにおいては変わりがない。明治憲法第四章に国務大臣および枢密顧問というようにならび規定されているゆえんである。

しかし、両機関の差異もまた大きなものであって「国務大臣が施政の輔弼《ほひつ》を職務とするに反し、枢密顧問は諮《し》詢《じゅん》の奉答を任務と為す」(10)というのが一般的な解釈だった。(11)天皇の諮詢事項について審議をつくして意見を天皇に奉答することを職務とするのが枢密院であって、諮詢なくして意見を述べる権能はもたない。つまりみずから発議しえない機関なのである。しかも、枢密院は院議をへて奉答すべき合議制のものであった。また、その院議の決議というものは多数決主義をとるということも国務大臣の規定とは異なるところであった。(12)

以上の説明の、天皇という部分を近衛と読みかえ、さらに枢密顧問の集団である枢密院を審議会に、国務大臣の集団である内閣を参議制にと読みかえることによって、両者の性格の差異をきわだたせるのもあながち不当ではないだろう。ここから導きだせる参議制の要件とは、近衛を単独で補佐し、みずから総理にたいして発議もおこない、合議制をとらないというものである。

このような筆者の推論を補足するものは、推進グループが重視していた「会議体にはしない」という参議制の要件である。『宇垣日記』の一〇月七日条には近衛が「会議体にはせぬ。時に一同集まることあるも本体は個々に意見を聞くことにする」と語ったことがみえ、(13)『原田日記』の一〇月一七日条にも「国務参議の会合をやめて、結局個々に持って廻る」近衛の考えがしるされている。(14)

同時代のいわゆる政治評論家たちもすでにこの点を本質的なものとして重視していたように思われる。城南隠《いん》士《し》「大本営と内閣」には、「外交調査会や内閣審議会の委員が、一列一体、政府の出した諮問案に、会議を開いて答申したとは違ひ、会議は開かず、諮問は別々にやる。のみならず、参議自ら、その意見を首相なり、その他の大臣に進言する道が開いてある」(15)との寸評がみえるし、山法師「戦時体制は確立されたか」も、「内閣参議のメンバーをわざと合議制にしないで、内閣制度以前の参議のようにして、近衛との個人的接触に重きをおいたのも、それがため」という分析をくわえている。(16)

個々の国務大臣による単独輔弼という制度が、天皇大権強化の方向に少なからぬ意味をもったのと同様、近衛総理のもとにおかれるべき参議は、内閣総理大臣の権限を強化するという効能を期待されていた。

いよいよ、官制案は一〇月一一日より枢密院臨時内閣参議制審査委員会の審議を受けることとなったが、各委員よりおこなわれた質問は、官制案第一条中の「内閣の籌画《ちゅうかく》に参せしむ」という字句の妥当性に集中した。国立公文書館蔵「昭和一二年委員会録　枢密院秘書課」によれば、元田《もとだ》（肇《はじめ》）、石塚《いしづか》（英蔵《えいぞう》）顧問官より「内閣の籌画に参せしむ」という語義について質問がなされていることがわかる。さらに元田より「此の文句は修正するの要なきや」、また河合操顧問官より「内閣の籌画に参すと云ふは閣議に参するの意と解せらるるにあらずや如何」との質問がだされて、近衛総理、馬場内相、瀧（正雄）法制局長官が答弁にあたった。伊藤博文の『憲法義解《ぎかい》』に「各大臣は内閣に参賛せしむ」という字句があり、新設する参議もこれと同一義であるとすると、各国務大臣と別に責任を分つ機関が生じるから問題であるというのである。

それにたいし、総理、内相、法制局長官などによりなされた答弁は、「内閣の籌画に参せしむ」という字句については立案にあたって非常に苦心した点であって、一面またこの点にすこぶる「妙味」があるのだという自賛の弁で押しきっている(17)。この「妙味」という表現をいいかえれば、国務大臣およびそれによって構成される閣議との類似という点で、憲法との関係を問題とされざるをえない参議制ではあるが、運用の妙で憲法との抵触を云云されることなく実効をおさめられる、ということであろう。

だとすれば、会議体にしないということは単独で近衛を補佐することのメリットと同時に、閣議との差異をあきらかにし違憲論をかわすという計算もあったと考えられる。枢密院審査委員会では、本案を原案どおり全会一致で可決したが、「参議は閣議に列するものにあらざること、及本官制は其の運用に付最善の注意を払う必要あることを特に審査報告書に明記する」ことを忘れなかった(18)。

一〇月一五日、勅令第五九三号として公布された臨時内閣参議官制はつぎのようなものである。(19)

第一条　支那事変ニ関スル重要国務ニ付内閣ノ籌画ニ参セシムル為臨時内閣参議若干人ヲ置ク　内閣参議ハ之ヲ勅命ス

第二条　内閣参議ハ国務大臣ノ礼遇ヲ受ク

参議に任命されたのは、宇垣、荒木、安保清種《あぼきよかず》、末次信正《すえつぐのぶまさ》、町田忠治《まちだちゅうじ》、前田米蔵《よねぞう》、秋田、郷誠之助《ごうせいのすけ》、池田成《しげ》彬《あき》、松岡洋右《まつおかようすけ》の一〇名であった。軍部出身四名、政党三名、財界二名、外交一名というように選考されている。

ここまでの記述で参議制が、諮問委員会ではなく、内閣一般の補強機関でもなく、内閣総理大臣そのものを強化するように考えだされた無任所大臣集団のようなものではなかったかというところまで、考察のはばを絞りこめたと考える。

3　参議制の歴史的文脈

ところで、この官制をながめても憲法第五五条の国務大臣規定にとくに抵触すべきものを感ぜられない。しかし、海軍調査課が参議制成立とともにしるした観測こそ、結果的には本質をいいあてていたといえるだろう。調査課は「参議官制が内閣の上に立たざることは充分に留意せられつつある所なるを疑はざるも、首相自身が、私設研究機関又は各方面の『フリーランサー』を利用することを好む性質なるのみならず、太政官制或は無任所大臣制等には相当興味を有せらるるやに伝ふ。従って、閣僚の手前には参議制度を単なる飾物とするの意嚮を示さるべけれども、内実に於いては（従来の制度改正のやり振りに鑑み）之ら無責任なるところの進言に基く独裁的色彩現はれ来たることを覚悟せざるべからず(20)」と書いていた。

調査課の懸念を裏づけている理由の一つから、「臨時内閣参議官制」という名称にこめられている意図が看取されるのではないだろうか。周知のように、伊藤によって一八八五（明治一八）年一二月に近代的な内閣制度が創設されるまで太政官制がとられていたもとでは、天皇を輔翼する大臣参議と、各省長官が制度上区別されていた。これは一八六九（明治二）年以来のものであったが、明文化されたのは一八七二（明治五）年八月一〇日太政官達第四〇〇号をもって発布された「官制等級」の改訂による。

すなわち、「太政大臣左右大臣参議の三職は天皇を輔翼するの重官にして諸省長官の上たり」(21)という関係が明確にされた。その後、参議の省卿兼任がなされたり再び復されたりしたが、太政官制の原則が参議と各省長官との分離という点にあったことは、太政官制をやめてあたらしい内閣制度をつくるべきであるとの奏議をおこなった三条が、そのなかで新内閣制度の骨子を「諸宰臣入りては大政に参し出でては各部の職に就く」(22)という国務大臣各省長官制としていたことでもうなづける。のちに述べる、近衛や中堅層の政治改革の柱の一つが、国務大臣と各省長官の分離であったということを想起すれば、参議制は、その名称にさえ、たんなる復古調では片づけられない要素をふくみもっていたのである。

日常的に、参議が実際にいかなる献策をおこない、どのように執務していたのかということだが、それについての史料は少ない。しかし、池田の「官制は忘れてしまったけれども、とにかく日華事変のことについて、重要なことの相談にあずかるというような、諮問機関ではなくて、もう少し強かったですね」との回想がのこっている(23)。

また、「大本営陸軍参謀部第二課　機密作戦日誌」には、駐華ドイツ大使を通じた対中和平案の作成に参議も最終的に責任を負っていることがみえている(24)。「一九三七年十二月十七日　昨日末次内相が参議にも一応諮る主旨をいひ軍部出身の参議に諮りたり。参議連は［連絡会議決定が、引用者註］大体弱過ぎるといふ。末次は総理に、荒木は陸相に、安保は海相に伝へたり。其の時の空気では参議は尚ほ強硬の意見なるが如し」。『木戸幸一日記』によれば、参議はほぼ毎週火曜の午後参集し（これは定例閣議の後、開催されるのがほとんどであった）そこに閣僚も出席していた模様である。第一次近衛内閣期には、三〇回開かれている。[25]

また、秋田は参議になってから近衛首相や広田（弘毅）外相にたいして「国策大綱」を作成し献策していた。この大綱は、（一）対外関係、（二）国内関係、（三）其の他からなり、（二）の細目には、国民精神総動員の積極化、大本営設置、内閣再組織強化、政党の強化などの項目がみえている。[26]

このことからも、国務参議が官制第一条にあるような狭い意味での「支那事変に関する重要国務」をこえる、一般国政に関与するようになっていたことがうかがわれ、海軍の懸念もあながち杞憂だったとはいえないものになってくる。しかし、参議制の推進者であった近衛、風見、馬場、瀧などに、できてしまった参議制の実態や運営状況についてさほどの興味があったとは考えられない。そのことをめぐるいくつかの論点については、のちに再検討するが、当時の彼らにとって参議制の実現も、最終的なターゲットにいたる一つの通過点にすぎなかったことは、その理由として無視できない。

総理を単独で補佐する無任所大臣制の集団を創設した官制の枢密院通過を無修正で現実のものとしたこと、すなわち、広田内閣以来、行政機構改革問題のつねに第一番めに要求されてきた内閣制度改革という面で、明治憲法のもとで許容される限度いっぱいのところで参議制を案出し、内閣制度改革問題に風穴をあけたこと、その積みかさねにこそむしろ意味があった。

4　参議制の政治的位置づけ

ここでは、参議制のプラン製作者の意図したものはなんだったのかを考えることで、参議制の政治的位置を明確にしたい。

新聞では、参議制は秋田の案に馬場が合作したとの評がある。[27] 臨時議会での秋田の答弁ぶり、宇垣を参議にするために説得にあたったのが馬場であったことなどを考えると、新聞の観測は正しいと思われる。[28] しかし、この二者は推進部隊であって政策立案者ではない。近衛・風見の顔ぶれからみて、中核にいたのは昭和研究会であったろう。

内閣制度改革案は広田内閣以降種々の団体によって作成されたが、体系的な政策立案能力をそなえていたといえるのは、昭和研究会の『内閣制度改革（試案）』をはじめとする。[29] 昭和研究会の試案は近衛文書中にあり、[30] 昭和一三年四月の日付がついている。試案は五つの柱よりなる。

一、各省大臣を以て国務大臣とするの現制を改め、国務大臣に行政上の職権を分担せしむるも、其下に別に行政各部長官を置くこと

二、無任所大臣を設置し、内閣総理大臣を佐け、閣内統一を図らしむること

三、国務大臣数を可及的に減少せしむること

四、内閣直属部局の整備強化を図ること

五、其の他内閣総理大臣の閣内統制力強化の方策として考慮すべき方法

五に関して試案は、現行憲法下において内閣総理大臣の統制力を強化するには一ないし四の方策実行とともに、つぎのような二方法のいずれかをとればよいとしている。①「内閣総理大臣に各省大臣の免官奏請の独占権を確立するよう宮中の慣行を樹立すること」、②「内閣組織の際各省大臣の辞表を内閣総理大臣に委ね置かしむること」。

近衛内閣期には、第一の柱はいまだ実現されていなかったが、第四については内閣情報部の成立（一九三七年九月二五日）や、資源局と企画庁を統合させた企画院の成立（同年一〇月二五日）によって具体化されていた。そして

この試案の発表された四月には、国家総動員法の制定をみている。内閣総理大臣の権限ということに関していえば、この総動員法こそ閣内における総理大臣の立場を強化し、内閣制度に変貌をおこさせるはずのものであった。なぜなら、内閣総理大臣は総動員法の施行に関する統括勅令によって、戦時における各省の行政にたいし、実質的な指揮監督をおこなえるようになったからである。これは第五の柱の具体化であろう。参議制の本質が、一種の無任所大臣集団の創設にほかならず、その後平沼内閣のときに近衛自身が無任所大臣となったり、第二次近衛内閣の時に平沼を無任所大臣として大本営政府連絡会議で重用したことで、第二の柱は実行に移されることになる。このように近衛は、精力的に本改革案の骨子を実行していった。

つぎに、この試案の作成者が昭和研究会の中心メンバーのひとりである佐々弘雄であったことはほぼ確定できる。小野塚《おのづか》喜平次《きへいじ》や美濃部達吉の弟子にあたり、美濃部の紹介で九州帝大政治学教授となったことのある佐々であるから、この種の立案は専門であったと考えて不思議はない。また、昭和研究会事務局員だった酒井（三郎）の「この見地から（国務大臣各省長官分離制という見地、引用者註）内閣改造の実現を最も強く近衛に進言していたのは、佐々弘雄であった」との証言もある(31)。そして、決定的には佐々自身、参議制が閣議決定をへた翌日に、参議制の成立をたたえその意義を明確にした論文を執筆し、おおやけにしていることである。

佐々は『改造』一一月号誌上で、「果然、所謂参議制の案が、いつのまにか案出されてをり、突然世評に上り、枢密院に提出されてみると、形式上は別として、実質的には従来の補強諸案のどれよりも妙案であることが分かってきたのである」との満足した評価をくだしている。さらに、参議制の性質は事変対処の運用にあるが、その意味は内閣制度改革にみいだせるとし、参議制が「全面的な内閣機構改革の先駆的意義」をもつことを力説していた(32)。

「全面的な内閣機構改革」と佐々がいうとき、それは国務大臣と行政長官の分離を柱とする昭和研究会「試案」の骨子を意味することはもちろんである。佐々は同じ時期に『中央公論』誌上で参議制を論じているが、そこで大本営設置論と参議制との関連を論じて、大本営を設置することになれば内閣制度改革の緊急性は一層の迫力をもって現実性をおびてくる旨を予想している。(33) なぜ佐々は、大本営の設置と内閣制度改革とが結びつけられるものであると述べていたのだろうか。この連関をあきらかにするため、次節では大本営設置にいたる経緯について分析する。主として、近衛のブレインによって案出された参議制に、陸軍中堅層がくわわってゆくのはこのときからである。

(1) 『原田日記』第六巻、八三頁。
(2) 「石原莞爾中将回想応答録」(臼井勝美編『現代史資料 九 日中戦争 二』) 三〇二頁。
(3) 伊藤隆・照沼康孝編『畑日記』(みすず書房、一九八三年) 一〇八頁。
(4) 『帝国議会誌』第一期第三一巻 (東洋文化社、一九七八年) 一四〇頁。
(5) 秋田清伝記編纂会編『秋田清』(同伝記編纂会刊、一九六九年) 六〇七~六〇八頁。
(6) 「支那事変記録」其の三 (防衛庁防衛研究所戦史部図書館所蔵) 昭和一二年一〇月一一日条。なお、本史料の閲覧にあたっては筑波大学波多野澄雄先生のご厚意をえました。しるして感謝の意を表します。
(7) 『畑日記』一一二頁。
(8) 川辺真蔵「内閣参議から大本営論まで」(『エコノミスト』一九三七年一一月二一日号)。
(9) 角田順校訂『宇垣一成日記』(みすず書房、一九七〇年) 第二巻、一一八八頁。
(10) 清水澄『逐条帝国憲法講義』(松華堂書店、一九三二年) 四二二頁。
(11) 清水とは多くの点で解釈を異にする美濃部達吉『逐条憲法精義』(有斐閣、一九二七年) でもこの問題については一致している。
(12) 前掲『逐条憲法精義』五〇六~五六四頁。
(13) 前掲『宇垣日記』一一九〇頁。

(14) 前掲『原田日記』第六巻、一一七頁。
(15) 『文藝春秋』一九三七年一二月号。
(16) 『日本評論』一九三七年一一月号。
(17) 「東京日々新聞」一九三七年一〇月一二日付日刊。
(18) 「昭和一二年委員会録　枢密院秘書課」(国立公文書館所蔵)。
(19) 「昭和一二年公文類聚」(国立公文書館所蔵)。
(20) 土井章監修『昭和社会経済史料集成』第四巻(大東文化大学、一九八一年)二三九〜二四〇頁。
(21) 山崎丹照『内閣制度の研究』(高山書院、一九四二年)三七頁。
(22) 前掲『内閣制度の研究』八三頁。
(23) 池田成彬伝記刊行会編『池田成彬』(同伝記刊行会刊、一九六二年)二八〇頁。
(24) 近代外交史研究会編『変動期の日本外交と軍事』(原書房、一九八七年)所収、二四一頁。
(25) 前掲『木戸幸一日記』上下巻より算出。
(26) 前掲『秋田清』六二三〜六二六頁。
(27) 「東京日々新聞」昭和一二年一〇月一五日付日刊。
(28) 前掲『秋田清』六二一頁には「内閣参議制も、こうした密議の間に、秋田の提言を近衛が容れて出来上ったものである」との記事がみえる。
(29) 一九四一(昭和一六)年にもなると大政翼賛会の「官界新体制確立要綱」、国策研究会の「行政新体制要綱試案」、日本商工会議所の「行政機構改革に関する意見」など続々とだされた。参照、井出嘉憲『日本官僚制と行政文化』(東京大学出版会、一九八二年)一二六頁。
(30) 「近衛文麿文書」(国立国会図書館憲政資料室所蔵)マイクロフィルムR八。
(31) 酒井三郎『昭和研究会』(TBSブリタニカ、一九七九年)一〇二頁。
(32) 佐々弘雄「戦時内閣論」(『改造』一九三七年一一月号)。
(33) 佐々弘雄「内閣制度改革論」(『中央公論』一九三七年一二月号)。

第二節　大本営の設立経緯

1　参謀本部の大本営設置論

日中戦争勃発とともに、大本営編制についての研究を開始したのは参謀本部第三課だったが、実際に設置問題が浮上してくるのは上海に事変が拡大してからである。八月一六日、海上封鎖の必要から、軍令部より参謀本部へ設置要請の連絡がはいり、参謀本部はそれに応じて準備を開始した。

ところが、陸軍省首脳の「宣戦布告をせずに大本営設置することの不可」という意見によって、このときは沙汰やみとなった(1)。これが九月一二日であった。米内《よない》(光政《みつまさ》)海相の「陸軍省と海軍省の間では、既に事務的に協定が出来てをつて、参謀本部の大本営設置の意見には、これを陰謀なりとして反対することに決めた(2)」という発言はこの間の経緯をさしたものである。

ついで、近衛周辺の記録類によれば「事変」遂行上に国務と統帥の疎隔があまりにもひどい状態であるのを憂慮した近衛が、その状態を是正するために総理を構成員とした大本営を設置する考えを軍部へはかったという(3)。したがって、軍令部と参謀本部事務レベルの設置論が陸海両省上層の反対でたちぎえになったあと、政府の側よ

図5　大本営の編制（日露戦争時）

- 大本営陸軍幕僚
  - 参謀部
  - 副官部
- 大本営陸軍諸機関
  - 兵站総監部
    - 運輸通信長官部
    - 野戦経理長官部
    - 野戦衛生長官部
  - 大本営陸軍管理部

其他陸軍より大本営にあるもの左の如し

陸軍大臣

陸軍大臣は軍政に関する事務を処理するため必要の人員を従う

り設置をはかったということになる。これは九月中旬のことであった。

近衛の動きに刺激されたものか、九月下旬になると参謀本部の多田《ただ》（駿《はやお》）参謀次長が、軍令部の嶋田（繁太郎《しげたろう》）軍令部次長へ大本営設置の要請をおこなっている。それにたいし、嶋田は「海軍は平時編制との差が僅少であり、大本営を設けなければ作戦指導が困難ということはない。ゆえに参謀本部と陸軍省との間で議案をまとめられたい」[4]と答え、原則として設置に賛成しつつも陸軍側での協議まちの姿勢を示していた。このようにして、大本営問題はひとまず陸軍の省部間を舞台として展開されることになる。

そもそも、大本営を設置することは、軍令機関である参謀本部を陸軍省にたいし相対的に優位におくことを意味していた。なぜなら、大本営の中心は参謀総長であったからである。日清戦争時の戦時大本営条例第二条に、「大本営に在て帷幄《いあく》の機密に参与し、帝国陸海軍の大作戦を計画するは参謀総長の任とす」との規定があり、その後海軍の熱心な運動により、日露戦争時の戦時大本営条例第三条では、「参謀総長及海軍軍令部長は各其の幕僚に長として帷幄の機務に奉仕し、作戦を参画し終局の目的に稽《そな》へ陸海両軍の策応協同を図るを任とす」というように軍令部長と併記されはしたが、いぜんとして大本営の重鎮は参謀総長であったことに変わりはない。

参謀総長のこのような重責にくらべ、軍政系統の代表者である陸軍大臣は、大本営ではかげのうすい存在だった。(5) 大本営条例に大臣の規定はなく、大本営編制のなかに名前がみいだせるだけである。日露戦争時の戦時大本営編制はだいたいつぎのようになっていた（図5参照）。なお、編制中、参謀本部とともに陸軍幕僚の柱をなしていた副官部とは、大本営内の庶務、つまり日々命令、軍人・軍属の人事、馬匹《ばひつ》の補充、陸軍に関属する新聞記者の監督をおこなうものとされていた。(6)

編制上では、陸軍大臣は大本営陸軍諸機関の一つとしてあげられているにすぎないのである。また、「必要の人員を従う」とあっても、その構成についてはなんら具体的な規定をみいだせない。さらに、日露戦争時の「大本営設置覚書」によると、大本営会議に陸軍部より列するものは参謀総長、参謀次長、野戦衛生長官およびその参謀、野戦経理長官およびその参謀、運輸通信長官およびその参謀、平站総監参謀長であって、そのなかに陸軍大臣はふくまれていなかった。(7) 陸軍大臣は事実上会議に列していたが、前述の諸長官のあつかいと一線を画していた。

それだけではない。憲法第一〇条の官制および任免大権、第一二条の軍政大権にもとづいて、人事の基本事務は陸軍大臣の職掌であったが、大本営が設置されると陸軍全体についての参謀総長の人事権が平時にくらべて拡大されるとのみとおしがあった。なぜなら、日露戦争開始直後の一九〇四（明治三七）年二月二〇日に決定された「大本営に於ける人事取扱規則」(8) が先例として参照されるべきであったからである。

ちなみに、大本営設置後この人事権についてはどうなったかという結果をさきどりして述べれば、陸軍省の懸念どおり参謀本部の人事介入が再び認められる（第五章第四節参照）こととなった。陸軍省人事局長経験のある額田《ぬかた》（坦《ひろし》）の回想では「大本営勤務令の附則に、『人事に関しては参謀本部総務部長と人事局長との協議により細部を定める』との意の一項があり、これについて当時の中島総務部長は強硬に参謀本部の人事介入権を主張され、筆者は阿南局長から『あまり中島が熱心に主張するので、この案に同意したよ』と言って成案を示されたことを忘れ得ず、後になって筆者は両職を歴任したので思い当たることがたびたびあった」とある。(9)

額田の回想では「大本営勤務令附則」となっているが、正しくは「大本営陸軍部執務要領」の第六の（二）として「人事の要綱は人事局長と総務部長協議の上立案す」という規定をさすもの(10)と思われる。いうまでもなく、人事局長は陸軍省に属し、総務部長は参謀本部に属する。人事権をめぐる陸軍省と参謀本部の軋轢は部外者の察するところともなったのであろう。このころ、おもに中国政策への助言を近衛に与えていた小川（平吉）は「大本営も陸相等好まざるもの、如し（人事移転の為）(11)」とその日記にしるしている。

簡単に大本営の機能とその設置の意味をふりかえってみたが、これだけでも陸軍省が参謀本部の設置論をはじめしりぞけた理由が推測できる。それは、単に宣戦布告の国際的悪影響を考慮しただけではないだろう。大本営の設置とともに非常に大きな権限を参謀本部が握ることになってしまうこと、その懸念こそが、おもてむきには語られなかった陸軍省の真意だったのである。その点につき、佐藤（軍務局軍務課国内班長）はつぎのように回想している。(12)

参謀本部の若い者の中には、大本営を設置しさえすれば、参謀総長は幕僚長となり、陸軍大臣は陪席するような形で、結局陸軍省は参謀本部の隷属機関となり、参謀本部が陸軍省にドンドン命令が出来るかのように誤解して居る者があると聞く。

設置が問題となったころ、内閣は作戦の一段落を受けて、トラウトマン工作による蔣介石の返答をまつにしろまたないにしろ、国論統一を目的とする御前会議の奏請を迫られていた。それは、戦争の終局をどうするかが日中戦争はじまって以来、はじめて問題になった時期だということもできる。混迷する事態の解決に決定的なちからを行使したものが、早期講和の場合は戦後体制を、長期抗戦の場合は戦時体制を担うリーダーシップをにぎることになるのは十分予測可能なことであったから、陸軍省が大本営設置を警戒したのも無理もないことだったとみられる。

2 陸軍省の対案

短期間のうちに事態は急転する。一〇月二一日、参謀本部上層部までがすみやかに大本営を設置することを決定し、事務折衝を開始したのをうけて、陸軍省側も対応を迫られることになった。つづいて一〇月二七日、陸軍次官が設置に同意した(13)。次官の同意の背景には、当然のことながら陸軍省としての参謀本部への対案を準備し終えたという背景があったと考えられる。対案は、一一月二日付で関係各局に内示され、各方面に衝撃を与えることとなった、「大本営設置問題に関する陸軍省軍務局案」としてまとめられた。

よってつぎにこの軍務局案を検討してみよう。本案の起案に関与したと思われる軍務局のメンバーは、軍務局長（町尻量基《まちじりかずもと》）、軍事課長（田中新一）、軍務課長（柴山兼四郎）、軍務課国内班長（佐藤）、軍事課高級課員（稲田）という顔ぶれである。実質的には佐藤、稲田の起案といってよいだろう(14)。

本案は「其一」「其二」「其三」と大きく三部にわかれ、「其一」は「本事変に伴う大本営の特色」との題のもとに、大本営編制を「単なる作戦上の便宜に偏することなく、省部、陸海、軍部内外の国務機関をして調和協力一体化せしむるに便ならしむる如く決定するを要す」ことをうちだし、「省部間の関係は、現存する業務担任規定を作戦本位に改定するを以て足れりとせず」といって大本営設置による参謀本部の強化を牽制し、また政府との関係では、「政府首脳との連絡を密ならしめる為御前会議、大本営会報等特殊機構を設定するを要す」と述べて、のちの大本営政府連絡会議の原案とみられるものを提示している。

一読して、大本営を統帥機関とするだけではなく、大本営に政治的な機能を付与しようとしていたことが推察できる。本文書中にあるように「国家経営等に関する指導を統一化する為の推進力たらしめ得る」ことをねらったものだった。(15)

「其二」は「陸軍大臣及其随員」規定で、おもな内容は三点からなり、「一、所要の随員は大本営幕僚兼勤とす」という重要な提言からはじまっている。従来の編制であれば、幕僚には参謀部と副官部しかふくまれぬことになっていたので、(16)陸軍大臣の随員を幕僚としてあつかうという規定は、もし実現するならば大きな変革となるものだった。ついで「二、大臣随員左の如し」として大臣秘書官、次官、人事局長、軍務局長、軍事課長、軍務課長その他を列挙し、さきにも述べたように従来の大本営編制・勤務令になかった大臣随員の構成を成文化している。さらに大本営での戦争指導大綱・一般軍事要綱・人事要綱・宣伝謀略・政戦両略事項などについて、すべて陸軍省の部課長級以上との協議を要請している条文もおいていた。すなわち、「三、大本営内の服務要領を予定すること左の如し」として五項目をあげている。

一、戦争指導の陸軍案の大綱は、次長、次官協議の上立案し（第一部長、軍務局長要すれば第二部長之に参画す）、大臣の決裁を経て参謀総長の決裁を仰ぐ。

二、一般軍事の要綱は、第一部長、軍務局長協議の上立案し、第三課長、軍事課長並要すれば爾他の諸官之に参画す。

三、人事の要綱は、総務部長、人事局長間の協議に俟ち、庶務課長、補任課高級課員之に参画す。

四、宣伝、謀略、防諜に関する業務は、第二部長主裁の下に第五課の担任する所なるも、所要に応じ軍事課長、軍務課長並報道部長等之に参画す。

五、政務事項にして戦略との一致を必要とするものは、軍務局長主裁の下に軍務課長同課員並第二課課員一体となりて之を担当し、第五課長、軍事課長、其他必要の諸官臨機之に参画す。

つまり、大本営における陸軍大臣の軍政処理の範囲を明文化する意図のもとに書かれていたのが、「其二」の部分であったといえる。

「其三」は、「政務実施の要領」という項目で、おもな内容は二点からなる。まず、大本営に会報をおこなうとの条文がみえ、その参集者は内閣総理大臣、陸軍大臣、海軍大臣、外務大臣、大蔵大臣、内務大臣、参謀次長、軍令部次長が想定されており、幹事は内閣書記官長、企画院次長、陸海両軍務局長が務めるようになっている。もう一点は、政戦両略上とくに緊急重大なる政務事項に関しては、大本営に御前会議を開くことを要請しており、参集者は内閣総理大臣、陸軍大臣、海軍大臣、外務大臣、大蔵大臣、内務大臣、参謀総長、軍令部総長、枢密院議長とされていた。

以上が軍務局案の骨子である。この案は陸軍省軍務局が関係方面へ連絡したさい、大きな反響をよんだという。たとえば、大本営を純統帥機関と考えていた海軍首脳部の反応は、「途轍《とてつ》もなき案」にして「政治指導に利用する下心見ゆ」という激しい反発となってあらわれた(17)。

「途轍もなき案」にしあがっていたのは無理もない。起案者のひとりである佐藤の意図は、「統帥権の独立は武力戦万能時代の遺物であって、第一次大戦前までのことである。政戦両略は完全に一致しなければならない。完全な一致は、独立した統帥と政治とが平行線的関係ではできやしない。政治が統帥を支配するか、統帥が政治を支配するかしなければ得られるものではない(18)」という突きつめたところにおかれていたからである。そのために佐藤は、にわかに統帥権の独立を廃することはできないので、平行線のままで政戦両略の融合統一をめざす機構として、大本営内に政府の主要閣僚を入れることをめざしていた(19)。

このような「下心」をもつ軍務局案が、参謀本部との折衝過程でその構想の少なからぬ部分についての妥協をよぎなくされたことは想像にかたくない。さて、そこで問題となるのは、本軍務局案がどれほど実現されたかということにある。『大本営』の編者である稲葉正夫は、現実に設置された大本営をこの軍務局案とはほど遠いものであると述べていたが[20]、本当にそうだったのであろうか。次節で、上述の条項がどのように実際の大本営規定のなかに生きのこっていったかを検討してみよう。

(1) 森松俊夫『戦史叢書　支那事変陸軍作戦一』(朝雲新聞社、一九七五年)四〇八頁。
(2) 『原田日記』第六巻、九〇頁。
(3) 矢部貞治『近衛文麿』上巻(同伝記編纂出版会、一九五二年)四四二頁。
(4) 前掲『戦史叢書　支那事変陸軍作戦一』四〇八～四〇九頁。なお、森松は防衛庁防衛研究所戦史部図書館所蔵「軍令部次長嶋田繁太郎海軍中将備忘録」によっている。
(5) 大本営設置をあつかった当時の雑誌論文のうち、大本営が設置されれば「軍部大臣の地位が、軍令系統に対して著しく従属的となる」との指摘をおこなっているのは、管見のかぎり『日本評論』一九三七年一一月号所載の山法師「戦時体制は確立されたか」のみである。
(6) 稲葉正夫解説『現代史資料　三七　大本営』(みすず書房、一九六七年)一四三頁。以下、本書を『大本営』と略称す。
(7) 同前、一七九頁。
(8) 内閣官房総務課資料「戦役及び事変」(国立公文書館所蔵)所収、「陸達第三〇号」。
(9) 前掲『陸軍省人事局長の回想』一八頁。
(10) 前掲『大本営』四四七頁。
(11) 岡義武他編『小川平吉関係文書』第一巻(みすず書房、一九七三年)三四七頁。以下、本書を『小川日記』と略称す。
(12) 佐藤賢了『東条英機と太平洋戦争』(文藝春秋社、一九六〇年)七九～八〇頁。
(13) 前掲『戦史叢書　支那事変陸軍作戦一』四〇八～四〇九頁。なお、森松は「多田駿大将関係資料　参謀次長時代」(防衛庁防衛研究所戦史部図書館所蔵)によっている。事務折衝はおもに参謀本部戦争指導班の高嶋辰彦と、陸軍省軍務課の佐藤とのあいだでおこなわれた。また、高嶋日記を参照したうえで『ある作戦参謀の悲劇』（芙蓉書房、一九七四年）をあらわした芦沢紀之は、「一一月一七日、かねて高嶋参謀が提案していた大本営設置論が御裁可になった。これは戦線が拡大して連日多くの将兵が戦死していくのに、宣戦布告が発せられていないので、閣議では陸軍大臣の審議が優先して、参謀総長が陸相と対等に話ができない。これだけ多くの兵力を動員しながら、参謀総長が陰の存在では充分な作戦行動がとれない。そこで、戦時大本営ではなく、日華事変の大本営を設置して、統帥を確立させる必要がある、という高嶋参謀の意見具申に基づくものであった」（一六〇頁）としている。陸軍大臣と参謀総長の地位のバランスをとろうと考える参謀本部の意向がよくあらわされている部分でもある。

(14) 佐藤はその著書『東条英機と太平洋戦争』（七九～八二頁）で起案の過程について述べているし、稲田については、西浦進『昭和戦争史の証言』（原書房、一九七五年、八三頁）に「当時の大本営設置論の動機は色々あったと思うが、その中には、大本営を設置すれば統帥部の意のままに政策も動くという考えが余程強かったようである」、「大本営は統帥の府であって、政策は別に政府がやるという大本営令の正確なる解釈不十分から、この大本営に非常な魅力を感じていたものが多かった。稲田中佐等も、始めはその考えが余程大きかったようであった」との回想がある。

(15) 以下、とくにことわらないかぎり、文中の括弧内にくくられて示されている史料の出典は『大本営』三四一～三四三頁。

(16) 前掲『大本営』一四三～一四六頁。

(17) 前掲『戦史叢書　支那事変陸軍作戦一』四〇八～四〇九頁。

(18)(19) 前掲『東条英機と太平洋戦争』八一～八二頁。いまひとりの起案者であった稲田も同様に、戦争指導における、執行権強化の必要性を語っている。すなわち、「作戦だけの大本営なんていうものもなんにも意味がないので、作戦というのは戦争の一部にすぎないので、戦争指導というものはそんなものではないのだから、ロシアがそうでしょう。ロシアはスターリンが全権を握っておいて、軍部の大権を握っておってやっておる。これに拮抗出来るものがなければ、戦争ができない」。木戸日記研究会・近代日本史料研究会編刊『稲田正純氏談話速記録』（一九七〇年）一五四頁。

(20) 前掲『大本営』資料解説五一頁。

第三節　大本営の政治化

大本営令が公示されたのは一九三七年一一月一八日のことであった。それに付随する膨大な諸規則の一つに、大本営陸軍部「大本営陸軍部執務要領」(1)と題されたものがある。それは、さきの軍務局案の「其二」にあたる部分をほぼ正確に再現していた。

たとえば、「其二」の二にあった「大臣随員」については、列挙されたすべての陸軍省員が随員としてそのまま認められており、随員の地位は「大本営陸軍参謀部内関係諸官の位置に定位を有」すると規定されている。なお、同年一一月一九日の「大本営動員下令伝達」(2)も大臣随員の構成を明記していた。

また、「其二」の三「大本営の服務要領」についても多少の差異はみられるものの、ほぼそのまま実現している。すなわち、三の一「戦争指導」、三の二「一般軍事の要綱」、三の三「人事の要綱」などの項はまったく変わるところがない。ただ、三の四「宣伝、謀略、防諜に関する業務」については、「第二部長の主管とし第八課長之を担任し軍事課長、軍務課長並要すれば其の他関係諸官之に参画す」という記述に変わり、三の五「政務事項」の項は削除されている。

この最後の「政務事項」の脱落の意味はたしかに小さくない。ただ、大本営における陸軍大臣の権限が多方面にわたって明確になったということの意義を消しさるほどのものではない。現に軍事課長の田中は、大本営令が公示される前日につぎのようにしるしていた。(3)

大本営問題

大本営における陸軍大臣の軍政処理の範囲

(一)戦争指導大綱、(二)人事要綱、(三)課報、宣伝、謀略、(四)政戦両略関係事項、(五)一般軍事の要綱

各項目の用語がきわめて類似していることから判断して、田中の目に、「大本営陸軍部執務要領」の当該規定が陸軍大臣にたいし軍政処理権限を賦与したものと映っていた、と考えて間違いあるまい。

「要領」以外に、軍務局案の骨子を具体化させた規定もいくつかあげられる。たとえば、同案の「其二」の一で提唱されていた、陸軍大臣随員を幕僚と認めることについては、「幕僚会議開催の件通牒」(4)がその趣旨をくむものとして成立している。本通牒によれば、幕僚会議の参列者は、総長、次長、総務部長以下参謀本部の部課長とならんで、軍務局長、軍事課長、軍務課長の三者が陸軍省側からふくまれていた。つまり、大臣随員の主要メンバーは、幕僚あつかいを受けることとなったことが察せられるのである。

そして、軍務局案の「其三」にあたる会報と御前会議の構想は、一一月一九日の「大本営設置につき政戦連係に関する閣議申合せ」(5)に実現された。「申合せ」の内容は四点からなり、第一に、大本営と政府の連絡については「随時会談の協議体」をつくること、そしてこれはとくに名称をふせず官制にもよらないことにするとある。第二に、「随時会談」は参謀次長、軍令部次長の外、陸海軍大臣、総理大臣および所要の閣僚で構成する。第三に、重要事項については御前会議を奏請し、参謀総長、軍令部総長のほか、陸海軍大臣および特旨により総理大臣が列席し、場合によっては閣僚も列席する。奏請は総理大臣のおこなう場合と参謀総長・軍令部総長のおこな

う場合とが規定された。第四に、この「協議体」の幹事には内閣書記官長、陸海軍省軍務局長があたる。

ところで、この「申合せ」と軍務局案「其三」との異同が問題となるが、まず大本営会報という名称が、単に「協議体」というものに後退している点が指摘できる。大本営の内部の会議に総理大臣やその他の閣僚が列席することと、大本営・政府間に存在する協議体に双方から列席してくることとでは、後者のほうが政治性の弱まってくるのは当然である。佐藤によれば、前者は「政戦両略の完全なる一致」にかぎりなくちかづこうとする意図から発案されたものであったが、「統帥が干渉されたくない」と主張する参謀本部の反対によって、次善の策として後者の「大本営・政府の連絡会議」案が選択されたという。(6) 第二点は、軍務局案では御前会議参集者のなかに枢密院議長の名があったのに、ここにはふくまれていないことである。

しかし、第二点に関しては、日露戦争以降はじめて開かれたとされる一九三八（昭和一三）年一月一一日の御前会議において、勅旨により平沼（騏《き》一郎《いちろう》、枢密院議長）が出席し、政府の決定案にたいする賛成意見の陳述という重大な役割を、参謀総長や軍令部総長とともに果たしたという事実(7)を考慮にいれれば、基本的には軍務局案の趣旨を生かすものであったとみられる。

実際に開催された大本営政府連絡会議とそれが天皇の臨御《りんぎょ》のもとでおこなわれる場合の同御前会議のメンバーはつぎのとおりである。参考として、陸海軍協議の場であった大本営会議とそれが天皇の臨御のもとでおこなわれる場合の同御前会議の参加者もしめしておく。

連絡会議

総理、外相、陸相、海相、書記官長、陸海軍両軍務局長、参謀総長、同次長、軍令部総長、同次長（以上、

常時メンバー）

議題により、

内相、蔵相、商相、企画院総裁、外務次官、陸海軍両次官、外務省アメリカ局長、無任所国務大臣など

同御前会議

総理、外相、陸相、海相、内相、蔵相、企画院総裁、参謀総長、軍令部総長（以上、正規メンバー）

議題により、「勅旨ヲ以テ召サルル者」として、

枢密院議長、興亜院総務長官、軍令部次長、参謀次長、書記官長、興亜院総務部長、軍令部第一部長、参謀本部第一部長、陸海軍両軍務局長など

大本営会議

参謀総長、参謀次長、参謀本部第一部長、同第二課長、同第二課参謀、陸軍大臣、陸軍次官、陸軍軍務局長、陸軍大臣随員、軍令部総長、軍令部次長、軍令部第一部長、同第一課長、同第一課参謀、海軍大臣、海軍次官、海軍軍務局長、海軍大臣随員

（以上のメンバーが一堂に会したことはほとんどなかった。議題の内容、議題の重要性に応じて参加者が決められた）

同御前会議

参謀総長、参謀次長、参謀本部第一部長、陸軍大臣、軍令部総長、軍令部次長、海軍大臣

全体として、大本営会報が「協議体」に後退している点を除けば、軍務局案「其三」の主旨は、本「申合せ」にほぼ生かされている。また、のちに大本営政府連絡会議と呼ばれるようになる「随時会談の協議体」の幹事が、内閣書記官長、両軍務局長であることの意味は小さくなかろう。「申合せ」によれば、正規メンバーのほかの参会者の選定をおこなうのは幹事だったからである。「協議体」といっても、まとめ役の幹事が政府・軍政関係のもので固められていたことは、「協議体」における国務関係の勢力が、統帥関係にくらべ小さいとはいえないも

のとなっていた。近衛内閣の書記官長として本問題を推進した風見は、この「協議体」のことを、あたかも政府が無力をかこつ機関であったかのように書いているが、この回想には当事者ゆえの歪みがあるといわなければなるまい。風見はつぎのように書く。(8)

陸海軍が連絡会議の設定をいいだしたのは、ただ、近衛氏の要求した大本営設置案を拒絶するための口実に過ぎなかったのであって、はじめから誠意をもってそれを役立たせようとしていたのではなかったのだと、この時勘づいたからである。

「協議体」、すなわち大本営政府連絡会議の実態がかならずしも風見のいうようなものでなかったことは、トラウトマン工作の継続か、打ちきりかでもめた一九三八年一月一五日の連絡会議の様相が参考になるのではなかろうか。この会議は、対ソ作戦準備の懸念から蔣介石を相手とした和平を考える参謀本部と、交渉打ちきりを主張し、国民政府を否認しようとする総理・陸海両相＝政府サイドとが、激しい対立を繰りひろげたことで有名である。統帥部の代表である多田参謀次長の交渉継続論にたいして、近衛は「こつちからわざわざ肝を見せた条件等を出して、『これで講和したらどうか』といふようなことは、今日連戦連勝の国の側から示すべき態度ぢやあない」(9)との信念のもとに統帥部の交渉継続論を拒絶している。

そのさい、近衛は杉山陸相に多田参謀次長の説得を強く要求した模様である。(10)結局、政府・陸海両相側の主張がとおり、翌日「対手トセス」声明の発表となるのは、広く知られた出来事である。

以上、設置された大本営の特質につきあきらかにしてきた。それは一言で表現するならば、大本営の政治化というべき変質であった。そしてこの路線を推進したのは、佐藤をはじめとする軍務局であったことも確認できたと考える。出先をおさえるためという参謀本部の設置論にたいし、(11)省側はそれに同意を与えるかわりに大きなみかえりを引きだした。

大本営政府連絡会議が形骸化されたものではなく、実質的な国策決定の場であったことは、『杉山メモ』[12]などの議事録で確認できる。連絡会議・同御前会議は、（一）第一次近衛内閣期の、「国民政府ヲ対手トセズ」声明に至るまでの国策決定、（二）第二次近衛内閣期の、三国同盟締結・タイ＝仏印紛争調停に至る国策決定、（三）第三次近衛内閣期の武力南方進出・日米交渉に関する国策決定、の舞台となった。（一）の時期には七回、（二）の時期には三九回、（三）の時期には二〇回の連絡会議がもたれ[13]、実質的な議論がたたかわされている。近衛型の政策決定のタイプは、連絡会議→閣議決定・参議の承認→御前会議決定という流れをたどった。東条、小磯内閣でも、連絡会議決定→御前会議決定という線は保たれていた。

大本営といった場合、昭和期にあっては、大本営会議・同御前会議、大本営政府連絡会議・同御前会議の四つを構成要素としてもつ国策決定の場と定義するのが妥当であろう。よって、日清・日露の大本営と、昭和の大本営会議・同御前会議のみを単純に比較することはできないのである。

一一月一八日、日露戦争時の戦時大本営条例を勅令六五八号で廃止したうえで、同日軍令により大本営令が公示された[14]。

第一条　天皇ノ大纛《だいとう》下ニ最高ノ統帥部ヲ置キ　之ヲ大本営ト称ス
　大本営ハ戦時又ハ事変ニ際シ必要ニ応シ之ヲ置ク
第二条　参謀総長及軍令部総長ハ各其ノ幕僚ニ長トシテ帷幄ノ機務ニ奉仕シ作戦ニ参画シ終局ノ目的ニ稽へ陸海両軍ノ策応協同ヲ図ルヲ任トス
第三条大本営ノ編制及勤務ハ別ニ之ヲ定ム

軍令として公示されるとなると、総理大臣は副署にあずからない。手続き上では、近衛には一一月一七日に「陸普第六九九二号　大本営設置の件報告」として陸海軍大臣両名の名前で、「大本営令別紙の通制定せられたるに付報告す」との連絡がゆくだけとなる。(15) しかし、これをもって、近衛が大本営設置に関して軍部から疎外されていたかのようには考えられない。むしろ、政治的な大本営を構想していたのは風見や近衛のほうであった。そして、この路線は、軍務局の佐藤、稲田などの構想と矛盾するものではありえなかった。

（1）以下、「要領」と略称する。また、とくにことわらないかぎり、引用は『大本営』四四六〜四四七頁からである。
（2）前掲『大本営』二五二頁。
（3）前掲「支那事変記録」其の三、昭和一二年一一月一七日条。
（4）前掲『大本営』四一〇頁。
（5）同前、解説五〇頁。
（6）前掲『東条英機と太平洋戦争』八一〜八二頁。
（7）前掲『原田日記』第六巻、二〇六頁。
（8）風見章『近衛内閣』（日本出版協同株式会社、一九五一年）中公文庫版九〇頁。
（9）前掲『原田日記』第六巻、二〇八頁。
（10）「講和問題に関する所信」、臼井勝美・稲葉正夫解説『現代史資料　九　日中戦争　二』（みすず書房、一九六四年）一〇四頁。
（11）前掲『東条英機と太平洋戦争』七九〜八〇頁。
（12）参謀本部編『杉山メモ』上・下（原書房、一九六七年）。
（13）前掲「大本営参謀部第二課　機密作戦日誌」、『杉山メモ』から算出。
（14）（15）「昭和一二年公文雑纂」（国立公文書館所蔵）所収「大本営令制定の件」。

第四節　内閣制度改革と大本営設置

1　国務長官と行政長官の分離方式

近衛は、この大本営の性格があきらかになってきた一一月一〇日の時点で原田にたいし、「大本営は結局純然たる統帥府の最高指揮部として存在させるといふことに決まつた」(1)と述べていた。この発言の意味を誤らないためには、近衛がなにをあらかじめ想定して、「結局」といったのかを考慮にいれる必要がある。大本営が「純然たる統帥府の最高指揮部」とはいえないにもかかわらず、近衛がこのように発言しているのは、近衛の原構想がより政治的な大本営をめざしていたことをうかがわせる。

同様のことは大本営設置にさいして、一一月一八日に陸軍省から新聞紙上に発表された「説明」についてもいえる。これは、大本営を「平時統帥部と陸海軍省とに分掌せらるる統帥関係事項の処理を一元化するを本旨とする純然たる統帥の府」であると説明し、大本営の本質はこのようなものであるから、「巷間往々にして、大本営は統帥国務統合の府なりとなし、或は戦時内閣の前身なりと臆測するが如きものあるも、之全く根拠なき浮説にして、今次の大本営設置の真意に非ざること勿論なり」(2)といって、設置を政治的に解釈するむきを懸命に打ちけしていたのである。

では、「巷間婁々伝へられた」説とはいかなるものであったのか。

一一月二日付の夕刊各紙は、〈戦時大本営設置進む、首相、枢府議長、陸海両軍大臣等を加へん、国務大臣と行政長官を截別《せつべつ》〉というみだしをつけて大本営設置問題を一面トップで一斉に報じた。(3) それにつづく解説では、幕僚として内閣総理大臣、枢密院議長とともに陸海軍大臣もくわわるものとみられているという点と、そうなれば国務大臣は大本営において各省の行政長官となるわけで、これによって国務大臣と行政長官とが截別されることになろうとの観測をしるしている。

さらに、〈内閣制度も根本改革〉とのみだしのもとに、政府は大本営の実現とともに内閣制度の根本的改革を企図しており、そのおもな内容はつぎのようなものであるとして、以下の三点をあげていた。

一、内閣人事局を設置して、人事任免に関する一切の機能を握る。

一、文官任用令の改正をなし、自由任用の範囲を拡大強化して、行き詰まれる各省の行政の更生打開の方策を講ずる。

一、身分保障令によって従来保障されているため却って事務渋滞を来せるに鑑み、同法令を撤回して官界の弊害を一掃して、官界を挙国一致体制に還元する。

この報道の前提を理解するためには、多少の解説がいるだろう。たとえば、大本営に国務大臣がはいることになると国務大臣は大本営のなかで行政長官となると報じられているが、なぜそうなるのだろうか。

これは、おそらく勅令第二九三号で定められていた、日露戦争時の戦時大本営条例第二条の、「大本営ニ幕僚及各機関ノ高等部ヲ置ク」との規定および、第五条「各機関ノ高等部ハ各其ノ指揮ヲ受ケテ当該事務ヲ統理ス」との規定を前提にしている。(4) 本条例は大本営のもとには幕僚と各機関の高等部のみがおかれることを定めていた。

そして、参謀総長、軍令部総長はもちろん、内閣総理大臣、枢密院議長、陸海軍大臣、大蔵大臣、外務大臣の面面が幕僚として数えられるならば、それ以外の国務大臣が各機関の高等部として存在するしかありえないことになってくるというわけである。この各機関の高等部という名称が、各省の長官と読みかえられるというのが、上述の報道の前提となっている。つまり、大本営という臨戦態勢の組織を内閣制度にもちこむことによって、そこに幕僚として参列できるものを国務大臣とし、それ以外を各機関の高等部として自動的に行政長官としてしまおうというプランである。

つぎに、政府が大本営の設置とともに内閣制度の改革を企図しており、その内容は国務大臣と行政長官の分離のほか、文官任用令・身分保障令の撤廃をおもな柱とするとの報道(5)についてはどうであろうか。各種の記録からすると、この報道は正鵠《せいこく》を射ていたものといってよいだろう。大本営の設置と内閣制度の改革をリンクさせることとは、陸軍軍務局軍務課の佐藤などが中心となって構想したもので、風見や近衛も同様な意見をもっていたようである。

さらに、これだけ大規模な論陣をはっての一斉報道であるから、これらのグループのある部分が意図的に流したものと考えることもできるかもしれない。そもそも、参議官制審議後、枢密院から帰った官邸玄関で近衛は、「更に第二段の重大方策を考慮してゐる」と語り、おりから問題となっていた大本営設置と、参議制度創設によってはずみをつけられていた内閣制度改革とのあいだに、なんらかの関連性があるかのような態度をとっていた(6)。この近衛発言によって、「第二段の重要方策とは果たして何か」という疑問が政界・新聞記者方面に濃厚に波及する情況ができた。こういった下地に火をつけたのは、瀧法制局長官の「重大問題とは司法大臣に関係のある事案だ」との発言であって、これによって、一九三八年の憲法発布五〇周年記念におこなう予定になっていた大赦令が一一月三日の「明治節」に渙発《かんぱつ》されるという噂が生まれた。それにたいして、風見は「もっと重大な問題だ」とのコメントで噂を否定し、それならば大本営設置かという記者団の質問には「それもあるだろう。が、それと共に更に国内政治問題でもっと重要な問題だ」と謎をかけた。(7)

このようにいわれれば、大本営設置と内閣制度をふくめた政治機構改革が同時に断行されるであろうと、政界記者が考えるのも自然のなりゆきであろう。「大本営設置の政治的な解釈」を招いたのは、そもそも近衛周辺の「不用意な」発言によっていたという経緯があるのである。たとえ新聞操作が意図的ではなかったとしても、このグループの構想は報道内容にきわめてちかかった。

2　陸軍省軍務局の構想

この新聞報道のベースとなった情報の直接的な出所は、大本営構想を用意した、あの同じ軍務局であった。軍事課では、「大本営設置に伴ふ政治工作要綱に関する意見」という文書を作成していた。(8) 一〇月二二日のことである。さきにしるしたように、参謀本部が設置論で一致したのが一〇月二一日であるから、この文書はその翌日には正式のかたちを整えたことになる。

内容的には、第一に、内閣制度改正を断行する時期は慎重な研究が必要であるとして、それには事変終局の時期が適当であるとしている。すなわち、「事変」進行中に国内を動揺させることは謹まねばならないが、「内閣制度改正の如き難事は事変の重圧下に於てするに非ざれば不可能なること勿論」で、「故に総ての準備を極秘裡に整へ、事変終局の時期に於て一挙に断行し、以て事変後の経営を有利ならしむるを要す」るといっている。

上海作戦が終熄した一一月という時期が大本営設置の時期に選ばれた理由をこの部分は正直に語っているし、大本営設置の意図に戦後経営を有利におこなう機関としての役割が期待されていたことを裏づけている。また、「近衛内閣総辞職の必要生ずるが如き場合に於ては別に考慮を要す」と書いている。

つづいて、第二に、内閣機構の改正とこれに関連する事項として、（一）国務大臣と行政長官の分離、（二）内閣は、総理大臣、企画大臣、国防大臣、外務大臣、経済大臣、交通大臣、内務大臣をもって組織される、などの点をあげている。

第三に非常法の制定として「工業動員法及過般制定せられたる非常立法を統合強化し戦時、事変、其前後及財政、経済的国内非常時に於ても之を適時発動運用し得る如くす」という方策を、第四に「大本営に国務会議を設け、政戦両略に関する重要事項に就き必要あるときは御前に於て之を議す」との御前会議構想をあげていた。

本文書はこれにつづいて「大本営設置に伴ふ政治工作要綱」と題される部分にはいってゆく。これはおそらく、第一項の「近衛内閣総辞職の必要生ずるが如き場合」の考察であろう。つぎのような項からなる。

一、内閣制度改正を断行する方針の下に組閣する事

二、従って閣僚は総理の外五名とする事

（1）総理、外務、司法兼任

（2）内務、文部、拓務兼任

（3）逓信、鉄道兼任

（4）大蔵、商工、農林兼任

（5）陸軍

（6）海軍

三、此の内閣の下直ちに官制を改正して各省長官制を設くること

四、文官任用令の改正及官吏身分保障令の撤廃

本文書によれば、大本営設置とともに内閣制度改正を断行する場合と、そうではなく近衛内閣がいったん総辞

職したのち、少数閣僚で構成される内閣を組閣し、その内閣において国務大臣と行政長官の分離および官吏制度改革をおこなう場合と、そのおのおの場合について細部にわたる構想のあったことが知られる。

前者は総理大臣の絶大な権力のもとに各省長官をおき、大本営までをそのしたにおこうという案である。これは、まさに、佐藤の理想とする「政治が統帥を支配する」(9)体制にほかならない。後者もそのめざすところは同一であるが、政治性の付与されていない、どのような大本営が設置されたとしても、それを機に内閣制度の改革に賛成する閣僚だけからなる暫定内閣を組織するというのであるから、憲法問題をただちに惹起せざるをえない前者にくらべ、実現可能性のある方策だった。

後者の場合について、ここで注意すべきことは、一項に「組閣する」、三項に「此の内閣の下」との文句があることである。本文書は、すでに述べたように第一次近衛内閣のもとに起案されている。となれば「組閣する」のはだれで、「此の内閣」とはなにをさすのかという問題がおこってくる。それについての軍務課想定は、おそらくつぎのようなものであったとみられる。

首相、陸海相、外相、蔵相を構成員とする「政治的な大本営」ができるめどがたったとき、あらたに大本営ができたということで現近衛内閣を近衛の上奏によって総辞職させ、大命再降下となるようにもってゆく。そして、それに引きつづく政治改革は「大本営設置に伴ふ政治工作要綱」にしるされていることを実行に移してゆく、といったものではなかったのか。

これには若干の裏づけとなるべき近衛の動きがあった。一一月一八日、大本営令公示前後の近衛は、しきりに木戸に辞意をもらしていた。たとえば、一一月一五日には「愈々大本営の設置も近日に迫りたるところ、元来自分の組閣当時は今日の如き大事変を予想せしにあらず、今機をはずしては進退を為すの機会なきを以て、是非勇退したし。ついては元老と内大臣方面に諒解を得られたし」との近衛の話をしるしている。(10)いつもの近衛の「辞めたい」病とみすごしてしまいそうな記述ではあるが、その後やや奇異な展開をみせる。説得にあたった木戸は翌日「再降下の場合は受くべし」との近衛の決意を引きだす。(11) そして、設置の決定する一八日には「今の参議をみな閣僚にしてやり直すといふ風なこと——まあ言葉を換へていへば、万一大命再降下でもあれば、さういふことで出直してみたらどうか」と近衛はいうのである。(12) これにたいする「大命再降下も芝居ではとても駄目だ」との木戸の応答は注目される。(13) 一五日の時点では辞意を真に受けていた木戸も、近衛の辞意が大本営設置とともに内閣改造を断行するための「芝居」であると認識をあらためたのである。

近衛や風見の一連の動きを観察しておれば、この「芝居」に気づくことはそう困難ではなかったはずである。事実、政界記者には「大本営が具体化するやうなことがあれば、その時は、好むと好まざるとにかゝわらず、内閣の改造の行われる時であろう」との見方をしているものもあった。(14)

第一節で述べた参議制の真の意義が、ここにいたって明確になってくる。参議制を近衛に進言していた佐々は、「全面的な内閣機構改革の先駆的意義」をもつものと参議制を表現していたが、この言葉の意味は、つぎのような流れとして、解釈されるべきだったのであろう。すなわち、大本営の設置を契機に、近衛は総辞職する、その後予定にしたがって大命再降下があり、その内閣の閣僚は、すべて参議からえらぶ(宇垣や安保らは現役ではないので、陸海相は別だろうが)。そして、軍務局案にあったように、この参議よりなる内閣のもとで、内閣官制を改正する。参議たちは、内閣制度改革をおこなうために、予想される内閣の閣僚のプールとして位置づけられていたということができる。

結論からいえば近衛は、参議制を大本営設置とリンクさせることはできなかった。しかし、第一次近衛内閣の改造の機会をとらえて、参議たちを閣僚に横滑りさせることに成功している。末次を内相に、宇垣を外相に、荒木を文相に、池田を蔵相に就任させたのである。

(1) 前掲『原田日記』第六巻、一三五頁。
(2) 「大本営設置に関する新聞説明案」(『大本営』)三五一頁。
(3) 以下の引用はとくにことわらないかぎり「東京日々新聞」一九三七年一一月二日付夕刊。
(4) 本章末の「参考」を参照。
(5) 『大本営』一五七頁。
(6) 森凡「近衛内閣は何処へ行く――大本営設置を繞る政治的雰囲気――」(『解剖時代』一九三七年一二月号)。
(7) 瀧・風見の発言については、同前論文を参照した。
(8) 以下の引用はとくにことわらないかぎり『大本営』三三九〜三四〇頁。
(9) 前掲『東条英機と太平洋戦争』八二頁。
(10) 木戸日記研究会校訂『木戸幸一日記』上巻(東京大学出版会、一九六六年)六〇二頁。
(11) 同前、六〇三頁。
(12)(13) 前掲『原田日記』第六巻、一五三頁。
(14) 前掲「戦時体制は確立されたか」(『日本評論』一九三六年一一月号)。

おわりに

最後に本章の要旨を二点にまとめておこう。第一には、日中戦争期の大本営が、陸軍大臣、次官、軍務局長、軍務課長、軍事課長など軍政系統の権限を強化する機構を付与されたうえで、設置されたことである。いわば

「政治化」された大本営というべきものであった。第二章でみたように、戦争違法化の思想が世界に支配的な時期に、日本はながらく実質的な対外戦争をやってきた。戦争の形態が変化すれば、当然、作戦指導の分野でも従来の参謀本部・軍令部（軍令系）の優位はみなおされざるをえない。これは、時代のちからが、軍事の政治化を進展させたともいいかえられる。

最終的には、大本営設置を呼び水とした内閣制度改革は実現されなかった。大本営は、陸海軍の協議機関としての大本営・同御前会議と、政府と軍部との協議機関である大本営政府連絡会議・同御前会議、という四つの会議を構成要素として整備された。基本的に、敗戦までの国策決定は、このような会議の場でなされることが多かった。近衛、東条、小磯内閣期にはこの方式がとられた。平沼、阿部、米内内閣期には、連絡会議・同御前会議は開かれず、従来どおり閣議や五相会議で決定していた。

第二に、発案者の近衛と陸軍軍務局のめざしたものは、できあがった制度改革よりも、もう少し先にあった。国務と統帥の二元性に戦争指導の限界をみた両者は、大本営設置とともに、実質的な内閣制度改革を実行しようとしていた。

国務大臣と行政長官の分離という政治改革項目は、つねに当時の内閣制度改革案の第一位にランクされていたものである。この項目が重要視された理由は、つぎのようなものであった。「挙国」内閣期にあって、内閣の施策に統一性・継続性をもたせるためには、内閣総理大臣に閣員統率のための特別な権力を付与しなければならない。しかし、憲法第五五条にあるように、国務大臣は単独に対等に天皇を輔弼するものとされていたために、総理大臣は他の国務大臣を任免する権限をもてなかった。そこで、注目されたのが太政官制における、参議と各省長官とを区別する論理であった。内閣制度が発足するまえの太政官制は、天皇を輔翼する少数の大臣参議と、輔翼にあずからない多数の各省長官を制度上区別していた。参議は各省長官よりも上位にランクされていたのである。

総理大臣と少数の閣僚だけを国務大臣とし、その他の閣僚を各省長官としてしまえるなんらかの方法があれば、総理大臣の各省長官への指揮権（任免権をふくむ）が増大し、閣内統制力も増大するとみられた。この、なんらかの方法というのが、大本営設置という軍令による迂回路であった。大本営に列することができる閣僚のみを国務大臣とし、その他の閣僚を実質的に各省長官に格下げしようというプランである。

よって、大本営設置にさきだって成立した参議制とは、大本営設置経由の内閣制度改革を目ざしていた近衛や軍務局にとっては、完全に政治と統帥の一致した大本営設置のさい、国務大臣・各省長官としてもちいるための人材をプールしておく制度として位置づけられていたと考えられる。立案者にとって、参議制と大本営とは、このように関連づけられるべきものだった。

近衛は、真にちからをもった首相による行政運営ができると考え、軍務局の若い軍人は、軍部の伝統的・合議的・年功序列的な体質を変えて、真に合理的な戦争指導ができると考えた。

戦争指導という一局面をとらえて、首相と肉薄する方法をつくってゆかないかぎり、内閣の一行政機関にすぎない陸軍が突出して国政に参与できる方法はないのである。この発想は、第五章でみた中堅層の発想の延長線上にあるものである。この試みにさからったのは、海軍全体と参謀本部であった。大本営は伝統的な統帥機関であるべきだとの考えにより、参議制と大本営の連動を封じた。陸軍中堅層はここでも再び挫折をよぎなくされるのである。

最後に、参議制のその後についておさえておこう。参議の会合が、第一次近衛内閣期に毎週定期的におこなわれていたことは本文中に記した。しかし、その後、平沼内閣～第三次近衛内閣期に参議が国策決定にかかわった形跡はない。阿部内閣期には、参議会の開催が史料上確認できるが、もはや、参議の機能は、内閣安定のため、政党や諸勢力代表者に分け与えるべきポストとして問題になっているにすぎない(1)。東条内閣のもとで全参議の辞表が受理され（一九四一年一〇月二三日）、参議制は最終的に一九四三年三月一八日廃止されている。

（1）前掲『畑日記』（一九三九年一一月一七日条、二三七頁）は、阿部首相の言として、「久原は参議として推薦せしめ、尚政友より出すこと困難なれば秋田あたりが可」、「参議には陸軍より更に一人を補充すべく、これは荒木大将を起用すべき心組」を伝えている。

参考

一、日清戦争の大本営関係

①戦時大本営条例（明治二六年五月二二日公布、勅令第五二号）

第一条　天皇ノ大纛下ニ最高ノ統帥部ヲ置キ之ヲ大本営ト称ス

第二条　大本営ニ在テ帷幄ノ機密ニ参与シ帝国陸海軍ノ大作戦ヲ計画スルハ参謀総長ノ任トス

第三条　幕僚ハ陸海軍将校ヲ以テ組織シ其人員ハ別ニ定ムル所ニ依ル

第四条　大本営ニハ各機関ノ高等部ヲ置キ大作戦ノ計画ニ基キ其事務ヲ統理セシム

②大本営の設置（明治二七年六月五日）

構成（陸軍部の場合）・・・図6Ⓐ参照

③第一回大本営（御前会議）出席者

参謀総長・海軍大臣・陸軍大臣・海軍軍令部長・参本次長・陸軍監督長・陸軍軍医総監

参本第一局長・海軍第一局長・参本第二局長・本部第一局局員・参本副官

図6　大本営の機構

Ⓐ明治27年6月5日〔陸軍部〕

侍従武官，軍事内局員

- 幕僚
  - 参謀官
  - 副官
- 兵站総監部
  - 運輸通信長官部
  - 野戦監督長官部
  - 野戦衛生長官部
- 管理部
  - 憲兵
  - 衛兵
  - 輜重兵
- 陸軍大臣

Ⓑ明治37年2月11日〔陸軍部〕

- 幕僚
  - 参謀官
  - 副官部
  - 副官部隷属衛兵
- 兵站総監部
  - 運輸通信長官部
  - 野戦兵器長官部
  - 野戦経理長官部
  - 野戦衛生長官部
- 管理部
- 陸軍大臣

Ⓒ昭和12年11月18日

〔陸軍部〕

- 幕僚
  - 参謀部
  - 副官部
- 兵站総監部
  - 運輸通信長官部
  - 野戦兵器長官部
  - 野戦航空兵器長官部
  - 野戦経理長官部
  - 野戦衛生長官部
- 管理部
- 報道部
- 陸軍大臣　大臣随員

〔海軍部〕

- 幕僚
  - 参謀部
  - 副官部
- 戦力補給部
- 通信部
- 報道部
- 戦備考査部
- 付属海軍諜報機関
- 海軍大臣　大臣随員

ほかに特命として

枢密院議長山縣有朋

二、日露戦争の大本営関係

①戦時大本営条例（明治三六年一二月二八日公布、勅令第二九三号）

第一条　天皇ノ大纛下ニ最高ノ統帥部ヲ置キ之ヲ大本営ト称ス

第二条　大本営ニ幕僚及各機関ノ高等部ヲ置ク其ノ編制ハ別ニ之ヲ定ム

第三条　参謀総長及海軍軍令部長ハ各其幕僚ニ長トシテ帷幄ノ機務ニ奉仕シ作戦ヲ参画シ終局ノ目的ニ稽ヘ

陸海両軍ノ策応協同ヲ図ルヲ任トス

第四条　陸海軍ノ幕僚ハ各其幕僚長ノ指揮ヲ受ケ計画及軍令ニ関スル事務ヲ掌ル

第五条　各機関ノ高等部ハ各其幕僚長ノ指揮ヲ受ケテ当該事務ヲ統理ス

②大本営設置（明治三七年二月一一日）

構成（陸軍部の場合）・・・図6Ⓑ参照

③第一回大本営（御前会議）出席者

参謀総長・参謀次長・作戦主任参謀・運輸通信長官・陸軍大臣・軍令部次長・幕僚二名・海軍大臣

ほかに特命として

総理大臣桂太郎・外務大臣小村寿太郎・元帥山縣有朋・元老

三、日中・太平洋戦争の大本営関係　（本文参照）

①大本営の構成・・・図6Ⓒ参照

結論

一九三〇年代の日本についての一つの説明

一九四一年の開戦にいたる過程で、アメリカへの敵対意識の形成は緩慢にすすんだ。たとえば、右翼団体においてすら、その対英観に比較して対米観が最後の段階まで良好なものだったことを、伊藤隆氏は早くから指摘している。(1)

アメリカが石油・屑鉄などの戦略物資を大量に供給していたために、日本の対応も慎重にならざるをえなかった、とは予想できる。しかし、英米可分論がなぜあれほどまでに楽観的に信じられていたのかという問題を、経済関係のみで解きあかすことはできない。開戦にさきだつ一〇年間、日本がアメリカのなにをみていたのか、(2)この点をあきらかにする必要があろう。

G・ケナンは、当時のアメリカの対外態度をふりかえって、道徳家主義的・法律主義的であったと批判した。(3)ケナンの分析は、第二次世界大戦がなぜあのような、容赦のない戦争になったのかを、アメリカ国民の建国以来の属性から洞察したものだった。しかし、この名著は微妙にアクセントをずらして、研究者のあいだで理解されてきたように思う。あたかもアメリカが、極東問題について、かたくなな態度で、門戸開放・機会均等原則という九カ国条約の一小部分に固執したかのような理解が広まった。

しかし、実際のところ、極東問題とくに中国問題についてアメリカは、原則に終始したというよりも、場当たり的な対応をとりがちであった。このことは、『日米関係史』の討議のなかで、(4)すでにあきらかにされていることである。では、アメリカが法律主義的な態度をもってかかげた理念、日本側もはなはだ影響されるところの大きかった理念とはなんだったのだろうか。

本書では、第一の視角として、この理念を、経済面の互恵主義、国防面での中立主義という点から考察した。

一九二〇年代後半からめだってきた、統一と独立を求める中国の運動に直面して、日本側は困惑した。その困惑とは、正直なところ、原料や市場に「自由」に参入する権利が、なぜ、経済の原則以外のところで侵害されなければならないのか、という気持ちだったと集約できる。

軍事的な対外侵略の拡大と、経済の基本的権利を侵害されたという被害者意識の深化とは、日本の場合、矛盾しなかったばかりか、むしろ、表裏一体のものであった。「世界的規模において原料や市場に自由に参入できる権利」を侵害されているという意識が強かったために、貿易上のあらゆる障壁撤廃をかかげるハルの互恵主義に日本が注目してゆくのは、自然なことだった。本文では、ハルの互恵主義をあつかったが、日本は互恵主義以外にも、経済体制の再構築の萌芽をもった試みには、つねに敏感に反応していた。

その一つの例として、国際連盟原料品問題調査委員会への参加があげられる。該委員会は、一九三六（昭和一一）年一〇月九日の連盟総会で採決された決議によって一九三七年はじめに設置された。連盟加盟国と非加盟国の別なく、原料品取得についての討議をすすめるというものであり[5]、それは同年三月から九月にかけて断続的におこなわれた。

非加盟国からは、ブラジル・アメリカとともに日本も参加した。ドイツ・イタリアは参加していない。委員会はまとまった結論をだすことはできなかったが、そこで日本は、すでにいくつかの条約のつみかさねによってコンゴ盆地や、A式・B式委任統治領で実施されている門戸開放原則を、人口が希薄で資源開発の充分でない地域にも拡張すべきだと主張した。原料資源取得上の自由競争の保障が、日本にとっていかに重要なものだと考えられていたかがわかる。

二つめの例として、ウィルソン大統領のアドバイザーとして著名だったハウス（Edward M. House）大佐が、一九三五年に『リバティー（Liberty）』[6]誌上に発表した、国際平和論への日本の対応ぶりがあげられる。外務省情報部長時代の天羽《あもう》（英二《えいじ》）の日記によれば、同年九月一日、天羽は牧野（伸顕《のぶあき》）を訪ね、ハウス論文への応答文を牧野に書いてもらいたいと依頼している[7]。ハウス論文の主旨は、ローズヴェルトがアメリカ国内で遂行した二ユーディールの原則を、国際社会にも適用すべきだというもので、英米仏は委任統治領などの領土の改訂を考慮すべきではないか、と提議していた。

さらに、日本問題への好意的な言及もなされた。日本は人口のはけ口を要求する権利をもっており、世界もまた日本の生産力を人類の富と幸福の増進にもちいないのは不幸なことであるから、世界の植民地的資源の適正な分配を考慮すべきときだというのである。また、日本の政府内には、陸海軍などとは異なる穏健派もいるとして、牧野の名をあげていた。『牧野日記』[8]によれば、ハウス論文にたいする牧野の応答という演出を考えたのは、天羽ではなく、駐米大使斎藤であったことがわかる。

Colonel House 之最近之国際問題に関する論文に対し、小生名義にて日本側の意見として応答する事可然、斎藤公使［大使］より特に公文にて稟請有之たるに付、願はくば承認致し呉れとの事に有之。

外務省は、東京朝日新聞、東京日日新聞の両紙に論説つきでハウス論文を掲載させ、牧野は自身で執筆するかわりに近衛に雑誌論文を書かせることにした。この例からは、人口増加のはけ口や輸出市場にたいする保障が重要視されていたことがわかる。

以上の二つの例はいずれも散発的なものであり、継続性をもった対応は、やはりハルの互恵主義ということになろう。日本の侵略性、門戸開放からの逸脱について最も敏感に反発したハルであったが、同時にハルは互恵主義の旗頭でもあった。アメリカはイギリスへの援助姿勢をしだいに明確にしていったものの、そのさい、かならず、帝国特恵関税をとりつづけるイギリスの姿勢を批判することを忘れなかった。一九四二年の（英米）相互援助協定第七章の軍事物資貸与に関する規定のなかに、イギリスの特恵関税の打破は明記された[9]。「原料・市場に自由に参入する権利」の保障を求めてやまなかった日本にとって、ハルの互恵主義は、英仏の植民地にアメリカを楯として参入するという意味で、実現可能性のたかいものとしてきわめて重大だったのである。

だからこそ、平沼による対米提案のとき（一九三九年）も、日米暫定協定案のとき（一九四一年）[10]も、日本は、侵略行為を停止する担保として、つねに「原料・市場に自由に参入する権利」の保障を求めてやまなかった。戦後、ＩＭＦ・ＧＡＴＴ体制として結実した国際経済秩序と、ハルの互恵主義は、まったく同一というわけではない。まして、軍部をふくめて日本が求めていた「自由」貿易とハルの互恵主義とのあいだには、小さくないズレがあった。しかも、日本が求めていたのは、原料取得の自由、商品輸出の自由であって、一九世紀後半から一九一六年にかけてイギリスが維持してきた、世界経済システムとしての自由貿易とも意味が異なるものだった。世界経済システムを支える、唯一の強大な国（一九一六年までのイギリス、第二次大戦後のアメリカ）にとって、自由貿易とは、①国内資源を海外の生産能力に適応させること、②不況期に輸入市場を開放しておくこと[11]、だとまとめられる。そうであれば、日本の想定する「自由」貿易とは、強大な国による自由貿易体制の維持を前提としながら、そこから最大限恩恵を享受する自由、をさしてきたことになる。

ところで、敗戦後の日本がアメリカにたいする敵意を早々に撤回し、アメリカの占領を「寛大な」ものと評価するようになった背景として、宗主国が撤退した後の東南アジア、そしてアメリカ本土にたいする、なんの見返りも要求されない貿易関係が、アメリカによって保障されたという事実の重みを指摘することができる。太平洋戦争中から戦後へのアメリカ像の転換が不自然なほどスムーズにいったのは、そもそも、一九三〇年代に日本の望んだ「自由」貿易が敗戦によってかえって実現された、という実感を日本側がもちえたからだったのではなかったか。

一九三〇年代の日米関係には、このように、相互補完的な貿易関係以上のむすびつきがあったため、その関係維持を可能とするアメリカの理念に日本側が留意するのは当然のことだった。しかし、この関係は日本側にある種の緊張を強いるものであった。互恵通商法には、ブラック・リストにのせられた国には互恵を均霑しないという制裁の側面が周到にも用意されていた。また、アメリカを国際紛争から隔離しておくための中立法には、戦争状態にあると認定された国には、金融取引の便宜をとらないという制裁の側面が組み込まれていた。日本側の、形式論理的な適法性へのこだわりと体制変化の緩慢さとは、こうした背景のなかからうまれたものなのであった。

では、陸軍中堅層は、内側から一九三〇年代の日本の特徴を、どのようにして形成していったのだろうか。第二の視角によるみかたをまとめよう。軍部大臣現役武官制復活・大本営設立の過程をみることによって、中堅層の政治改革の意図がとりだせる。

陸軍三長官会議は、①通常の陸軍三官衙の方針や将官人事を合議するいっぽうで、②政変にさいしては、後継首班に陸相を推薦する（強制する）役割をおっていた。しかし、中堅層にとって、三長官会議は合議制・年功序列制の権化であり、派閥抗争の元凶であるとみなされた。そのため、まず中堅層は、三長官会議が必要でなくなるような制度改革、すなわち軍部大臣現役武官制を復活させて大臣権限を拡大した。そして、拒否権発動による要求貫徹とはちがう道をさぐりだす。みずからの政治改革を実現できるような陸相を、後継首班が自由に選べるようなシステム、その第一段階として親軍的新党を構想した。近衛新党の動きがこれに呼応した。

中堅層は、政治からの独立・隔離ゆえに軍は強くなれる、という伝統的な観念を、政治との一体化ゆえに軍は強くなれる、というあたらしい観念に転化しようとした。大本営設置の動きも同様の発想によってスタートした。政治と軍事が離れていては戦争指導ができないとして、大本営のなかに主要な閣僚を入れ、それを戦時最高指導機関にしてしまおうと考えた。首相による閣内統率力（実質的な閣僚任免権など）の強化を構想していた近衛の動きがこれに呼応した。

陸軍中堅層は、このようにいくつもの制度改革を実現した。しかし、それは彼らの望んだものにはならなかった。陸相推薦のための三長官会議は依然として残ったし、大本営には連絡会議が設置されはしたが、内閣制度改革とは連動しなかった。決定的な瞬間に中堅層の動きを抑止した勢力は、海軍全体・陸軍上層部・参謀本部であった。彼らは、旧来の伝統的な統帥権独立の効力を疑問視する発想をもたなかった。太平洋戦争末期になっても、統合的な戦争指導機関がつくられなかったのは統帥権独立のためだったが、これらの事例は、皮肉なことに、統帥権独立が急進的な体制変化をおきにくくしていたことを示している。二度にわたる、中堅層による政治改革路線の挫折は、アメリカの指向性によってもたらされた、一九三〇年代の日本の特質をなおいっそう色濃くしてゆかざるをえなかった。

(1) 伊藤隆「右翼運動と対米観」、細谷千博ほか編『日米関係史』第三巻(東京大学出版会、一九七一年)所収。
(2) 大正デモクラシーは「アメリカ化」だといいきった三谷太一郎「大正デモクラシーとアメリカ」は、大正期のアメリカの影響について、その深い意義についてはじめてふれたものだった。三谷『大正デモクラシー論』(中央公論社、一九七四年)。
(3) G・ケナン、近藤晋一・飯田藤次訳『アメリカ外交50年』(岩波現代叢書、一九五二年)。
(4) 『日米関係史』第一巻二八一頁の入江昭発言、同第四巻三三三頁のコーエン発言。
(5) 会議の報告書は、外務省通商局訳『最近原料品取得問題』(日本国際協会、一九三八年)として出版された。
(6) 天羽英二日記・資料集刊行会編刊『天羽英二日記・資料集』第三巻(一九九一年)。
(7) 「東京日日新聞」一九三五年九月二三日付日刊。リバティー誌は、国会図書館・東京大学図書館に当概年の蔵書がないために、原文にあたって調べることはできなかった。
(8) 伊藤隆・広瀬順晧編『牧野伸顕日記』(中央公論社、一九九〇年)一九三五年九月一日条(六五一頁)。
(9) Cristopher Thorne, *Allies of a Kind, The United States, Britain, and the War Against Japan, 1941-1945* (Hamish Hamilton, 1978), pp. 92, 101 ~ 102.
(10) 日米交渉の日本側最後案の甲案には、(一)「通商無差別問題」という項目に、「日本国政府ハ無差別原則カ全世界ニ適用セラルルモノナルニ於テハ太平洋全地域即支那ニ於テモ本原則ノ行ハルルコトヲ承諾ス」とある。『日本外交年表竝主要文書』下巻(原書房、一九六六年)五五六~五五七頁。

(11)　C・P・キンドルバーガー、石崎昭彦・木村一朗訳『大不況下の世界　1929～1939』（東京大学出版会、一九八二年）二六五～二六六頁。

あとがき

この書物のねらいについては序章と結論をお読みいただくこととし、ここでは繰りかえさない。ただ、副題からこの本を、一九三〇年代における、陸軍中堅層のアメリカ観・アメリカの日本陸軍観について書かれたものだと誤解するむきもあるかもしれないので、題名について少し補足しておきたいと思う。ヨーロッパからアメリカへと、政治と経済の中心が移る過渡期であった一九三〇年代にあって、日本の歴史的特質というべきものの形成に大きな役割をはたしたものは、外的にはアメリカ、内的には陸軍とみて、その両者を考察の対象とした。

とくに、両者の、今日からみれば特殊にみえる法や制度を考察の対象とすることによって、その時代の雰囲気・国民感情を紙のうえに造型しなおすことができるのではないかと考えたのである。法に注目するのは、一九三〇年代の場合、ことに意味があるように思われる。

「パリの一九二〇年代、ハリウッドの一九四〇年代」という、伝説の時代を示すフレーズがあるが、ここからわかるのは、一つは、政治・経済の中心がヨーロッパからアメリカに移れば、文学から映画、はては作家までいやおうなくアメリカに移っていったという、あたりまえの事実である。だが、もう一つは、ネーミングの巧者をもってしても、「〇〇の一九三〇年代」と言明できなかったのだ、とさとらされる点にある。日本にあっても一九三〇年代は、政党制の崩壊から大政翼賛会の成立まで、あるいは満州事変から太平洋戦争までなどと、両端を事件でくぎられる過渡期である。このような時代を考察の対象とするときは、ある体制の成立を前提にできない。

そのような場合には、国際法、経済の法、軍事の法、外交の法（条約・協定）などの不断に変化するさまにたいして、どの部分が変化し、その変化はなにによって起こされ、その変化は社会にどのような影響を与えたのか、などという点を基準にしておさえてゆくのが、のこされた有効な手段の一つだと考えられる。一九三〇年代は国際法・国際間の経済関係の慣習のうえでも過渡期であり、政治と統帥の関係においても同様であった。そのような時期にあっては、とるに足りないようにみえる法文の一つのフレーズに、各政治集団間の攻防の結果が凝縮されてあらわれるものである。

また、アメリカ、陸軍中堅層という切り口からみた場合にも、法は特別な意味をもつ。たとえば、アメリカは現在、世界の法律家の五〇パーセントを有している。G・ケナンの言葉をひくまでもなく、過去においても、アメリカは政府機関・議会外勢力・圧力集団に多数のリーガル・アドバイザーをかかえてきた国であった。政治の機能的中枢がはっきりしないために、たくさんの社会集団に政治活動の余地が与えられてきたのが、その一つの理由である。が、ともかくも、リーガル・アドバイザーたちが、どのような法を基準として、広い意味での外交を展開していたのかを考えることは、このような社会を対象とする場合、とりわけ必要なことだといえるだろう。

かたや、日本の政府諸機関は、先例や、既存の法との整合性について伝統的にやかましいところである。陸軍省もその例外ではなく、三官衙の一つであったうえ、統帥権をかかえていたために、つねに、他省や参謀本部・軍令部とのあいだで、権限の調整をおこなわなければならなかった。その結果、煩瑣なしかし重要な先例・内規・協定・合意のかたちで、膨大な法の体系が生まれることになった。そこにエリートとして活動していた陸軍中堅層とは、このような法に通暁し、それらを使いこなしていたひとびとである。そのような性格を前提にしてはじめて、陸軍によるさまざまな政治運動の意味を理解することができるのではないだろうか。

さて、本書は、一九八五（昭和六〇）年から九三年にわたって雑誌その他に発表してきた論文五篇に、あらたに書いた序章・第二章・結論から構成されている。既発表の五篇についても、ほとんど手をくわえていない第三章を除いては、論文の位置づけ・構成・結論などに、かなりの加筆訂正をおこなっている。各章のもととなった論文の初出をつぎにかかげる。いまだ入手可能な雑誌からの収録をこころよく許された、史学会・山川出版社・山梨大学教育学部にお礼申しあげる。また、出版事情の厳しいおりに、出版をこころよくおひきうけくださった山川出版社に、深い感謝の意を表する次第である。

第一章　「アメリカ型世界不況克服プログラムと日本（一）（二）（三）」、『山梨大学教育学部研究報告』第四一号、第四二号、第四三号（一九九一年〜九三年）。

第三章　「中立アメリカをめぐる攻防」、『年報・近代日本研究11　協調政策の限界』（山川出版社、一九八九年）。

第四章　「昭和14年の対米工作と平沼騏一郎」、『史学雑誌』第九四編第一一号（一九八五年一一月）。

第五章　「再検討・軍部大臣現役規定復活問題」、『史学雑誌』第九九編第九号（一九九一年九月）。

第六章　「昭和12年における政治力統合強化構想の展開」、『史学雑誌』第九六編第八号（一九八七年八月）。

このようなつたない書物でも、いちおうは世に問うことができるまでになったのは、多くのかたのお導きがあったからである。まずは、東京大学文学部国史学科進学いらい、一〇年以上にわたってご指導くださった伊藤隆先生にお礼と感謝の気持ちを申しあげたい。本書のもとになった原稿を山川出版社にもちこんでくださったのも先生である。思い出深いのは、『史学雑誌』に投稿するための原稿を先生に読んでいただいたときに、もどってきた原稿の束から、いい煙草のかおりがただよってきたことである。費やされた時間と思考のあとが、そのかおりの強さによっておしはかられた。また、平沼文書・荒木文書の史料調査のさいに、学生といっしょになってほこりにまみれながら、史料の束をせっせと整理なさっていた先生のすがたが印象にのこる。考えてみれば、師匠から弟子へのある精神の伝授はこのようなかたちでおこなわれるのがつねだったように思われる。

大学院の修士課程の時代には、いろいろな先生のゼミに出席させていただいた。東大社研の坂野潤治先生からは、教師の頭脳の閃きが、いかにゼミの運営を刺激あるものにするかを学ばせていただいた。都立大学の御厨貴先生からは、アメリカ式の、短期間にテキストをどっさりみっちり読むことの楽しさと、ゼミ生同士のチームワークがどのような高い成果を生みだせるかを学んだ。また、これはゼミではないが、立教大学の北岡伸一先生からは、近代日本研究会の月一回の研究会を通じて、読んでわかりやすいことと学問的にレベルの高いことは是非とも両立させるべきであるということを学んだ。

ゼミにおける研鑽と同様に、第二次世界大戦史研究会・日独研究会における友人たちとの、楽しいながらも真剣な討論もまた筆者に深い影響を与えてくれた。個別に御名前をあげるのはひかえるが、彼らと出会えたことは本当に幸運であった。

このほかに、本書にもちいた史料の調査・発掘・利用にあたっては、石田亮一氏、荒木護夫氏（荒木文書）、平沼赳夫氏、国廣壽氏（平沼文書）に大変お世話をかけた。右も左もわからずに調査に奔走していた私にたいして、各氏が示されたあたたかいご理解とご援助にはわすれがたいものがある。しるして感謝の意を表したい。

さて、本来は日本史近代専攻であった筆者がアメリカにも興味をもちだしたのは、一九八九年夏に国際交流基金の援助をえて、スタンフォード大学フーバー研究所の所蔵する日本語一次史料の整理のために、カリフォルニアに二ケ月滞在したのにはじまる。そこで私のボスとして仕事を教えてくださったのが、同研究所の益子恵美子氏である。史料整理だけに頭が一杯になっていた私にたいして、長期的にものを考えることの大事さを説かれ、せっかくアメリカにきているのだから、フーバーにある本や史料をどんどんみてゆきなさいとすすめてくださった。そのときにみた貴重な史料類は、本書の発想をえるのにどれほどやくだっているか知れない。また、私的にも女性が男性の社会のなかでやってゆくことについての、エレガントな知恵をたくさんご教示くださった。話しかたや歩きかたにいたるまでの影響を筆者に与えたひとはこのひとをおいていないような気がする。心からお礼申しあげる。

さらに、筆者が一九八九年に赴任した山梨大学教育学部ののびのびとした研究環境と、熱心に授業をきいてくれた学生たち、深夜まで自由に研究室を使わせてくださった守衛さんにも、本書は多くのものをおっている。

最後になったが、昨年九月に原稿をお渡ししたときから、周到な計画性と的確なアドバイスによってつねに筆者を励まし、印刷段階でアメリカ各地を転々としていた筆者をきちんとつかまえてくださった編集部の塙ひろ子氏に感謝の気持ちをささげたい。彼女は、このひとが首をたてにふってくれるような原稿を書かねばならないと執筆者に思わせるような、そのような編集者の一人である。

家族への謝辞は、含羞から、これを略した。諒とされたい。

一九九三年九月五日

加藤陽子

索引

人名索引

◆あ　行

◆か　行

◆さ　行

◆た　行

◆な　行

◆ は　行

◆ ま　行

◆ や・ら・わ　行

事項索引

◆あ　行

◆か　行

◆さ　行

◆ た　行

◆ な　行

◆ は・ま　行

◆ や・ら　行

研究者索引

◆あ　行

◆か　行

◆さ　行

◆た　行

◆な・は　行

◆ま・や・ら　行

加藤陽子　かとう　ようこ

1960年埼玉県大宮市（現，さいたま市）に生れる。東京大学大学院人文社会系研究科博士課程修了。博士（文学）。

現在，東京大学大学院人文社会系研究科（日本史学）教授。

著書に『徴兵制と近代日本1868-1945』（吉川弘文館，1996年），『満州事変から日中戦争へ』（岩波書店，2007年），『それでも，日本人は「戦争」を選んだ』（朝日出版社，2009年），『昭和天皇と戦争の世紀』（講談社，2011年）がある。

模索《もさく》する1930年代《ねんだい》　日米関係《にちべいかんけい》と陸軍中堅層《りくぐんちゅうけんそう》

1993年11月15日　1版1刷発行
2012年7月15日　新装版1刷発行

著　者――加藤陽子《かとうようこ》

発行者――野澤伸平

発行所――株式会社　山川出版社
〒101-0047 東京都千代田区内神田1の13の13
電話 03(3293)8131〈営業〉 (3293)8135〈編集〉
http://www.yamakawa.co.jp
振替 00120-9-43993

印刷所――株式会社　太平印刷社

製本所――株式会社　手塚製本所

装　幀――菊地信義

　ISBN 978-4-634-59077-9